如何讲话有逻辑 怎样说服有效果

刘金来◎编著

中国纺织出版社

内 容 提 要

人生在世，无论是谁，要想取得成功，都不可避免地要与人沟通。我们只有增强自己的说服力，学会用逻辑说服他人，才能影响到他人的行为，为自己赢得机遇、赢得信任。

本书从具体实例出发，内容涉及生活中的方方面面，介绍了修炼有说服力的逻辑语言的方法，以此帮助读者朋友掌握良好的逻辑沟通能力，并帮助读者朋友运用逻辑引导他人的思维，最终实现完美沟通。

图书在版编目（CIP）数据

如何讲话有逻辑，怎样说服有效果 / 刘金来编著
--北京：中国纺织出版社，2017.8
ISBN 978-7-5180-3830-5

Ⅰ.①如… Ⅱ.①刘… Ⅲ.①说服—语言艺术—通俗读物 Ⅳ.①H019-49

中国版本图书馆CIP数据核字（2017）第173569号

责任编辑：闫 星　　特约编辑：王佳新　　责任印制：储志伟

中国纺织出版社出版发行
地址：北京市朝阳区百子湾东里A407号楼　邮政编码：100124
销售电话：010—67004422　传真：010—87155801
http：//www.c-textilep.com
E-mail：faxing@c-textilep.com
中国纺织出版社天猫旗舰店
官方微博http://weibo.com/2119887771
三河市延风印装有限公司印刷　　各地新华书店经销
2017年8月第1版第1次印刷
开本：710×1000　1/16　印张：18
字数：244千字　定价：39.80元

前言

曾经，美国前总统布什收到了一位推销员的来信，他推销的是一把斧头——你可能觉得不可思议，但是美国总统真的给他寄去了15美元购买斧头。布鲁金斯学会为此把刻有“最伟大推销员”的一只金靴子赠予了他。

事后，这位推销员在被采访时说：“我认为，向布什总统推销斧头完全是可能的事，因为他有个很大的农场，而且里面长满了矢菊树，所以我给他写了封信。并且，我告诉他，‘我想，您一定需要一把小斧头……’”

这位推销员就是乔治·赫伯特。有人间，总统需要一把斧头？很多人的答案都是否定的，因为这似乎是常识。但思维观念与众不同的乔治却把这种不可能变成了可能，并获得了“最伟大推销员”的荣誉，而其间体现的就是他高超的说服艺术。

无独有偶，苹果创始人乔布斯在创立苹果之初，也说服了一些供应商免费为其提供原材料。

可以说，一个不善于说服他人的人，他的一切就无从谈起。19世纪美国著名黑人领袖弗里德里克·道格拉斯说：“如果我能说服别人，我就能转动整个宇宙。”从道格拉斯的话中可以看出，说服能力在社会中拥有着非常重要的地位和作用。既然说服力这么重要，那么，我们就要尽可能地使自己的说服成功。当然，要想自己成功地说服别人，就需要掌握说服的技巧。

一个人的口才表现在很多方面，其中重要的一个方面就是说服能力。在现代社会中，无论你处于什么角色，都需要与他人合作才能达到自己的目标。在很多情况下，你需要别人接受自己的想法、观点，然后与你共同采取一致的行动，那么，这就需要具备说服他人的本领。事实上，能够有逻辑地说服他人是处理日常生活难题的必备能力之一。掌握正确的逻辑沟通能力，就能够从混乱无序的思想中解脱出来，快速完成工作。

当然，在说服的过程中，还有一些客观存在的问题需要我们注意，那就是语言问题。即便我们论据充分、观点鲜明、情真意切，但如果说话毫无逻辑、思维混乱，那么在说服中也就无法用恰当的语言来表达，也会影响说服的效果。因此，在语言运用中，我们还要修炼自己的逻辑思维能力和语言表达能力，让自己的语言除了能清晰表达观点之外，还能易于他人接受，具有说服力、感染力等。

生活中的你，可能想成为有威信、能征服他人的人，可能希望成为职场上的常胜将军、谈判桌上的高手、营销上的金牌销售员等，那么，就好好阅读这本书吧，只要你真正掌握说服的艺术，你就能像道格拉斯所说的那样——说服他人，去转动整个宇宙！

编著者

2017年1月

目 录

什么是说话的逻辑：开口有逻辑才能让人听得明白

我们都知道，人与人之间沟通的主要方式就是语言，尤其是口头语言。为了提升沟通的效果，我们都希望自己拥有一副好口才，能在三言两语间就让对方心领神会。然而，真正的口才并不是口若悬河，而是要让对方把握要点，为此，我们不但要能说，还要会说，也要注重逻辑，这就要求我们在平时的言语中多加注意，注重思维逻辑的训练，做到该说的说，不该说的不说，说之前想好了再说，时间长了，自然就能练就出一副让人羡慕的嘴皮子。

说话有逻辑是口语表达能力的一项基本功

我们都知道，人类沟通最直接的媒介就是语言。生活中，我们也无处不用到语言。现代社会，世界竞争日益激烈，口才的重要性已毋庸置疑，任何一个人，要在社会上立足，除了要拥有参与竞争、迎接挑战所必备的知识和技能之外，得体的说话技巧、优秀的口才无疑会助你占据一个有利于发展的制高点，成为你迈向成功和幸福的砝码。

卡耐基曾经说过“当今社会，一个人的成功，仅有一小部分取决于专业知识，而大部分取决于说话的艺术。”人们常常根据一个人讲话的水平来判断对方的修养、学识、气质。在这个时代，我们要想成为一个受欢迎的人，首先就要学会说话，用独特的语言魅力来打动对方，获得对方的好感，从而建立起一份珍贵的友谊。可以说，口才是立足于社会的最重要条件和因素。

然而，我们发现，一些人常被人们批评“少根筋”，因为他们在说话的时候，总是不看情况胡指瞎说，有意无意中说出不符合逻辑的话，如在寿宴上顺便推销人寿保险；对新郎、新娘说今天喜宴的菜好吃极啦，下回别忘了再请我，我一定捧场；朋友要出门，出于好意告诉对方注意安全，却大谈今年发生了多少飞机失事的意外事故。这就是不会说话的表现，他们要么成为笑柄，要么伤害他人的情感，给交谈对象带来不快。

从前，有个人寿辰，大摆筵席。快开席了，还有几个人没到。这个人自言自语地说：“该来的怎么还不来？”

这话被一些客人听到了，心想：“该来的还不来，那么我们是不该来了？”于是找个借口起身告辞而去。

看到客人离去，此人后悔不已，于是连忙解释说：“不该走的怎么走了？”

又有些客人听到了他的话，心想：“不该走的走了，看来我们是该走的！”也纷纷起身告辞而去。

到最后，宴席上只剩下一位多年的好友。好友责怪他说："你看你，真不会说话，把客人都气走了。"

那人辩解说："我说的不是他们。"

好友一听这话，气不打一处来，说了句："不是他们！那只能是我了！"好友愤愤地离开了。

这个人说话简直是颠三倒四，自己请客吃饭，却连一句话都表述不清，最后连最好的朋友都被气走了。在日常交往中，与人谈话本来是很愉快的事，但是如果在特殊的环境中说一些含糊不清的话，就很容易被人误解，这样的结果适得其反，还不如不说的好。

其实，生活中，不少人在说话的时候，都会犯这样的错误，这些粗心的人说话常常不经思考，只顾自己把话说完，而忽略了"听者"闻后所想，结果无意中得罪了别人，却还不自知。

可以说，是否会说话一直是决定我们生活质量高低及事业优劣成败的重要因素。会说话者颇有一种不可思议的力量，能缓解周围紧张的气氛，为人送上丝丝轻松，能流利表达出自己的意图，把观念阐述得有条有理，一丝不乱，使别人心悦诚服地接受。

会说话的一个重要标志就是说话富有逻辑，只有这样，说话时才会没有漏洞，才不至于成为别人的笑柄。我们来看看下面的小故事：

小王在生活中是个马大哈，是个没逻辑的人，不过倒也是大家的开心果。

一天晚上，他的妻子对他说："老公，我听婆婆说你在大学里逻辑学很好，很多数学题你都能轻松解答出来。"

小王听完很高兴，不过倒也谦虚地说："还好，嘿嘿。"

妻子接着说："今天儿子问了我一道题，我半天没想出来，要不你帮我看看吧？"

小王自信地说："好呀，问吧！"

妻子接着说："如果1等于5、2等于15、3等于235、4等于4115，那么5等于什么呢？"

小王听完之后拿出了笔和草稿纸，进行演算，没想到他的妻子在一旁哈哈大笑起来："老公，你真是个笨蛋，5当然等于1，前面都说了1等于5了，哈哈哈……”

这里，小王就是因为缺乏逻辑才被妻子笑话，可见逻辑思维在语言表达中的重要性。

我们任何人在一生中，无论有什么目标，无论选择什么样的生活方式，都不可能避免与人沟通，我们始终是生活在一定的集体中的。口才好不但是智慧和内涵的体现，更能让我们左右逢源，是实现人生目标的第一步。想要拥有好口才，第一步就是要训练说话的逻辑性。生活中，无论是演讲、说话、论辩，都需要有较强的逻辑思维，只有这样，才有较强的组织语言的能力；说话没逻辑，也就不可能有一张悬河之口。

语言所产生的两种截然不同的结果

英国有一句谚语：“一张能说的嘴是取之不尽用之不竭的财富。”刘勰在《文心雕龙》中也曾感叹：“一言之辩重于九鼎之宝，三寸之舌强于百万雄兵。”古往今来，有“片语可以兴邦，一言可以辱国”的说法。而在我们的现实生活中，很多事情的圆满解决，就是在一个好嘴巴的作用下完成的。语言是交际之中不可或缺的工具。和谐的人际关系，依赖于承载思想的语言交流。

1858年，林肯在竞选美国参议院议员的时候，曾在伊利诺州南部进行演说。当时的伊利诺州还有很多蓄养黑奴的恶霸，他们平时非常仇恨废奴运动。在演讲中，林肯说了这样一番话：“南伊利诺州的同乡们，肯特基的同乡们，听说在场的人群中有些人要和我作对，我实在不明白为什么要这样做。因为我也是一个和你们一样爽直的平民，那我为什么不能和你们一样有着发表意见的权利呢？好朋友，我并不是来干涉你们的人，我也是你们中间的一人，我生于肯特基州，长于伊利诺州，和你们一样是从艰苦的环境中挣扎出来的，我认识南伊里利州的人和肯特基州的人，也想认识密苏里的人，因为我是他们中的一个……”

在这里，林肯以卓越的口才有效地“俘虏”了那些敌对、怒视自己的人们，从而达到“化敌为友”的目的。在演讲中，林肯亲切地称呼那些反对自己的人为“南伊利诺州的同乡们，肯特基的同乡们”，并且，他在演讲过程中不断地提到“我”“我们”，使听众形成一种“认同感”，这样一种言语暗示形成了强大的影响力，最后让那些敌对怒视也变成了喝彩声。这一历史故事告诉生活中的我们“一言可以兴邦”的道理。而对于我们个人来说，巧妙的言辞也起着至关重要的作用。

的确，每个人取得成功的方式可能是不同的，有的人可能会凭借千载难逢的机遇，有的人可能借助于优越的家庭条件，有的人可能会通过深厚的学识，但有一点是相同的，那就是丰厚的人脉关系。人脉关系绝非一朝一夕就能建立起来的，需要大量的感情投入，而投入感情的途径并不是物质上的给予那么简单，还需要我们通过口才的力量来征服对方的心理，从而获得别人真诚的支持和帮助。

每个人的知识、修养、性格、爱好、经历、习惯都有着异于他人的地方，但是人类有一个共同的特点，那就是中国俗话中讲的“士为知己者死，女为悦己者容”。我们要想成为别人的知己和欣赏者，除了需要无微不至的关心对方之外，更重要的是要在语言上下些功夫。许多成就大业的人，往往用短短的几句话就能换回别人的感动和真情，死心塌地心甘情愿的去效忠他，帮助他。

古时秦穆公爱马，一次，他的一匹千里宝马丢失了，后来才了解到，这匹马是被住在山上的野人杀死，当作美味吃了。

秦穆公带着人马去寻找马时，正好看见野人们正在大吃大嚼。随行的将领感到很气愤，就把他们抓了起来，要杀掉他们。秦穆公却阻止了冲动的将领，走上前去，解下了了野人身上的绳索，拍了拍他们的肩膀说：“我听说吃马肉如果不来点酒的话，就有些暴殄天物的意思了，这样吧，每个人赐给一坛酒，让他们吃饱喝足吧。至于惩罚就免了，我怎么能为了一匹马而伤害人的性命呢？”此事告一段落。

后来，过了几年，秦、晋两国之间展开了一场战争。在战斗中秦军处于不利地位，秦穆公被晋军将领一枪刺落马下，正在这紧急关头，斜刺里杀出一支几百人的野人队伍，将没有防备的晋军打得落花流水，不但救了秦穆公的性命，还将晋惠公俘虏，秦军大获全胜。

秦班师回朝后，要对当时救驾的野人论功行赏，但是这些野人却拒绝了。原来，他们就是当年那些吃马肉的人。当时秦穆公的一句话让他们感动不已，这次出手相救，只是为了报答当初秦穆公的恩德。

当然，我们说出的话，因为好坏的不同，结果可能也不相同，我们能说出让他人愉悦、达到我们目的的话，但也有可能说出伤害他人心灵、损害人际关系的话。但总的来说，好的口才是一种力量，更是一种资产。一个拥有好口才的人，也就拥有了一份独特的魅力，最终也将会形成一种气质和风度。它能够帮助一个人在人群之中更好地凸显出自己的个性，在无形之中对别人产生深刻的影响，让一大批志同道合的人围聚在他的周围，心甘情愿地为他效力，共同去创造美好的事业。

总之，如果想要取得别人的信服，就要在说话上下功夫，了解对方的性格和内心需要，做到充分了解之后，再对症下药。这样，哪怕是短短的几句话，也能起到十分显著的作用。

什么是逻辑说话术

前面，我们已经提到，在人际交往中，人与人之间沟通的主要方式是语言，尤其是口头语言。然而，在我们的生活中，我们却发现，有不少这样的人：他们说话时表面上滔滔不绝，却缺乏逻辑性，又不注重逻辑思维的训练，所以导致说话思维混乱、条理不清晰、前言不搭后语，不但使对方听不懂，就连自己也感到吃力，还影响到人际关系。

为此，我们有必要学习逻辑说话术，这是一种简单易懂的说话方式，是学习说话的基础方式，主要从逻辑思维的角度入手，帮助我们提升简单易懂说话方式的基本技巧等。

不得不说，在现实生活中，很多时候我们不是不会说，而是不会思考，尤其是逻辑思维能力不足，想不明白自然也就说不清楚。只有拥有比较条理化的思维，你才能让自己的语言更加条理化。

事实上，我们发现，任何一个口才好的人，都能在说话时做到步步为营、思维缜密、滴水不漏，更能做到唇枪舌剑、旁征博引，言语间尽显威严和自信。

接下来，我们看看缜密的逻辑思维在口才中的重要性。有这样一则案例：

小张是刚到公司的新员工，但似乎有点小偷小摸的坏毛病。

这天，当大家下班后，小张还想在办公室上一会儿网。正巧，他看见主任办公室的门还开着，好奇心使他悄悄地进去看了一下。巧的是，办公桌的抽屉也没有上锁，里面放着厚厚的一叠钱。面对金钱的诱惑，小张还是没能抵挡得住，于是，他顺手牵羊，拿走了几张百元大钞。并且，他很有自信地认为，没有人会发现。

但实际情况并不是如此，第二天一大早，主任就在办公室嚷嚷起来了："你们谁偷了我办公室的钱？办公室怎么还有这样偷偷摸摸的人啊……"但没有一个人承认。其实，主任也听说小张的手脚不大干净，但没有证据，也不能说明什么。这时候，主任秘书小王想出了一个招儿，能看出钱到底是不是小张偷的。

下班后，小王看见小张要离开公司，赶紧追上去问："今天下班去干什么呀？不回家陪女朋友？"小王故意试探性地问。

"她在老家呢，不需要我陪。"

"哦，对了，主任的钱被偷了，你知道吧？也不知道谁干的，每个人好像都有不在场的证据，我昨天和主任一起出的门，周大姐也说跟你一起下班的，真不知道是谁干的。"小王在说这些话的时候，偷偷看了一下小张的反应，果然，小张很慌张地接过话茬："是啊，周大姐还跟我一起去喝了杯东西呢！"

"嗯，周大姐也说你请她喝了一杯柠檬水呢……"小王就和小张这么聊着聊着一起离开了公司。

后来，快分开的时候，小王突然问："小张，昨天你和周大姐喝的什么呀？"

"苹果汁啊，我最爱这个了。"小张随口一答，说完，他才知道自己说错了。

秘书小王让偷钱者小张不打自招的秘诀在于：他编造出了周大姐这个中间人，故意为小张制造出一个不在场的证据；而当小张对自己放松警惕后，他再问这个问题时，小张却回答错了。为什么会这样呢？因为小张在圆谎时，根本没注意到一个细节问题——这杯饮料到底是什么。而这一点，正是小王设下的一个圈套，当小王再提到这个问题时，他的第一反应是回答出了自己最爱喝的饮料，很明显，他是不打自招，可以说这就是逻辑思维上的疏漏造成的。

当然，人的表达能力也是一个需要训练的过程。在自己表达能力有限、思维不够清晰的情况下，可以多看、多听、多写，而不必急于一时地说，这样能给自己足够的时间思考，让自己仔细琢磨用词和逻辑严密性。

任何一个逻辑表达能力不足的人，都要在日常生活和工作中着力培养自己的逻辑思维能力和语言表达能力，也就是要掌握逻辑说话术，以此提升说话的水平。

逻辑思维的形式和方法有哪些

生活中，我们常提及一个词——逻辑思维，所谓逻辑思维，又称抽象思维，指的是人的理性认识阶段，是人们运用概念、判断和推理等思维类型反映事物本质与规律的认识过程。逻辑思维的产生来自于人们对已经或正在认识的思维及其结构以及起作用的规律的分析。

其实也就是说，人们对事物的判断，只有经过逻辑思维的处理，才能由表象上升到本质上的认识，所以逻辑思维是人的认识的高级阶段。

逻辑思维是一种明确的，而不是模棱两可的；有条理和根据的，而不是无本之源的；是前后连贯的，而不是自相矛盾的思维。在逻辑思维中，要用的思维形式有概念、判断、推理等，而方法有比较、分析、综合、抽象、概括等，掌握和运用这些思维形式和方法的程度也就是逻辑思维的能力。

提到逻辑思维，也就要提到逻辑思维的形式，逻辑形式是指：把具体内容的各个部分组成起来的构造方式。接下来，我们不妨看两个例子：

例一：所有商品都是劳动产品。

所有经济规律都是客观的。

逻辑形式是：所有 S 都是 P（S，P为变项）。

例二：如果下雨，那么地湿。p q

如果发生海啸，那么一定有海潮。p q

逻辑形式是：如果 p，那么 q。

其中，“所有……都是……”是常项，“如果……那么”是常项，S，p与q则是变项。

这里，我们总结出了一些逻辑思维的形式。在了解这一点之后，我们有必要掌握几种逻辑思维的方法。

逻辑思维方法是一个整体，它是由一系列既相区别又相联系的方法所组成的，其中主要包括：归纳和演绎的方法，分析和综合的方法，从具体到抽象和从抽象上升到具体的方法，逻辑和历史统一的方法。

不少人认为，只有在论文、辩论等活动中才会运用到逻辑思维方式，其实不然，逻辑思维被广泛地运用到科学研究、辩论、演说、谈话等活动中。其中，掌握逻辑思维的方法、规律和形式等，对提升人们的语言能力，也就是练就口才有着不可替代的作用。

1. 归纳和演绎的方法

顾名思义，就是将多个个别的归纳总结成一般的思维方法，还有，就是用个别的判断来作为依据，进而论证另外一个论点或者论题的方法。

如果给出我们一些事实材料，而要从中找到事物的一般规律或者本质，这就必须要运用到应用归纳法。

与之相反，演绎是从一般到个别的论证。如在研究中，运用已知的理论进行调查，或者用名人的经典话语来证明某个观点，使用的就是这样的方法。

2. 分析和综合的方法

分析和综合是相对的两种方法。分析是把事物解剖开来，然后对其各个部分的属性等进行研究和表述；而综合则相反，它是将已知的某些部分综合起来进行研究和表述。

在不少毕业论文的撰写中，无论研究和表述论点，还是研究和表述分论点，都时常运用分析和综合的方法。

3. 从具体到抽象和从抽象上升到具体的方法

从具体到抽象，出发点是某些表象，再经过研究和分析，从而形成抽象的概念和范畴的思维方法；反过来，也就是从抽象上升到具体的思维方法。

在正式场合的语言活动中，比如公共场合的演说活动使用的就是这样的方法。

在论文的写作中，也要运用从具体到抽象和从抽象上升到具体的方法，即在占有资料的基础上，经过分析研究，找出论点论据，在头脑中大体形成论文的体系，然后按照从抽象上升到具体的顺序，一部分一部分地表达你的观点。

4.逻辑和历史统一的方法

从抽象上升到具体的方法，就是逻辑的方法。所谓历史的方法，就是按照事物发展的历史进程来表述的方法。逻辑的发展过程是历史的发展过程在理论上的再现。

不过，需要提及的是，在我们日常的语言交流中，从总体上运用逻辑和历史统一的方法是不多见的，可能更多体现在一些文史类书籍中。

应当指出，上述各种逻辑方法，都是唯物辩证法在思维过程中的具体表现。在我们进行一些语言活动的过程中，最好综合地加以运用。

总得来说，掌握逻辑思维的形式以及逻辑方法，不但能帮助我们训练思维过程，提升我们的思维能力，更能训练我们的逻辑口才，让我们能更高明地说话。

说话有逻辑才不会颠三倒四

在日常生活中，我们都希望自己拥有出众的说话能力，能在三言两语之间就将自己的话表达清楚，让对方心领神会，不过，训练口才的第一步是训练自己的逻辑思维能力。只有开口有逻辑，才能表达清楚、主题明确、娓娓道来，让对方接纳你的想法和观点；反之，如果没逻辑，就会导致语言颠三倒四、杂乱无章、前后不一，从而陷入“听者听不明白，说者气急败坏”的地步。

我们先来看下面的片段：

在一家餐厅里，店里的服务员和经理谈了起来。

经理："前几天说今天要定位子的客人，有几位？今天打电话过去确认了吗？"

服务员："刚想打，就有查询电话打过来。"

经理："也就是说，是之前预约的客人打来的，是吗？有几位？"

服务员："不知道。"

经理："怎么会不知道？客人不是打了电话吗？"

服务员："不，是别的客人。"

经理："那你的意思是，还没打是吗？"

服务员："是的。"

经理："天呐，那你为什么不早说？"

这一对话中，如果我们是店里经理，大概要被服务员的回答急死。很明显，一开始他就不知道经理想要了解的是什么，然后他就按照自己的逻辑顺序开始说了，所以整个回答颠三倒四，显得很没逻辑。

当然，在说话时，谁都希望能有条理地组织自己的语言，而听者的要求也是如此。如果言者讲得混乱、听者听得迷糊，那听者就很难正确理解说话者的意图。

对此，我们再来看看下面的故事：

这天，一对情侣从电影院出来，针对刚才看的悬疑片进行讨论。

女人问："你觉得这部电影怎样？"

男人回答说："呃，我觉得实在不怎么样，简直是胡诌嘛！观众又不是傻子！这样的故事谁会信？简直太不真实了！那个男人太坏了，不过倒霉的是喜欢他的那个女孩，这么好的女孩子，哎，可惜了。那个警察真不行，实在太笨了，要是我们生活里的警察都那样，那社会还不乱套了！不过情节确实有点迷惑性，刚开始我还以为修锁匠是杀人犯呢。"

这里，也许正如故事中的男人所说的那样，电影是胡编乱造的，可是男人的话也是说得糊里糊涂、不明不白，甚至自相矛盾。

其实，对于任何人来说，无论是做事还是说话，都有一定的目的，而我们说话时，我们的目的也决定了我们要表达的意思。我们只有在表达时做到目的明确、中心内容确定，开口之后才不会颠三倒四，才能做到有条有理，才能保证说话的集中性、连续性和条理性。生活中无论是简单的说话，还是复杂的说话，都要有条有理，言多不繁。

因此，我们说话要有条理。如果说话前言不搭后语、东拉西扯，那只能是听话的人一头雾水，说话的人着急上火。在日常生活中，我们遇到的人碰到的事很多，用一句话是表达不清楚的，你得说一段中心明确、条理清楚、内容充实的话。

想让说话有逻辑，最起码我们要做到：

1. 说话的形式要有逻辑

例如，对于有不同分论点的一整段话，采取并列式或者递进式的方式罗列分论点；又如先叙事后评论，或者先评论后叙事再评论，在叙事的过程中，尽量不要夹带过多的评论，而使得话听起来很破碎。

2. 说话的内容要有逻辑

在说话之前先弄明白自己说话的目的，想要表达的结论，才能在整体上有把握，为了说明结论而组织语言，而不是想到哪说到哪。这样才不会在说话过程中混入过多无关的言语，从而使说话显得更清晰、更有逻辑。

3. 说话的方式要恰当

使用复杂的长句来说话，会显得很有逻辑。但是，对方理解复杂的长句是需要一定的能力的，理解得不够则会影响说话表达的效果。所以在追求效率的现代社会，我们开口说话一定要多用干练的短句，这才是说话的好方式。

4. 说话时的语调、表情、肢体语言等要恰当

使用不同的语调或肢体语言等，可以在说话时产生不同的表达效果。表达效果的好与坏本身并不影响说话的逻辑，但是不恰当的语调或者过于喧宾夺主的肢体语言，会淹没语言本身，影响表达，进而显得说话不够有逻辑性。

总之，每个人都应该具备良好的语言表达能力和逻辑思维能力，这样在说话时才更有逻辑性，那种模棱两可、含混不清、辞不达意、空话连篇、不着边际的语言表达是每个人的大忌。

把握说话的条理和顺序才能表达清楚

生活中，不少人认为好口才就是说话时滔滔不绝、能说会道——事实上，判断一个人口才好坏的标准并不是这两条，真正的口才并不是一味地说得多、说得快，而是要有逻辑、有条理、有针对性地表达自己的想法，也就是要说对话，这是语言逻辑中的重要要求。那些会说话的人，能够准确地表达自己心中所想，并用恰到的词汇来修饰；会说话的人，能够把道理有条理地讲出来，不会让别人感到混乱；会说话的人，说起话来轻松自然，任何人都能够很快理解他的意思；会说话的人，能够通过说话来表现自己，通过说话来增加别人对自己的好感。

相反，我们也发现，有这样一些人，他们在说话时，作为听者的我们似乎总是听不清楚他们在说什么，他们似乎总是在自说自话，搭错线；我们想了解的，他们也不会告知，所以这样的沟通是无效的。

一天，一个男人来找他的律师，他说他要和他的妻子离婚，不过他承认的是，他的妻子很漂亮，也是个好厨子和模范母亲。接下来，是这个男人和律师的对话。

“那你为何还要离婚。”他的律师问。

“因为她一直在说，说个不停。”男人答。

“那她都说些什么呢？”律师问。

“这就是问题。她一直说，但我从来都没搞明白她在说什么。”男人说。

其实，在生活中，也有不少人在这一方面让听者很讨厌，虽然他们一直在不停地表达观点，但就是说不清楚，也从来未能将他们想表达的意思表达清楚。

当然，在谈话中，有时为了加强表达效果，也可以变更说话的条理及顺序。不过，这基于我们有清晰的逻辑思维能力，明白自己所要陈述的重点，并能合理地利用各事物之间的不同顺序体现出不同的侧重点。

首先，当你在开口之前，心中必须要有一个总的提纲，也就是要明白，你这次说话要达到什么样的目的，然后你在表达中就要将这些点一一落实。

如果你想让对方对你所说的话产生思路清晰的感觉，那么，你最好在说话时告诉对方你要表达的几个重要的点，比如，你可以说你有几个重点，现在你讲的是哪一点，接下来你又准备讲哪一点。

“我的第一点是……”你完全可以这样坦白地说，然后再说第二点，这样一步一步地说到结束。

经济学家保罗·H.道格拉斯也曾巧妙地将这一方法运用到一场商业会议中。要知道，这一商业会议曾一度停滞不前，会议上，他以委员税务专家和伊利诺伊州参议员身份讲演。

他这样开始：“我的主题是：最迅速、最有效的行动方式，是对那些几乎会用掉全部收入的中、低收入民众采取减税。”

然后用这样的方式继续他的演讲：

“具体说……”

“进一步说……”

“此外……”

“有三个主要的理由……第一……第二……第三……”

“总而言之，我们要做的，就是立即对那些中、低收入民众实行减税措施，以此来增加需求与购买力。”

罗夫·J.邦茨博士曾任联合国助理秘书长，在任职的时候，他在纽约州罗契斯城市俱乐部主办的演讲会上发表过重要的演讲，从开始演说时，他就运用这一受人欢迎的坦率的讲话方式。

“今天晚上我要演说的题目是《人际关系的挑战》，是因为以下两个原因。”然后，他接着说，“其一，其二……”从开口到演说结束，他都在努力地让听众听明白他说的每一个部分，然后逐步带领听众得出结论：“我们不能对人类向善的天性失去信心。”

不得不说，说话没有条理的人常让人产生不信任的感觉，也常因为轻率的言语将人引入信口开河、离题万里的泥潭。说话没有组织、与人交流毫无逻辑可言，反映出一个人思维的混乱，这样的人，也不会有人愿意跟他打交道。

另外，想要说话有条理、有逻辑，首先要具有敏锐的观察力，能深刻地认识事物，只有这样，说出话来才能一针见血，并准确无误地道出事物的本质；其次，思维能力一定要严密而有逻辑，懂得怎样分析、判断和推理，如此才能把话说得有理可循、有条不紊；最后，还要具备流畅的表达能力，知识渊博、谈资范围广，才能把话说得生动有趣。

如果沟通一方在交谈中说话毫无逻辑、前后矛盾、语无伦次、辞不达意，这样的沟通是无法继续进行的；与之相对的，就是有条理地说话，这要求我们做到根据交谈的中心内容所涉及的话题程序安排好先后顺序，力求达到“众理虽繁，而无倒置之乖；群言虽多，而无棼丝之乱”。

让讲话更有逻辑性的训练方法

现代社会，无论是工作还是生活中，我们都需要与人交流，但是不少情况下，人与人之间的沟通并没有起到交流的目的，或者效果不佳。实际上，谁都会说话，但是要想把话说得有条不紊、条理清晰，却并非易事，这需要我们注重逻辑思维，先说什么，再说什么，最后说什么，要做到心中有数。因此，提高说话的逻辑性就显得异常重要。《庄子·秋水》中讲了这么一个故事：

一次，庄子和惠施在濠水的一座桥梁上散步，庄子看着河中的鱼儿说：“鱼儿在水里自由地游来游去，它们真快乐呀！”

惠施反驳说：“你又不是鱼，怎么能够知道鱼儿的快乐呀？”

庄子说：“你又不是我，你怎么知道我不知道鱼儿的快乐呢？”

惠施哑口无言。

庄子是十分机智的，他的话不多，却抓住了对方言语之中的漏洞，用短短的一句话就让惠施哑口无言了，同时也给自以为很聪明的惠施一个当头棒喝。而这里，庄子的机智来自于其逻辑思维能力。生活中，大概我们每个人都希望成为这样睿智的人，能拥有一副可以信手拈来的逻辑口才。实际上，掌握逻辑口才需要多练习，多给自己创造机会表达，只要你适应了表达时候的压力和焦虑情绪，学会了在众人面前放松自信地说话，逻辑思维就能够很好地展现出来。为此，要想获得好的语言表达能力，需要我们做到：

1. 培养抽象思维

逻辑思维的强度如何，还要看抽象思维的强度。从宏观角度来讲，一个人的逻辑思维能力如何，与其受教育程度是有关的，一个人受到的教育程度越高，其抽象思维能力越强，对于事件的逻辑处理能力就越强，表达能力也就越强。

2. 训练多角度思维的习惯

对于我们所看到的任何一个问题，所能给出的解释都绝对不止一种，比如，任何一个学科，都有不同的研究方向，这也就好比一个单一的问题从不同的角度理解，得到的答案也不同。

当然，要学会从多角度来观察和分析问题，还需要我们养成良好的习惯，这样，能帮助我们更好地认识事物的多面性，而且能避免自己思维的局限性和单一性。

3. 勤写作

人的表达能力的获得也是一个过程，不是一蹴而就的。对于表达能力有限的人来说，可以先从书面表达开始。与口语表达不同的是，书面表达可以给予你足够的时间思考，让你仔细琢磨用词和逻辑的严密性。你所书写的内容可以是有目的性的写作，也可以是比较随意的生活感悟等。

4. 多阅读

阅读是一个吸收抽象知识和归纳提炼的过程，尤其是那些枯燥的哲学书籍，更是我们提升自己这一思维能力的重要方式。

遇到这样的书，一定要认真品读，甚至时不时地回顾已读过的章节，重新整理自己的理解和思路，以此得出自己的见解。

5. 多参加辩论

在条件允许的情况下，不妨试试这种方式，这是训练自己逻辑思维能力的极好方式、进阶的提升方式，如果有条件，可以试试参加辩论比赛。这是一个锻炼逻辑思维和逻辑表达的极好方式，一方面赛前的准备工作就是一个梳理自己逻辑和组织语言的过程，另一方面临场的时间压力也可以提升你的反应速度和信心。

6. 少说多听

说话有逻辑的人，在说话的时候未必很快。说话的反应速度和逻辑之间是没有有必然的联系的，不见得一定要时刻都话很多、反应很快。所以，即便你自己是一个反应速度不太快的人，也不要因此就觉得自己无法有逻辑地表达。

另外，善于聆听也能够让你有很多机会去观察他人讲话的逻辑，并且去尝试模仿。一边听，一边在心里默默列出对方表达的主要意思，按顺序排列，甚至可以尝试在表述完之后把听到的东西总结陈述出来。

7. 拓宽关注的广度

逻辑表达能力差的人，通常注意力也比较狭窄，他们在听别人说话、读书的时候，会只关注到某个细节，并且在回想的时候也会死抠这些细节。

所以，说话有逻辑的重要方法之一就是扩展自己的注意力，尽力做到在时间和逻辑的维度上都能够广泛专注前后所有的内容，而不只是此时此刻听到的内容。

比如，一个人正在和你讲他单位的某个同事，你听到的主要都是对于这个同事的描述，当下你听到的评论是这个同事比较小心眼，不太豁达。此时你不光需要关注这个描述，也需要看看过去的几分钟时间里，除了小心眼还有哪些描述出现，它们之间的关联是什么，接下来又有可能出现哪些描述，这是时间维度上的拓宽。

同时你也可以去关注小心眼这个描述是否是一个准确的描述，这个人用小心眼这个词是否是说话者的真实意思，是否有其他动机，这个描述可能对两人关系带来什么样的影响等，这是逻辑维度上的拓宽。

当然，无论哪一种方法，最重要的还是多练习。毕竟，没有人天生就善于有逻辑地表达。善于不善于，看的主要是经验积累。一个很少说话的人即使很有逻辑，也未必能表达得很清楚。一个经常说话的人，就算没什么逻辑，听上去也相对比较顺畅流利。

说话的逻辑决定言语的效果：了解言语中深层次的逻辑链

人们参与的人际之间的沟通，实际上就是信息的传达、接收与反馈的过程。然而，这一信息的传达，有直接表达的，也有隐晦的，这就需要我们在语言上下工夫，要注重逻辑推理，否则，即使使用再华丽的语言，也只能是舍本求末。因此，我们可以说，人们在言语沟通中，必须要透过言语表面，达到深层次的逻辑层面，深入揭示其内在的逻辑关系，才能真正了解到语义信息，获得成功的交谈。

言语链是一个动态的过程

我们都知道，口才是建立在语言这一媒介上的，有人认为“语言”就是“言语”，但这二者并不是相同的概念。在我们的日常生活中，听、说、读、写借助的工具就是语言，语言是由词和句子按照一定的规则组织在一起的，我们想要表达逻辑思维时，也要借助它。而言语呢？言语是“产生某一语言的一连串有意义的语音的过程或结果”，通俗点来说，言语就是人们运用语言说话或者书写的过程，被我们总结为一个动态的过程，所以也就产生了言语链。

那么，什么是言语链呢？

言语由说话者的大脑开始产生逻辑思维，然后向自己的舌头、嘴唇等发出命令，于是产生了声波，最后表达出来。而作为听者，他先开始由耳朵接受到声波，再通过神经系统传达给大脑，再经过大脑的加工，形成自己的思维逻辑。

从形式上看，语句是构成这条链的链环，随着一个语句一个语句的连续出现，言语链则一环一环地不断延伸。

人与人沟通之中，说话者假如需要对之前的语句进行整理、重述，或者给出新的含义，那么就有了下一语句的出现。从这一方面来说，在某一句特定的话中，也就有了特定的言语链，也就有了一条连续不断地提供关于某一事物信息的传输带。从这里，我们看到了言语链的延伸特征，这种特征决定了言语链中下句的根本任务即是对上句的所述内容作出新的说明。

进入言语链的语句，都处于一定的语言序列中，而其中作为下句的语句，则必须与其上句连贯，也就是要有语义上的关联。

其实，我们可以说，言语链这个信息传递的过程，其实是语言、生理、心理三个层面进行多次转换形成的。按照现代控制论的观点，言语链实际上是一个信息反馈和传输的过程，具体来说，包括以下几个方面：

1. 信息传输

这一过程全部是由说话者完成的。说话者通过声波将存储于自己头脑中的信息发送出去。不过，提及言语，涉及的因素就太多，有语音、语义，还有语境、背景等，因此，相对于单一的电讯传输系统来说，也就复杂得多。

另外，我们还要提到另外一个概念，也就是对所传播的信息所含的信息量及其有效性的分析。举个最简单的例子，当我们问对方 “您贵姓”时，虽然对方只回答了一句“姓王”，其实这就是最大的信息量；反之，有时候，虽然你洋洋洒洒说了很多，但没有一句是对方想听的，那就是信息量小。

所以，言语交际中，我们应该遵循的一条重要的交谈原则是，用最少的话传达出最大的信息量。

2. 信息反馈

言语交谈中，要看说话者所发送出去的信息效果如何，最重要的还是要看听者的接受情况，这个过程就是信息反馈。此处，我们说的反馈，包括言语反馈和非言语反馈，听者发出的信息反馈能让发话人了解自己发送出去的消息是否达到了目的，以便调整或者改变自己的信息传输方式。

就信息反馈而已，这个过程中，说话者和听者的身份又会进行对调，因为当听者反馈后，开始时的发话人又成了信息的接收者，这样就形成了相互间的信息反馈。

3. 语言反馈

这里的语言反馈可分为外部语言反馈和内部自我反馈两种。前者是指说话者和听者之间进行的信息反馈，而后者则是发生在说话者自身的反馈，是一种自我监听。当说话人说话时认识到自己可能要说出口或者已经说出口的话有所不妥时，就是在做作我内部反馈。如果话还没说出口，则是隐性自我反馈；假如已经说出口而再作出改变，则是显性自我反馈。

在生活中的很多言语交谈活动，比如谈判，往往是各种信息反馈形式交叉进行的，过程相对复杂得多。

4. 倾听

在说话者和听者之间的信息传达，必须要借助于“倾听”这一活动，所以，“倾听”是反馈的前提条件，这里的“倾听”，不是随便听，而是全身心地投入到谈话过程中的倾听。

“倾听”整个过程包含了信息的接收、选择、组织和解释四个步骤，然后由听者发出相应的反馈信息。这一过程主要是听和想，而不是听和说，所以需要花费的时间也就相对较少。

不过，此处我们要提醒的是，要想真正有效地倾听，就不能“傻”听，而应该带着第三只耳朵听，也就是要学会听出他人所说出的弦外之音，还要学会从对方的衣着、微动作，甚至是眼神中读懂你所想要获得的信息，这才是真正的倾听。

5. 理解

言语传达的过程，主要是通过言语的方式发出具体的语义信息，由听者倾听并作出反馈的过程。假如这一过程顺利的话，我们称之为“成功沟通”；而假如被干扰，就称之为“阻断”。要想避免或者减少阻断情况的出现，就需要理解，这是沟通的关键。

要做到言语的理解，就要透过言语表情，达到深层次的向逻辑平面的转换。而人们之所以产生思维上的混乱，也是因为词语误解造成的。

所以，要真正理解言语中表达的词义和句义，最重要的还是要搞清楚言语背后是什么概念，这样，即便沉默，也能达到默契的沟通效果。

揭示深藏在言语内部的逻辑链

我们都知道，人说话是借助语言进行的，而人们说出的话，则是靠思维来处理的，这一过程更是借助语言来进行的。所以，语言不仅是说话的工具，更是我们借以思维的工具，我们既要用语言来表达，也要用语言来思考。因此，即便是那些藏于语言背后的逻辑，我们同样需要借助语言来剖析。可见，说话是在语言平面上进行的，是有形的；而思维是在逻辑层面进行的，是无形的。因此，关于语言、言语和思维，思维是我们想表达的内容，而语言是工具，言语则是思维在被语言进行处理和表达之后的结果。

实际上，对言语表达起到真正决定作用的是思维，而平日里，我们对一段话或者一个句子进行语法层面的分析时，只是停留在语言层面而已，无法从根本上解决语义问题。比如“我吃面”和“面吃我”，还有“我喜欢他”和“他喜欢我”，从语法上来看，都是一样的，结构上都是“主—谓—宾”，但语义却完全不同，因此，我们必须透过语句来进行逻辑层面的分析，才能真正掌握语义。

语言学家从逻辑学的角度进行了一系列的分析和研究，他们认为，在言语表达和逻辑思维之间，要从总体关系上进行分析，找出具体的一些规律，这将有助于其深层次的逻辑研究。

为此，我们可以总结出，在言语交际的过程中，在任何一个言语链的背后其实都深藏了一个与之相对应的思维活动上的逻辑链。

人与人之间经常进行的言语上的交流，其实都是逻辑链之间的沟通，语言只是传达的工具。在逻辑链也就沟通和理解的情况，有些语言甚至可以省略不说，也能起到沟通的作用，但假如不存在这一逻辑链的话，那么，言语交际是无法完成的。

此处，我们要探求关于逻辑链的理论，也就是要从宏观上把言语和逻辑对立起来，然后探讨存在于它们之间的区别、联系以及转换方式等，希望在二者之间找到可以共通的规律。而我们在研究方法上并不限制，形式上的和非形式上的，都能拿来使用。

逻辑链构成的基本元素是概念，其基本单元是概念构成的判断，它是一个以判断为基本环节组成的序列，在判断之间按照其内在的逻辑关系串联起来。一条逻辑链，可以是一个判断，也可以是一组判断联合在一起。其基本形式是前者，而后者则是其扩展形式。

接下来，我们就逻辑链的两种形式进行分析：

如果是由一个判断组成的逻辑链，其形式是：

A：p

如果是由两个或者两个以上判断构成的逻辑链，其形式则是：

A：$p^\frown n$

A：$p^\frown q^\frown n$

A：p˜q˜r˜n

……

从这里，我们可以看出，逻辑链无论是由多少判断组成的，在至少有两个判断的情况下，最后总有一个判断，上面，我们是用“n”表示的。

到这里，我们就能对逻辑链进行定义了：所谓逻辑链，是指在同一思路中，一个判断或者一串具有内在关联的判断的有穷系列，其逻辑形式可以表达为：

A：p˜q˜r˜…n

在这一公式中，“A”代表逻辑链，“p、q、r、n”分别代表的是组成逻辑链的判断，符号“˜”表示两个判断之间的连接，而在具体的句式中，我们称之为连接词。有连接词，必然有连接符号，我们总结一下连接符号有：¬（并非）、∧（并且）、∨（或者）、→（如果，那么）、←（只有，才）、←→（当且仅当）、ss ⊢（因为，所以）等来表示。

我们举个例子，有这样一句话：“因为我工作很忙，而且还有份兼职，所以，您的聚会我可能不去。如果我不能去的话，就让我爱人去。”在这段话里，我们可以对这个逻辑链进行分解：

这段话中所含的各种判断我们可以用符号来表示：

（1）我的工作很忙（p）。

（2）我有份兼职（q）。

（3）您的聚会我去（r）。

（4）让我爱人去（s）。

我们能用符号表示出话中的连接词：

“因为，所以……”（⊢）

“如果……，就……”（→）

“……，而且……”（∧）

“可能……”（∨）

这样，我们就能对这段话进行分解了，将其分解成两个重复的句式：

（1）“因为我的工作很忙，而且有份兼职，所以，您的聚会，我可能去，可能不去。”

用符号表示就是：

$[p \wedge q \vdash r \vee \neg r]$

（2）“如果我不能去，就让我的爱人去。”

用符号表示则是：

$(\neg r \rightarrow s)$

于是，接下来，我能对整段话的逻辑连接表示成：

A：$[p \wedge q \vdash r \vee \neg r] \wedge (\neg r \rightarrow s)$

到这里，我们就能用语言符号对语言表达进行深层次的逻辑分析和表达了。当然，这也只是简单的分析，是从宏观角度分析和把握的，具体还要我们在语言沟通中进行仔细分析和把握。

总之，语言表达的层次其实是反应思维层次，所以，了解和分析言语连接中的逻辑链是对语言交流分析和理解的关键点。

如何透过言语揭示逻辑链

我们在前面已经分析过，生活中，在人际之间的实际沟通中，很多时候，出于便捷的需要，我们会省略语句中的某些部分，有些话可以直接说出来，有些话则可以隐藏。运用逻辑分析的方法，不但能对停留在表面的话进行语义分析，而且能将已经表达出来的逻辑链和隐藏的部分进行有机联系，由此，隐藏部分也就被解释出来了。所以，这就是逻辑分析与表面的语法、语义分析之间最大的区别，逻辑分析的着眼点是对思路进行分析，而语法则是进行语表分析。

那么，具体来说，我们该如何透过言语揭示逻辑链呢？

在前面的小节中，我们已经分析并知道，任何一个言语链都有与之相对应的逻辑链，言语链是表层结构，而逻辑链则是深层结构，我们必须且只有运用逻辑推理的方法才能对表层与深层的含义进行解释。我们先来看看下面的一则故事：

有一位青年王某，他答应为女友办一件事，但是没办成，为此，他感到十分愧疚。这天，他来到女友家，希望能求得女友的原谅：“是我不好，你不会恨我吧？”

女友很淡定地答道：“怎么会呢？只有爱才会有恨。”

在听到王某女友的回答，或许你会为王某感到高兴，因为你会认为他的女友并没有恨他，但其实不然，他的女友话里有话，她的言下之意是，她从未爱过青年王某。为此，王某深感悲痛。

我们仔细分析一下，就能找到王某女友话中深层次的逻辑链。在这段话背后，暗含了一个必要条件，即假言推理：

只有爱，才会有恨。（第二句话）

没有爱。（隐含语）

所以，也就不会有恨。（也就是女友说的：“怎么会呢？”）

我们能就这一推理列出公式：

只有p，才q

非p

所以，非q。

逻辑链：［(p←q）∧q¬ p ⊢¬ q］

在逻辑学上，对一个必要条件进行假言推理，可以通过否定前件（非p）来推出一个否定后件（非q）的结论。这里，王某女友只说了两句话：“怎么会呢？”“只有爱才会有恨。”但恰巧是这两句话才是推理中的结论和大前提，省略的是中间的小前提，而青年听完这句话后立即听出了话外音——“女友对他没有爱。”这也就是隐藏的小前提，也是青年王某悲痛的原因了。

实际上，对暗含的语义的分析，涉及更深一层次的思维机制。我们若想了解人在说话时的思维活动，无论对于说话者还是听者来说，都需要运用思维活动，需要进行分析和判断。这一过程，其实也就是对信息的处理和加工的过程。

可见，我们若要揭示出一个言语链背后深藏的逻辑链，要把隐含的部分从明言部分挖掘出来，就必须运用逻辑推理和分析的方法。如果判断层次较多的话，我们还要进行更为繁杂的分析，才能作出准确的判断。接下来，我们举例分析：

A：假如两天前是星期六的前一天，那么，后天是星期二，对吗？

B想了想之后，回答：是的。

此处，虽然只是一个简单的对话，却需要说话者和听者双方经过一定的逻辑思维过程。其中，B在回答时要思考，要进行层层的逻辑推断，否则，他就无法判断出A说的话是对是错，他的思路是，根据A的发话，进行一番连锁式的推理，具体来说，这一过程是：

假如两天前是星期六的前一天，那么，今天往前两天的第一天是星期五；

如果今天往前两天的第二天是星期六，那么，今天是星期日；

如果今天是星期日，那么，后天就是星期二；

所以，“两天前是星期六的前一天，那么，后天是星期二”这句话是对的。

很明显，这也是一个假言连锁式推理。前三句都是A隐含的前提，也是B必须要进行逻辑推理的过程。后面一句是A直接说出来的话，也是B在揭示出隐含前提后得出的结论。此处，如果我们用p、q、r、s来表示上面这四句话，则公式是：

p——q

／

q——r

＼

r——s

p——s

用逻辑链表示，则是：

A：$[(p\to q)\wedge(q\to r)\wedge(r\to s)]\vdash(p\to s)$

B的推理过程虽然看似简单，但只要他在一个环节上出现了失误，就会导致整个推算结果的失败。

所以，在人际交往中，当我们在与人交谈时，必须要学会以对方说出的明言为条件，然后准确地揭示出明言背后隐藏的思维层次。换个角度说，也就是我们要在已知的信息条件的基础上，调动我们的逻辑推理能力进行逻辑思维推理，以此得到我们想要的答案。

现实生活的交谈中，并不会将所以的含义都直接表达出来，更多时候，需要我们进行逻辑推理，这一过程，也就是从言语链中揭示逻辑链的过程。

运用连接词让话说得更有条理

相信生活中的每个人都希望自己能在人际交往与沟通中谈笑风生。口才好、表达能力强的人往往更易获得他人欢迎，也更易开展自己的事业，进而成就自己的人生。然而，好口才的获得并非难事，说话有条理，逻辑思维是其中的根本所在。

如果说话有条理、有逻辑，说出的话自有妙趣横生的魅力，这能帮助你打开工作圈和社交圈。如果在社交场合中能将你的想法如行云流水般顺畅而恰到好处地表达出来，那将提升你富有吸引力的人品。说话要有头有尾，对听者要懂得尊重，不要一开口就冒出一句使人摸不着头脑的话。

前面，我们已经分析过，在言语的深层次中蕴含着逻辑关系，把握这层逻辑关系，能让我们在开口表达时清晰明朗，这其中，我们需要借用连接词。通过连接词，我们也能考虑到说话内容的先后顺序，能明白先说什么，再说什么，最后说什么，能在开口前谨慎思考，只有这样，我们说出来的话才更有条理。

我们先来看看下面的故事：

在一个同学聚会上，一位已小有成就的同学被大家推举起来讲两句话，该同学清了清嗓子说："我还记得10年前大家都还稚气未脱，如今转眼已是人到中年了。那时候真开心啊，我成绩不大好，现在混得还不错；有些同学虽然学习刻苦，毕业工作了就一般了。人生苦短，岁月如梭，我们也快老了，我现在过得还不错，今天怎么还有很多同学没到呢，太不给面子了……"

听完这段讲话，大概我们都会感到云里雾里，不知道这位同学想要表达什么，很明显，他的话缺乏逻辑。

的确，一般来说，任何一件事情都有发生、发展和结束的过程，而其中的各个不同阶段又有时间和空间的差异。我们在表述一件事时，也要找到顺序，逐个说明，如此说话才能滴水不漏、杂而不乱。

把话说得到位、有条理是大智慧。而话语是否有连贯性，最重要的还是连接词的使用。为此，我们有必要把学习连接词列为逻辑说话术学习的重要内容。

另外，我们在说话时，想要做到有逻辑性，就需要注意前后语之间的衔接，一句话合不合适，是否能取得最好效果，不仅取决于谈话的对象、目的、场合、心境，也取决于“上下文”的关联。如果与别人说话时没有注意语言的“上下文”是否配合照应，那么，听话人就无法辨别表达者究竟表达了哪一种思想，容易引起理解上的歧义。因此，谈话时要周密安排对话，要做到有条有理、上下协调。

周密安排说话内容，其中最重要的一点就是在上下文中添加连接词，这样能带动听者的思维，更能将话说得有条有理。如果乱说一气，再简单的事情也会被扯乱。

所谓连接词，是用来连接词与词、词组与词组或句子与句子，表示某种逻辑关系的虚词。连词可以表并列、承接、转折、因果、选择、假设、比较、让步等关系。我们可以将连接词进行分类：

并列连词——和、跟、与、同、及、而、况、况且、何况、乃至等。

承接连词——则、乃、就、而、于是、至于、说到、此外、像、如、一般、比方等。

转折连词——却、但是、然而、而、偏偏、只是、不过、至于、致、不料、岂知等。

因果连词——原来、因为、由于、以便、因此、所以、是故、以致等。

选择连词——或、抑、非……即、不是……就是等。

假设连词——若、如果、若是、假如、假使、倘若、要是、譬如等。

比较连词——像、好比、如同、似乎、等于；不如、不及；与其……不如、若……则等。

让步连词——虽然、固然、尽管、纵然、即使等。

成语中也有使用连词的情况，如：宁缺勿滥、三思而行、好整以暇等。

连词是比副词、介词更虚的一个词类，它用来连接词、短语、分句和句群乃至段落，具有纯连接性，没有修饰作用，也不充当句子成分。

一般来说，连词有很多是由副词、介词发展而来；很多副词、介词又是由动词发展而来。

总之，我们要想把话说得有条有理，使用连接词有着很大的妙处想要掌握连接词的使用，还需要我们在生活中增强语言的运用能力。

个性化差异导致推理方法以及推理结果的不同

随着人类社会的进步和各个领域的发展，人类思维领域的研究取得了飞越的进展。20世纪50年代，现代认知心理学应用而生，心理学家们对言语活动的心理机制进行了深入的研究，然后在这一基础上提出了信息加工理论。近40年来，神经生理学领域研究并认为，思维是整个大脑的功能，尤其是来自于人的大脑皮层。很简单，人的大脑中，不同的部位受到损伤，就会对人的思维产生不同的影响，当然，这一影响都是负面的。而其中，额叶对脑皮层的影响最大，因为它起着不可替代的作用。原本在大脑皮层其他部位加工的信息，最终都要被输送到大脑额叶进行更为深层次和复杂的加工、整理和综合，最终对人的思想、心理和行为进行调控。

美国当代脑科权威麦克林就人脑的层次进行了专门研究，他发现，人的大脑其实可以分为三个层：

第一层是最外面的，被称为新皮层，属于人的显意识部分。

第二层是缘脑层，也就是紧挨着新皮层的下面部分，它掌控的是人的情绪、感情部分。

最里面的一层是爬行动物脑层，属于人的潜意识部分。

人脑中三个不同的部分，分别管辖着不同的领域，也负责不同的信息加工工作，但它们之间又是相互配合的它们共同工作，共同构成了整个大脑皮层这一整体。

法国神经生理学家尚格曾提出：人的行为、思维和情感等都来源于人的大脑中的那些物理和化学现象，是相应神经元组合的结果，其中，每一个神经元都是有纤维分支的，而正是这些分支能将这一神经元的信息传递给更多的神经

元，完成信息的传递和综合过程。

我们必须要承认的是，现代社会，在人的思维领域，人们逐步用脑神经生理活动来解释思维功能，此乃这一领域里的巨大突破。然而，至于人的思维活动究竟是怎样工作的，迄今为止，依然没有一个权威的答案。

但无论如何，我们可以肯定的一点是，人与人之间在很多方面是存在差异的，逻辑思维能力也被囊括于其中。针对同一件事，不同的人看到的面不同，推理的方法也不同，最终得出的结果也可能不同。

一天，在某汽车站候车室内，一位妇女坐在椅子上玩手机，而她的行李箱就放在自己座位旁边。忽然，她往旁边一看，发现自己的行李箱不见了。她着急地站起来，然后看到一个小伙子正拿着一个行李箱匆匆往前走，她赶紧追上去，定睛后一看，发现那就是自己的箱子，她一把抓住小伙子的胳膊，问道："你怎么拿了我的箱子？"

小伙子愣了一下，然后赶紧道歉地说："呃？这箱子是您的吗？真不好意思，我拿错了。"说完，他赶紧把箱子塞到这位妇女手里，然后急匆匆地就走了。

这位妇女倒也宽容，心想，既然是拿错了就算了，不追究了。

正在小伙子准备离开候车厅的时候，被一位身着制服的人一把抓住，这人应该是值班民警，小伙子丈二和尚摸不着头脑，妇女也觉得奇怪。这是怎么回事呢？

接下来，民警问小伙子："既然你是拿错了，那么你自己的箱子呢？怎么都不回去找找看？"

小伙子顿时哑口无言，不知如何是好。民警当然知道其中的内幕，所以将这位妇女和小伙子一起带到了值班室，小伙子也对自己的企图供认不讳。原来他是想趁着妇女不注意偷走箱子，无奈被妇女发现，只好谎言自己是拿错了。到这时，妇女才恍然大悟。

在这一故事中，虽然妇女和民警都听到了小伙子的借口——"我拿错了"，也都在各自的思维中进行了深加工，不过，我们发现，二者加工的过程和结果是完全不同的。我们先来看看这位妇女是怎么思考的：

如果是拿错了行李箱，而且还给我了，就不必追究了。

小伙子是拿错了箱子，而且还给我了。

所以，我就不再追究了。

很明显，在逻辑上这是一个充分条件的假言推理，分别用符号来表示就是：

（1）拿错了行李箱（p1）。

（2）还回来了（p2）。

（3）不必再追究（¬ q ）。

我们就其思维过程列出推理公式：

（p1∧p2）→¬ q

p1∧p2

¬ q

逻辑链则是：

A：[(p1∧p2)→¬ q]∧（p1∧p2）├¬ q

本来，这是一个正确的推理过程，但是运用到当时的情况中，这位妇女还是忽略了另外一个更深层次的推理。不过，庆幸的是，当时在场的民警作出了这个推论：

按照他说的，如果他是拿错了行李箱，那么，他自己肯定有一只箱子。

如果他自己有箱子的话，他应该回去寻找。

但是他没有回去找自己的箱子。

所以，他不是拿错了箱子。

从逻辑上看，这一推理也是正确的。我们可以用符号来表示：

（1）他拿错了行李箱（p）。

（2）他应该有一只自己的箱子（q）。

（3）他应该回去找自己的箱子（r）。

我们就其思维过程列出推理公式：

p →q

q →r

¬r

¬p

逻辑链是：

A：[(p→q)∧(q→r)∧→r）]├¬p

我们此处所作的虽然是一个比较长的推理，但是对于当时的民警来说，进行逻辑推理和得出结果只是一瞬间的事，所以他抓住了小偷。而那位妇女则是忽略了这一层逻辑推理，才放过了小偷。

当然，我们也不能忽视一种情况，也许这位妇女也作了这样一层推理，也得出了和民警相同的答案，但是为了多一事不如少一事，最终故意不再追究了。

总之，言语交谈中，尤其是那些需要我们进行推理论证的复杂言语，需要我们运用智慧的大脑进行逻辑推理和思考，然后再进行对话的设计，进而达到我们的谈话目的。

沟通中解读身体语言要掌握的规则

我们大部分人认为，语言沟通是人际沟通之间的唯一方式，然而，事实并非如此。语言学家艾伯特·梅瑞宾通过研究发现，人与人之间的沟通多达93%是通过非语言沟通进行的，只有7%是通过语言沟通的。而在非语言沟通中，有55%是通过面部表情、形体姿态和手势等肢体语言进行的，只有38%是通过音调的高低进行的。

曾经有研究人员对人们的常有动作——握手进行了研究，结果表明：人与人在沟通中，如果有身体接触，能增强人与人之间的亲近感，即便是陌生人也是如此。为了达到这一目的，人们都愿意主动与人握手，这样的人大多很热情。

然而，人的身体部位在不同环境、情景以及受到不同的生理作用的影响下，它们所传达的心理讯息是不同的，只有综合考虑各方面的因素，才能帮助我们正确地作好心理分析。可能你经常听到身边的人这样说：

“他今天居然连胡子都没刮，一定是跟女朋友吵架了。”

“开会时老板一直看着我，对我点头微笑，一定是觉得我表现很好。”

“他说话时一直在搓手，肯定有强迫症。”

……

有些人喜欢这样揣测他人的心理和情绪，而实际上，这些揣测并不一定正确，原因很简单，他们对他人的身体语言的分析并不到位，比如说，“胡子没刮”，原因有很多种，可能时间不够，可能是其他生活问题，把原因归结于为“和女朋友吵架”未免太过武断；“开会的时候老板的笑容”可能是针对所有人的；喜欢“搓手”，也有可能是因为紧张，并不完全是因为强迫症导致的……

很明显，如果要正确解读他人的身体语言，我们必须要综合考虑，掌握一些解读的规则，这些规则是：

1.连贯地来观察他人的肢体语言

不少人在理解他人的非语言信息时，常常犯了这样一个错误：将对方的某个动作或表情分离开来，他们忽视了其他相联系的表情、动作，然后孤立、片面地解读他人的肢体语言。

比如，在与人说话时，他们看到对方挠头，就以为对方是尴尬，其实，挠头的原因有很多，比如，去头屑、头痒、不确定、健忘或者撒谎等，所以，其具体含义应当取决于同时发生的其他表情和动作。

其实，和句子一样，我们说的每句话也是可以分解的，分解为词组、标点等，每一个表情或动作就好比一个单词，而每一个单词的含义都不是唯一的。

因此，只有当你把一个词语放到句子里，配合其他词语一起理解时，你才能彻底弄清楚这个词语的具体含义。以“句子”的形式出现的动作或表情被称为肢体语言群，就好比我们如果想说一句话，至少需要用三个词语来组织才能清楚地表达说话的目的。可以这么说，如果一个人能够读懂无声的肢体语言长句，并且准确地将他们用有声的话语表达出来，那么，他的“感知力”一定很强，或者说他的“直觉”一定很灵敏。

所以，如果你想获取准确的信息，就应该连贯地来观察他人的肢体语言。

当我们感觉到压力或者无聊时，我们常常会不断地重复做一个或者多个动作，比如不停地摸头发或玩头发，这是我们最常见的一种表达方式，可是，假如不考虑其他动作或表情，同样的动作却很有可能表示这个人心中很焦虑，或是不确定。

2.寻找一致性

有研究表明，人与人在沟通中，无声语言产生的沟通影响力，是有声语言

的五倍，这一点，在女人之间的交往中效果更明显。

西格蒙德·弗洛伊德是奥地利著名的精神分析学家，他曾经接待过一个病人，病人告诉他，她的婚姻生活十分幸福。在谈话中，这位病人不断地将她的结婚戒指取下，然后又戴上。弗洛伊德注意到了她这一无意识的小动作，他很清楚这意味着什么。所以，当有消息传来她的婚姻出现问题时，弗洛伊德丝毫不感到惊讶，因为一切都在他的意料之中。

观察肢体语言群组，注意肢体语言与有声语言的一致性就好比两把金钥匙，能够帮助我们打开肢体语言的宝库，从而正确地解读出无声语言背后的真正含义。

3. 理解要结合语境

在理解他人的身体语言中，我们对对方的表情、动作的理解都要放在一个大环境下来完成。

举个很简单的例子，在地铁里，寒风瑟瑟，你看到一个人，他双手抱在胸前，那么，你应该很清楚的是，他这样做，并不是为了保护自己，而是为了取暖。同样的情况，如果放到谈判桌上，那么，对方的意图就是自我保护，你应该明白，他其实是想借此告诉你，他对你的话持否定的态度，或者他对你持有敌意。

总的来说，我们每个人的身体就像一个无法关闭的传送器，时刻传送着我们的心情和状态。语言通常用来表达正在思考的东西或概念，而非语言信息则较能传递情绪和感受。因此，在通过非语言来进行逻辑分析时，必须要综合多方面因素考虑。

我们身边的人是怎么说话的：了解中国人言语中常见的“逻辑”习惯

前面，我们已分析过，在说话时只有找到其中深层次的逻辑链，才能把话说得有力度、有深度，才能避免逻辑错误。然而，在我们的现实生活中，基于某些语言习惯，我们身边的人，乃至我们自己，都有一套自己的“逻辑”习惯，当然，这些逻辑语言习惯有对有错。比如以貌取人、先入为主，是我们该避免的，否则就会对人、对事认识不全面。而委婉含蓄的说话习惯是值得提倡的，因为这样说话更能起到曲径通幽的目的；另外，看似是错误的偷换概念的逻辑语言法，在某些语言环境中，却能制造出出人意料的幽默效果。总的来说，我们要取其精华、去其糟粕，在沟通中要懂得运用逻辑推理，正确地引导听者了解自己的意图，以达到沟通的目的。

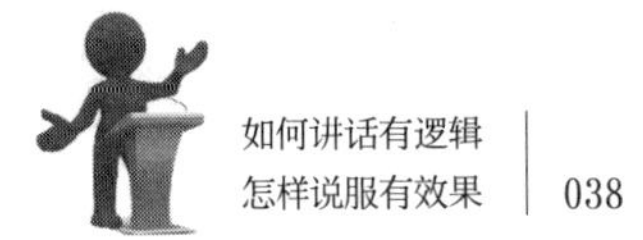

中国人说话素来喜欢拐弯抹角

自古以来，中国人在说话、做事上都强调要低调含蓄，在与人沟通中也是如此，也就是我们平常所说的拐弯抹角，带有不少的辩证意味，这是中国人的语言逻辑习惯。的确，委婉表达，既不伤害朋友间的情谊，又能充分表达自己的想法，展现出其做人和说话的魅力。

在中国科举考试时期，有个叫孙山的人和同乡一起参加考试。考试结果是，孙山中了进士，而那位同乡则是最后一名。这位同乡感觉愧对父母，便没有回老家，而孙山则回到了家中。随后，那位同乡的父亲则前来找孙山打探儿子的消息。孙山原本想把事情告诉这位老人家，但是转念一想，直接说的话，这位老人家恐怕难以接受，也可能会让对方觉得自己自鸣得意，所以就随口念了两句诗给那位同乡的父亲听："解名尽处是孙山，贤郎更在孙山外。"那位同乡的父亲听后，明白了他的意思，没再多说什么，就走了。

的确，有时候别人向你问话的时候，如果你感觉直言相告可能会让他难以接受，不回答的话又说不过去，那么你就不妨含蓄一点，做到既能让对方了解事情的真相，又能巧妙地让你得到开脱，而这就是中国人喜欢运用的拐弯抹角的说话方式：所强调的并不是表面上说的意思，而是另有所指。

然而，在生活中，我们经常会对"表里如一"的成语发生误解，认为正直坦率的人在说话上也同样是直接和坦率的。在交际场合中，经常会有人用这种误解来要求和标榜自己，和别人谈话的时候从来不讲究一些技巧和策略，而是信口开河、直言无忌，从来不考虑别人的感受和处境，因此，别人往往会对你产生极大的厌恶情绪，你在交际场合也就成了孤家寡人。

做人要正直、坦荡这是毋庸置疑的，但是这种良好的道德品质只能体现在为人处世当中，却并不意味着说话的方式过于生硬和直率。毕竟，不恰当的直言相告是对别人的否定，不仅会给别人的心里增加压力，还会让其产生厌恶的

情绪。因此，在日常生活中，我们应该尽量避免说话过于直接，用委婉的方式进行巧妙的表达，做到既能告诉对方自己的意见，又避免伤害双方的感情。

某大型外企内，员工对于自身的待遇都感到不满，虽然他们也曾提出这一意见，但管理层的领导似乎有意避开这一问题，也不愿意去改善员工们的待遇。

在这位领导看来，这些工作人员都是能力平平之辈，对公司没什么大的贡献，并且工作也不积极，所以不想对这些员工付出更多的金钱。当别人对他提出意见的时候，他就说：“我能收容你们就不错了，就你们这样的工作能力和做事态度，哪一个公司都不会要的。”

员工们在知道领导的这一态度之后，工作热情更加低落了，经常出现迟到的现象。为了调动大家的工作激情，秘书准备向老板提议改善员工的待遇。他这样对老板说：“现在公司的大部分员工简直是没有办法来公司上班了。”

老板问：“为什么呀？”

秘书说：“坐出租车吧，价钱太贵坐不起；坐公交车吧，又经常挤不上车，而且每月的交通费也是一笔不小的开支，他们根本没有能力解决这一问题。”

秘书说完就叹了口气，一脸无可奈何地看着老板。老板却说：“那就让他们安步当车吧，一文不费，而且可以借此运动身体，不是一个很好的办法吗？”

秘书摇了摇头说：“不行啊，把鞋袜磨破了，他们买不起新的。不如这样吧，请您发出一个告示，提倡光脚走路，号召大家赤脚走路上班，这个问题不就解决了吗？要怪就怪他们生不逢时，生活在这个年代，谁让他们不去想发财的门路，却当苦命的职员？他们坐不起出租车，也不能鞋袜整齐地到公司上班，都是咎由自取！”

这位秘书边说边笑，老板听了心里总感觉不是滋味，最后终于答应改善下属的待遇。

这位秘书并没有直冲冲地去劝说领导改善下属待遇，而是用开玩笑的方式含蓄地进行劝说。在劝说的过程中，他没有说老板的一句不是，而是用嘲笑下属的形式来显示出他们的苦衷。这种语气虽然是开玩笑的，但实质上是在劝说老板不要太苛刻和吝啬，应该照顾一下员工们的生活。这样的方式比较委婉，既没有伤害到老板的面子，又让老板觉察到了自己的过失，从而主动地去改善员工们的待遇。

那么，在表达自己的意见时该如何做到委婉含蓄呢？我们可以从以下几个方面去学习一下：

1. 间接提示

通过相联系的事件或者道理，“间接”地表达信息。让对方在推理中去感知，从而更好地去接受你的意见。

2. 留有余地

说话不要说得过于绝对，以免给对方造成抵触心理，同时也让自己失去回旋的余地。

3. 比喻暗示

将一些道理放在与之相类似的、具体的事例之中，从而让对方更好地去领会你所要传达出的信息和要表达的内容。

4. 旁敲侧击

不直接切入主题，用打擦边球的形式讲一些看似不相干的话，让对方在似有似无的语境中明白你的真实意图。

5. 先肯定，再否定

出现意见分歧时，不能粗暴地去全盘否定对方的观点，而是先找出对方合理的内容进行肯定和赞扬，然后用转折句引出下文，提出更合理的意见和建议，以便于让对方愉快地接受。

6. 不用祈使句，多用设问句

祈使句往往会显得比较武断和蛮横，让别人觉得你是在高高在上地发布命令；而设问句则是把双方放在了对等的位置，用商量的口吻去探讨问题。因此，后者更容易让人接受。

含蓄的表达方式，是我们生活中不可缺少的逻辑语言技巧，我们掌握这一逻辑口才技巧，会使你说出的话更有水平，这就好比有些植物不喜欢太阳光直射，就要用遮光的东西挡一挡；对于不适合直言的场合，转个弯，结果会更妙！

为什么中国人喜欢模糊语言

我们都知道，中国人素来讲究做人难得糊涂，其实，中国人也喜欢在说话

时装糊涂，也就是我们所说的模糊语言，这是中国人的逻辑语言习惯。

所谓模糊语言法，就是用模糊语言来应对他人的谈话，这种方法从表面上看是对谈话者有了交待，但在实际上没有任何的信息和价值，从而达到委婉应答的目的。

在中国，模糊的语言是一种重要的交际手段，同时也体现了一个人随机应变的能力。在一些不必要，或者不可能把话讲得过于清楚的情况下，完全可以运用这种表达方式，既避免了紧张的气氛，又让自己得以解脱，同时还不会给别人带来负面的心理影响。

的确，在现实生活中，有很多的事情会在没有思想准备的情况下发生，也有很多的问题会让自己感到左右为难。在这种情况下，如果选择沉默或者拒绝，不免会给交际双方带来不好的影响，也会让自己在别人心中的印象大打折扣。这时，我们不妨用模糊的语言来作出回答。

1988年，第二十四届奥运会在韩国首都汉城举行。

当时的中国代表团是第二次参赛，所以备受世界媒体的关注。当中国代表到达汉城的时候，记者纷纷地问中国代表团团长李梦华：“这次奥运会中国能拿几枚金牌？在这次比赛中，中国的奖牌总数能超过韩国吗？”

李梦华这样回答：“过了10月2日，你们就能知道了。”

记者们见到李梦华这样回答，继续追问：“中国的新华社曾经预测说这次奥运会你们能够拿到8～11枚金牌，您认为是这样的吗？”

李梦华又一次作了巧妙的回答：“中国有充分的言论自由，记者怎么想，就可以怎么写！”

避开实质性的问题，故意用模棱两可的语言作出具有弹性的回答，既无懈可击，又达到了在重要问题上拒绝作出答复的目的，这种方式比直接说“不”，更显得一个人更有智慧、有风度。

生活中，面对一些不好回答的问题，我们也可以运用这一方法，比如，当别人问你“月薪是多少”的时候，你不妨说“聊以糊口罢了”，如果有人问你是怎样结识一个大人物的，你不妨说：“这是个很复杂的过程，等以后有时间了，我再详细地告诉你。”当别人打听到你父亲的朋友就是你所在公司的领导时，故意问你：“你在这家公司应该不错吧？”你可以说：“全托您的福。”

这些回答既显示出了你的热情，又能巧妙地躲避掉那些不愿意回答的问题。

在社交场合游刃有余的人，都懂得“模糊语言”的正确运用。模糊的语言能够用恰当的方式、微妙的语言，对别人的问话或者请求作出有余地的回答，既不会因为生硬的拒绝给对方带来不快，又能够保全双方的面子，从而避免了后顾之忧，又能够避免最终的事与愿违的尴尬和承担后续的责任。

模糊的语言是中国人在日常生活中随机应变的一种重要方法，常常用于一些不必要、不可能把话说得太死的情况。这个时候，我们就可以很巧妙地运用这些模糊的词语，那样会给人一种圆滑的印象，在你不确定的时候，就不要说大话。

模糊的语言可以作为一种缓兵之计，当别人问你一些没办法回答的问题时，如果委婉拒绝不能起效的话，你就应该用一些模糊的语言来搪塞一下，这样既可以让自己从麻烦中摆脱出来，又能够不伤及对方的面子。一个聪明的人，在敏感话题上从来不言之凿凿，也不会生硬拒绝，而是懂得用一些模糊的语言来保全双方的面子，从而既为自己留了一条后路，又避免了一些不必要的纠纷。

模糊语言的表达形式是多种多样的，比如闪烁其辞、答非所问、避重就轻等，但归根结底就是不要把话说得太死，要给自己的语言留有余地，也在给对方留足颜面的同时令其对以后的交往存在更大的兴趣。

李肇星在出席“中非合作论坛北京峰会暨第三届部长级会议记者招待会”的时候，有一位记者不怀好意地问：“李部长，请您谈一下对陈水扁贪污案的看法好吗？”李肇星回答说：“您能不能提问一些我工作上的问题？贪污属于内政问题，我是外交部长，省级干部的贪污问题不归我管。”

这样的回答，有意改变话题，达到了巧妙拒绝的目的，而且语带讥讽：你还是多关心一下本国的事情吧，不要在这里干涉别国的内政了。李肇星轻松的回答令自己很快就转守为攻，赢得了谈话的主动权。

总之，有很多的敏感性话题让我们无法作到开诚布公地回答，但是又因为考虑到双方的颜面而不愿意作出生硬的拒绝，那么就要在说话中讲究一些策略，用模糊的语言回答别人无心或存心的话题，做到既有力度又不伤人，这样的谈话方式就会让你的口才能力上升到一个新的台阶。

人际交往中中国人先入为主的逻辑习惯

自古以来，我们中国人都信奉做事“中庸”的原则，这里所谓的“中”是指我们认识事物、看待问题要不偏不倚。然而，在中国人惯有的逻辑思维中，却常常存有先入为主的逻辑错误。所谓先入为主，是指先听进去的话或先获得的印象往往在头脑中占有主导地位，以后再遇到不同的意见时，就不容易接受。

生活中，我们与人结识，都有个从陌生到熟稔的过程。刚开始与陌生人打交道，我们很容易从他给我们的第一印象开始判断，这很容易造成先入为主的结果，因此，我们要想全面认识对方，就要避免这一逻辑思维错误，不能顾头不顾尾，不能用最初的印象来左右自己对他的评价。

三国时期的孙权是一位惜才爱才明主，却也曾留下了“相马失于瘦，遂遗千里足”的遗憾。

当时周瑜已死，鲁肃向孙权力荐庞统。孙权听后先是“大喜”，见面后却变成“心中不喜”。因为他看见庞统生得“浓眉掀鼻，黑面短髯，形容古怪”，再加上一直以来，庞统对孙权器重的周瑜都不看好，所以，孙权错误地认为“狂士也，用之何益”！鲁肃进一步提醒孙权，庞统曾在赤壁大战中贡献连环计，希望孙权能考虑庞统，但孙权先入为主，顽固表示“誓不用之”，结果把庞统从江南逼走。

庞统本有旷世之才，却因相貌生得不好，在乱世中几次被冷落，可惜了将才无用武之地。

从上述故事中我们可以看出，孙权之所以不用庞统，是因为庞统“浓眉掀鼻，黑面短髯，形容古怪”。可怜庞统空有经天纬地之才，却因为相貌丑陋而得不到重用。

俗话说：“人不可貌相，海水不可斗量。”印度诗人泰戈尔也曾说过：

“你可以从外表的美来评论一朵花或一只蝴蝶，但不能这样来评论一个人。”通过外貌来了解人，是识人的一种辅助手段。但是，把它绝对化，把识人变成以貌取人，就会错识人才，乃至失去人才。

一个人的容貌与工作能力并无直接的联系，但如果一味地坚持以貌取人，可能会失去真正的人才。

无独有偶，美国总统林肯也曾因为相貌偏见拒绝了朋友推荐的一位才识过人的阁员。当朋友愤怒地责怪林肯以貌取人，说任何人都无法为自己的天生脸孔负责时，林肯说：“一个人过了四十岁，就应该为自己的面孔负责。”这里，林肯虽以貌取人，却有其可圈可点之处。

那么，我们该如何避免因先入为主而作出错误的判断呢？

1.冷静地看待对他人的“第一印象”

根据首因效应，我们得知，人们往往对某个人的第一印象，都有先入为主的习惯。在初次交往中，我们也会凭第一印象来判断对方的人品、性格、能力等，当然，如果第一印象好，就会给以后的交往打下良好的基础。从这个意义上说，注意给人留下良好的第一印象是必要的。但初次接触，你所获得的关于对某个人或者某件事的判断材料往往是有限的，也是外在的，因此存在一定的虚假性。

因此，冷静、客观地对待第一印象，并在思想上有否定第一印象的意识是非常重要的。

2.避免偏见，克服主观印象

事实上，有些人认为自己“阅人无数”，于是，他们很认同自己的主观感觉，比如，他可能总是看到人们好的一面，这是因为他本身就是一副菩萨心肠。而如果他总是从恶意的角度来评判一人，他也会认为这是“别有用心”，这是因为他本人猜疑心重。因此，要想公正公平地评价一个人，避免各种偏见，我们必须尽量克服这种主观印象。

3.全面观察，不以貌取人

我们都知道，任何一个人的相貌都是与生俱来的，谁也无法改变，但一个人的学识、气质、能力却是后天所得，因此，要观察一个人，就要耳听六路、眼观八方，不仅考察其服装是否得体，更要通过其行为、谈吐来判断。

苏联心理学家鲍达列夫曾向72个人调查他们是怎样理解人的外貌的。其中2个人认为肥厚的嘴唇是憨厚朴实的标志，3个人认为粗硬的头发表示倔强的性格，9个人回答方方的下巴是意志坚强的标志，宽大的前额是智慧的标志，14个人认为肥胖表示心地善良等。

这个调查结果是有趣的，也具有一定的普遍意义。我们都知道，人们的这些心理特征是天生的，也是固定不变的，然而人们却从中看到一个人的性格特征，这一点，正是这一调查结果的有趣之处。当然，这样的推断，是含有很大的偏见成分的。

4. 延长观察期，不可凭一时感觉

俗话说，“路遥知马力，日久见人心。”其实，与人交往也是同样的道理，在初次见面的过程中，对方可能因为一些客观因素无法展现其才能、学识等，这就需要我们延长观察期，给其一个机会。

为此，我们在识人的时候，确立不满足于表象，而注重了解对方心理、行为等深层结构的认识，就能有效地摆脱先入为主的影响。

鉴于人们固有的先入为主的逻辑思维习惯，我们每个人在真正了解一个人前，切不可太轻信事先得到的信息，更不可凭一时的感觉，只有全面地了解和认识对方，才能作出最中肯的评价和判断。

中国人说话为何喜欢偷换概念

前面章节中，我们已经分析过逻辑思维在说话中的重要性。从逻辑思维的角度出发，有个基本的要求：那就是概念的含义要稳定，双方讨论的必须是同一回事，或者自己讲的、写的同一个概念前提要一致，如果不一致，就成了自说自话；如果在自己的演说或文章中，同一概念的含义变来变去，就是语无伦次。看起来，这很不可思议，但是这恰恰是很容易发生的。因为同一个概念常常并不是只有一种含义，尤其是那些基本的、常用的概念，往往有许多种含义。

在说话中，稍不注意就有可能出现概念的转移，虽然在字面上这个概念并没有发生变化。而其实，自古以来，在博大精深的中国文化中，为了制造出语言上的出奇制胜或幽默，人们常常喜欢偷换概念，此处并不是逻辑上的错误，而是中国人的逻辑语言习惯，是故意为之。

所谓偷换概念，也就是我们常说的歪解。从概念上讲，偷换概念犯了逻辑错误。有时候，有些人是故意犯这一错误，为的是重新塑造一个容易推翻的立场，然后再从这一角度进行分析和攻击。通常来说，偷换概念可以是修辞学的技巧，也可以用来对人们作出游说，但事实上，这只是误导人的谬误，对方的言论也并没有因为误导而就被推翻了。

偷换概念之所以能造成幽默的效果，是因为幽默的思维主要不是实用型的、理智型的，而是情感型的。因此，对于一般性逻辑思维来说是破坏性的东西，对于幽默来说则可能是建设性的。

我们来看这样一个例子：

甲："你说踢足球和打冰球比较，哪个门好守？"

乙："要我说哪个门也没有对方的门好守。"

常理上来说，甲问的"哪个门好守"应该是指在足球和冰球的比赛中，对守门员来说本方的球门哪个更容易守，而乙的回答一下子转移到比赛中本方球门和对方球门的比较上去了。

事物发展的结果有多种可能，按照以往的逻辑思维，可以让我们对其产生多种想象与预测。而偷换概念后的结果与这些想象推测的结果又是完全有分歧的、不一样的，想象的结果与实际的结果之间产生了强烈的反差，这样产生出的幽默效果要强烈得多。

接下来，我们再看看下面一段家教老师和孩子的对话：

老师："今天我们来温习昨天教的减法。比如说，如果你哥哥有五个苹果，你从他那儿拿走三个，结果怎样？"

孩子："结果嘛，结果他肯定会揍我一顿。"

从数学科学的角度来看，孩子的这种回答是十分愚蠢的，因为老师问的"结果怎样"很明显是"苹果还剩下多少"的意思，属于数量关系的范畴，可是孩子却把它转移到未经哥哥允许拿走了他的苹果的生活逻辑关系上去。不

过，恰恰是因为偷换了概念，才使这段对话产生了一种幽默的效果。

偷换概念所运用的技巧就是将概念中的中心含义悄悄地转移或者偷换，这一概念被偷换得越隐蔽、越离谱，造成的概念的差异就越大，产生的震惊就越强；反过来，偷换概念越是隐蔽，发现越是自然，可接受的程度也就越高。表面上看，概念被偷换之后是行得“通”的，但这种“通”并不是“常理”上的，而是另外一个角度上的，能表现出说话的幽默和智慧。

一般来说，人们在进行理性思维的时候，最基本的要求是概念的含义要稳定，也就是双方讨论的是同一件事，只是双方在理解和运用上不同罢了，因而产生不同的效果，从而产生幽默。

又如：

有一次，一位贵族夫人邀请帕格尼尼第二天到她家去喝茶。碍于情面，帕格尼尼接受了她的邀请。贵妇感到非常高兴，告别的时候，笑着叮嘱帕格尼尼说：“亲爱的艺术家，明天来的时候，请您一定要带上您的提琴。”“这是为什么呀？”帕格尼尼故意装作很惊讶的样子说，“夫人，您应该知道，我的提琴是从不会喝茶的。”帕格尼尼通过曲解对方语言的含义，达到了自己拒绝为这位贵族夫人拉小提琴的目的。

这种故意歪解的方法，可以用于对别人的话表示不明白，或者用你自己的“理解方式”去回答，用一些让别人哭笑不得的理解方式去解释原因，来达到你的目的。

转换一个角度看问题，看似漫不经心，其实乃是有备而来。我们常说，语言来源于生活，但它并不是生活本身，也就是说，生活是非常现实的、常规的，它不像语言那样充满着虚虚实实、夸张离奇的喜剧色彩。比如在正式的工作场合中，人与人之间最恰当的交际方式是尽量简要、明确地进行语言的表达和思想的沟通，这一点非常必要。语言时则不同，明明要说甲事，却可以从与之看似无关的乙事说起。本来要表达一种意思，却偷换了概念，表达的是另一回事，这就是我们经常采用的偷换概念式的语言技巧。需要指出的是，现实生活中人们的偷换概念是无意中发生的，而当它成为一门语言技巧时则是有意设计的，并有相当强的针对性。

总之，自古以来，中国人在语言习惯中都更注重语言的隐晦性和变换性，而偷换概念就是其中一种。运用这一方法，制造出来的语言效果往往是出人意料和非同凡响的。

如何避免嘴巴上的先吐为快

我们都知道，中华文化，尤其是语言文化博大精深。自古以来，古人唇枪舌剑、舌战群儒的故事早已数见不鲜；同时我们也发现，天生有着语言优势的中国人也同样有着说话先吐为快的语言缺陷。

我们发现，生活中有这样一些人，他们往往只顾着自己的想法，寻找话语倾泻之后的快感，追求“一吐为快”，却不考虑别人的立场、观念和感受，从而引起别人的厌恶和疏远。无论这个人讲话的目的是什么，凡是不经过大脑脱口而出的话，往往会让别人难以承受，于是，他的人际关系就会出现阻碍，事业的发展也往往会出现挫折。

有的人总在悲叹“知音难觅”，却忽略了从自己身上找问题。这个世界是纷纭复杂的，面对不同面孔、不同性格的人，如何去把握交往的技巧是十分重要的。我们经常讲“识人要用眼，说话要用心”，说话绝不是嘴唇上下碰撞的简单动作，而是一个人综合素质的体现。因此，在我们说话之前，一定要进行充分的考虑，了解哪些话应该说，那些话不该说，该说的话在什么样的场合下用什么样的方式去说。

生活中的任何一个人都要明白，你已经不是孩童了，说话做事都要先经过思考，思考其后果，而不要逞口舌之快。其实，任何一种意思都可以含蓄隐晦地表达，与他人说话时，言语不可太直，也就是人们常说的“说话留三分”，否则会招惹对方不快。委婉地表达自己的意思，能增加神秘感，也就有可能收到所期望达到的效果。

在姚明刚加盟NBA休斯敦火箭队的2002赛季，原NBA球星巴克利对这位中国来的大个子十分轻视，觉得他不过是徒有其表而已。在常规赛开打之后，巴克利就很瞧不起他，他在TNT电视台的“NBA内部秀”上大放厥词，扬言说，在本

赛季的任何一场常规赛上，如果姚明能够拿到19分的话，他就会去“亲吻”肯尼·史密斯的屁股。后来，当这件事情传到姚明耳朵里的时候就变成了“如果姚明能够拿到19分的话，巴克利就会去亲吻他的屁股。”姚明听说之后并没有愤怒，而是耸了耸肩，幽默地说：“那么，我就拿18分算了。”

正所谓世事难料，在火箭队和湖人队的比赛中，姚明单场拿下了20分，不仅洗刷了自己的屈辱，赢得了队友们的尊重，同时又将“大嘴”巴克利逼入了绝境。肯尼·史密斯素来也瞧不起巴克利的为人，在姚明拿下20分之后，就找到了巴克利，让他去履行诺言。巴克利的表情十分难堪，但又不得不为当初的口无遮拦而“埋单”。后来，别人觉得这样做有点过分，就让巴克利去“亲吻”驴子的屁股。饶如此，在电视机前的数万观众面前去亲吻驴屁股，对谁来说都是一件十分丢面子的事。巴克利在众人的狂笑声中，在镜头聚焦、强光灯的照射之下，满脸通红无可奈何地蹲下身来，万分痛苦地朝着那头驴子的屁股吻去……

巴克利自高自大，说话不经过大脑，最终搬起石头砸自己的脚，不仅令自己在电视机前丢尽了脸面，还引来了别人的捉弄和嘲笑，也让自己失去了可以合作的伙伴。假如他当初说话的时候能够多思考一下，恐怕就不会是这样的结局了。

在待人处事中，场面话谁都会说，但并不是谁都能说好，一句不经心的话就可能触到对方的隐私和伤痛。所以我们在朋友聚会或是与人交往时，一定要注意语言美，首先对别人有起码的尊重，不要去评论和传播别人的是非。无事生非、逞口舌之快不仅有损自己的形象，也会阻碍自己的仕途和人际关系的发展。所以我们一定要管好自己的嘴巴，以免祸从口出，落得上面这个人的后果。

任何场合，我们都要注意自己的说话方式：说话太快，不考虑别人的感受，张嘴就来，非要逞一时口舌之快，就可能让别人心有不悦，甚至激怒别人。

同样是说话，小锦辞客的方法就很委婉，非常值得学习。

有一回，小锦家里来了一位客人，坐在客厅里一直聊，很长时间都没有离去的意思。

小锦还有其他事要做，屡次暗示客人，但那客人却“执迷不悟”。无奈之下，小锦心生一计，对他说：“我家的月季开得正旺，我们到园子里去看看吧！”

客人欣然而起，于是小锦陪他到花园里去赏花。

看完后，小锦趁机说：“还去坐坐吗？”

这时，客人看看天色，恍然大悟，连忙说道："不了，不了，我该回家了，不然会错过末班车的。"

像小锦这种说话方式，就是既照顾了他人的感受，又达到了自己的目的，是很聪明的做法。如果小锦在屡次暗示客人失败之后，就口无遮拦地对客人下逐客令，肯定会使客人非常难堪，下次绝不敢再来了。

总之，"说话"也是一种艺术。说什么、怎么说，都有讲究。很多时候，一句恰当的话可以为你加分，而有时我们吃亏就是因为没能管住自己的嘴巴。对此，我们要有清醒的认识，无论想说什么，不妨先打个腹稿，多考虑一下自己这样说的后果，这样，能在很大程度上避免说出不该说的话。

事实胜于雄辩，如何避免"不证而论"

读书时代，相信大家都做过论证推理题。为了得到某个结论，我们需要反复求证，从中我们知道"有证才有论"的道理。然而，自古以来，中国人却一直有一个常见的思维毛病——"不证而论"，这一点，也违反了逻辑学上的"充足理由律"，也就是给出论点却往往不证而论，只有论点，没有论据。

所谓"充足理由律"，我们表述为：任何判断必须有(充足的)理由。充足理由律的提法源于17世纪末、18世纪初的德国哲学家莱布尼茨·G·W·。他在《单子论》中说："我们的推理是建立在两个大原则上的，即(1)矛盾原则……；(2)充足理由原则，凭着这个原则，我们认为：任何一件事如果是真实的，或实在的，任何一个陈述如果是真的，就必须有一个为什么这样而不那样的充足理由，虽然这些理由常常总是不能为我们所知道。"

当然，有这一逻辑错误的也不只是中国人，我们在很多文章中也能看到。比如：

在契诃夫的名著《套中人》中，有这样的情节：

别里科夫有一次看到他学校的同事柯瓦连科同姐姐在街上骑自行车，吓得脸色由青到白。第二天他到柯瓦连科家里，说："你骑自行车，这种消遣，对

于青年的教育者来说，是绝对不合宜的！”当柯瓦连科问他为什么时，他说：“难道这还用解释吗？难道这不是理所当然的吗？如果教师骑自行车，那还希望学生做出什么好事来？他们可做的就只有倒过来，用脑袋走路了！既然政府还没有发出通告允许做这件事，那就做不得。”

这里，别里科夫反对青年教育者骑自行车的理由有二：一是“如果教师骑自行车，那么学生就不会做出好事来”；二是“政府还没有发出通告允许做这件事”。这两个理由，前者是虚假的，犯“虚假理由”错误；后者虽真实，但与“青年教育者不能骑自行车”的结论之间没有必然联系，犯了“推不出”的逻辑错误。总之，别里科夫的话违反了充足理由律。

其实，我们在生活中，无论是对人也好，对事情也罢，都离不开真的追求。“真”是一种精神和境界。如果失去了真，也就不会有善、美。同样，在我们的言语中，如果失去了“真”的基础，那么一切美好的字眼不过都是些漂亮的外壳罢了。然而，如何才能让我们的话更有信服力呢？其实还是要用事实论证法，说话时有理有据，才能让人信任你。

生活中无数的事实都在证明，好口才并不是谈吐流畅、词汇丰富的外在现象，最重要的评价标准是是否有说服力和可信度。说服力和可信度是相辅相成的关系，没有可信度的言谈是不会存在说服力的，能够说服别人的语言也必将以可信度为基础。那么，怎样才能够让别人相信我们所说的话，接受我们的意见呢？最重要的一点就是用事实说话。古人所说的“事实胜于雄辩”就是这个道理。

刘先生有家自己的公司，经营得还不错。一天，下属小李来到办公室，对他说：“刘总，我来公司三年了……您看，是不是应该酌情给我加薪呢？”刘先生想了一会儿，说道：“小李，我知道你从跑业务做起，时间已经不短了。你在业绩中所做的工作报告，我觉得你提到的那几点都很重要。但是现在的情况是，我们公司离第一次薪金评估还有很长时间，而我个人无法批准薪金评估报告。”

“另外，说实话，我觉得就你现在这份业绩表的内容来说，按照我们公司的薪金评估来说，这些数据的说服力还显得很不够。现在离年底的评估报告还有一段时间，你可以再努力努力，争取让你手上的那两个大客户跟我们公司签了合约。而且，我们公司最近推出的那个新产品，相信你肯定也能做出点业绩来的，你不妨尝试一下，这样，在年底评估的时候，你就可以有一份比较有说服力的报告给我，到那时，我一定会尽力为你争取加薪。”

面对下属提出的加薪请求，刘先生巧妙地为他设定了一个比较实际而又有意义的工作目标，聪明而又不着痕迹地拒绝了他现阶段的加薪要求。这整个回答，可以说是句句中肯，有理有据，并且清楚地向他表明，加薪要有客观的工作成绩，而他目前的工作成绩还不足以享受这个薪资待遇。更为重要的是，谈话将负面的拒绝转向为正面的激励，使加薪成为员工努力工作并取得更高成就的动力。

可见，人与人交往，虽然人们都想了解事实，但是我们必须要让对方看到“论证”的过程。所以，说话中我们应当注重逻辑性和推理过程，如果我们一味地去追求口才外在的形式，就难免会舍本逐末。

总之，经过论证的语言才具有可信度，有事实的谈话才会有真正的内容。那些谦逊质朴的态度以及美丽的词汇，所起到的作用只是一种修饰，如果语言本身没有可信度，它们就会成为没有任何意义的表演，失去本身的价值。

中国人常用“×××说过”来提升表达的公信力

我们都知道，说话是一门艺术，中国人更讲究说话的艺术，而说话要讲究技巧，好听的话能让人如沐春风，不中听的话使人心情烦闷，难以进行沟通。我们发现，在我们生活中，那些会说话的人，从来都不直接表达自己的某种观点，而是引经据典、旁征博引，尤其是喜欢运用这一句式——“×××说过”，因此这样的表达方式能使自己的语言更有公信力。当然，此处所说的“×××”一定是被听者认可和接受的，可以是名人，可以是令人相信的权威专家等，但无论是谁，都能对我们的话起到很好的佐证作用。

我们先来看看下面一个案例：

美国心理学家们曾经做过一个实验：在给某大学心理学系的学生们讲课时，向学生介绍一位从外校请来的德语教师，说这位德语教师是从德国来的著名化学家。实验中这位“化学家”煞有其事地拿出了一个装有蒸馏水的瓶子，

说这是他新发现的一种化学物质，有些气味，请在座的学生闻到气味时就举手，结果多数学生都举起了手。

对于本来没有气味的蒸馏水，由于这位“权威”的心理学家的语言暗示而让多数学生都认为它有气味。从这里，我们能看出，在人们的思维逻辑中，对那些有权威的专家所说的话是深信不疑的。正是从这一点出发，中国人在与人沟通时，会经常引用“×××说过”这样的句式。

在现实生活中，这样的实例很多，比如在广告中请权威人物赞赏某种产品，在辩论说理时引用权威人士的话作为论据等。相传，南朝的刘勰写出《文心雕龙》后由于无人重视，他想请当时的大文学家沈约审阅，但沈约却不予理睬。后来他装扮成卖书人，将作品送给沈约。没想到沈约阅后评价极高，于是《文心雕龙》广为传诵，后来更是成为中国文学评论的经典名著。

其实，我们在说话时，也可利用这一逻辑方法，比如，为了证明产品的效果，你可以这样对客户说：“××说过……”这样能增强你语言的说服力。

某学校要为食堂购买一批燃油锅炉。一些销售人员得知这个消息之后，都纷纷跑来向食堂负责人介绍自己公司的产品。这让这位负责人感到非常为难，因为之前从没有跟这些公司合作过，也不知道哪一家的产品更加可靠，所以一时半会拿不定主意。

这时候，有一位销售人员摸清了负责人的心思，在产品的介绍材料里夹了一份该公司的客户联系单，而且其中有一个客户就是与这所学校紧邻的某事业单位，于是这位负责人就给隔壁单位打了个电话。

从对方嘴里得知该公司的产品质量还不错，而且销售人员也值得别人信赖，于是负责人就选择了这家公司的锅炉。

案例中，这位销售员是聪明的，一张客户联系单能说明很多问题：这种燃油锅炉很畅销，该客户的邻居们都购买了，产品质量自然信得过；这位销售员的客户名单是真实可靠的，并不是杜撰的，客户自然更深信不疑，最终，他不费吹灰之力地说服了客户。

日常交流中，我们在沟通时使用“×××说过”这样的句式，能起到影响对方逻辑思维和引导或改变对方态度和行为的目的，从而操控其言行。

具体来说，我们可以引用的话有：

1. 借用位高权重人士的话，比如“市场认为”“国家主席说”

最近几年国家经济飞速发展，但物价也猛涨，对此，国家相关权威人士表示会抑制部分的经济泡沫。于是，在平日闲聊中，邻居大妈如果更愿意相信物价不跌反涨，你就可以搬出权威人士的话：“央行行长都发话了，要出台一系列措施，抑制物价……”

2. 借用名专家的话，比如“某专家认为”

很多健康专家认为，晚上身体往右侧睡才是最健康的睡姿。于是，当你在向朋友或家人证实这言论的真实性的时候，不妨这样说：“健康专家都这么说，难道还有假？”比如，在每一只牙刷上面都会标明“牙医建议，三个月更换一支牙刷”。

3. 用各行业权威人士的话

在每个行业都有相应的权威人士，比如文学领域里的茅盾、鲁迅，艺术领域里的梵高、贝多芬等。当我们再强调语言是多么重要的时候，不妨搬出语言大师林语堂的言论：“语言不是一般的工具，使用起来不同于其他工具。”

4. 借用上司的言论婉拒对方

我们不知道该如何拒绝时，可以借助上司的言论进行拒绝，比如“前几天经理刚宣布过，不准任何顾客进仓库，我怎么能带你去呢”，或者说“这件事我做不了主，我会把你的要求向领导反映一下，好吗”。

5. 引用歇后语以达到幽默

比如人们常说的：“这个人真是和尚打伞——无法无天。”“下雨天出太阳——假晴假义。”这两句话中的“无法”是“无发”的谐音，“假晴”是“假情”的谐音。歇后语一般只须把前半截的比方说出来，将后半截的解释隐去，让对方自己去体会。

可见，与人说话，让对方接受你的观点，一般都要讲道理。不过，如果你没有驾驭语言艺术的能力，对方即使理解你的意思，也会轻视你的水平。即便此刻他的内心已经同意你的想法，表面上也依旧你争论不休。“××”的策略是很有效的，但所引用的话，最好是众所皆知的，真理之所以能够长存，就是因为它已经被无数人所认同。

让口才更具逻辑性：口才中的逻辑思维是可以训练和培养的

我们都知道，与人沟通和交流的过程，就是不断在头脑中对所拥有的材料进行制造的过程。在这一过程中，需要我们对存储于大脑中的信息按照一定的逻辑思维进行归纳和整理。所以，如果我们希望所说的话更有信服力，就要训练自己的口才逻辑思维。只有先构建完美的讲话逻辑，才能娓娓道来，而不至于束手无策、不知从何说起。

逻辑学中难以破解的“ABC三段论”

提到逻辑学，我们就不得不提三段论推理，它是演绎推理中的一种简单判断推理。一段完整的三段论包含两个直言命题构成的前提和一个直言命题构成的结论。

对于一个正确的三段论而言，它必须有且只有三个词项，其中联系大小前提的词项叫中项，在前提中出现两次；出现在大前提中，又在结论中做谓项的词项叫大项；出现在小前提中，又在结论中做主项的词项叫小项。这样推论我们可能无法理解，那么，接下来，我们来举个例子，以此更形象地了解三段论推理。

知识分子都是应该受到尊重的，人民教师都是知识分子，所以，人民教师都是应该受到尊重的。

其中，结论中的主项叫作小项，用“S”表示，如上例中的“人民教师”。

结论中的谓项叫作大项，用“P”表示，如上例中的“应该受到尊重”。

两个前提中共有的项叫作中项，用“M”表示，如上例中的“知识分子”。

在三段论中，含有大项的前提叫大前提，如上例中的“知识分子都是应该受到尊重的”；含有小项的前提叫小前提，如上例中的“人民教师是知识分子”。

三段论推理是根据两个前提所表明的中项M与大项P和小项S之间的关系，通过中项M的媒介作用，从而推导出确定小项S与大项P之间关系的结论。

其实，在我们的生活中，人们在沟通时经常会运用到三段论，三段论说起来简单，却很难破解，对此，我们不妨再来讲一个故事：

在一座寺庙里，有一位得到高僧。

这天，有个人找到高僧，对他说：“大师，我一直很敬佩您，今天我来求教几个问题，您一定会回答的，对吧？”

大师："对。"

那人说："只要是人，最终都会死，对不对？"

大师："对。"

那人说："大师您是人，对不对？"

大师："对。"

那人说："所以，大师您也会死，对不对？"

大师："……"

这段对话中，从逻辑的角度进行分析，我们发现，"所有的人都是要死"是大前提，"大师是人"是小前提，所以"大师是要死"是"结论"。由此可见，按照三段论的逻辑格式，我们是很难破解的，当我们运用三段论说话时，并不需要完全将大前提、小前提和结论说出来，反而可以视情况省略某一部分，这就是简易三段论。简易三段论因为"简"而使辩论简洁明了，因为"易"常常被广泛运用。下面，我们就通过三个例子，来说明这简易三段论是怎样运用的。

1. 省略大前提

当然，这些大前提是不必多说而被人们公认和不言自明的。此时，我们就可以把这样的大前提省略不说。

曾经，有一位女性公众人物在结束公共场合的谈话后，居然被一名爱慕她的男子当众求婚："亲爱的，嫁给我吧！"

面对仰慕她的这名男子，已为人妻的这名女名人婉转而又不失幽默地说："这是我听到的最友善的示意，但是如果那样，我会因重婚罪而被捕。"

这里，这位女名人其实是省略了整句话的大前提——"我已经结婚了"，而小前提是"如果我答应了你的求婚"，结论是"我会因重婚罪而被捕"，是一个简单的三段论推理。这里，在结论中就能看出大前提——她已经结婚，所以，她的拒绝就显得韵味无穷了。

2. 省略小前提

在某些三段论推理中，因为大前提包含着小前提，或者暗示了小前提，小前提是显而易见的，在这种情况下，辩论时就可以省略小前提。省略小前提可使辩论言简意赅，要言不烦。

一天，一个小男孩去拜访在老家的爷爷，爷爷有一个心爱的老式烟灰缸。

爷爷一直在厨房忙活，小男孩在客厅玩耍，他一不小心将烟灰缸打碎了，正当他懊恼时，他听到爷爷来了，于是，赶紧把打破的烟灰缸藏在背后。

当爷爷过来时，他突然问了一个深奥的问题："爷爷，你说人为什么一定要死呢？"

爷爷很诚恳地对他说："此乃自然之事，世间一切，有生必有死。"

此时，小男孩怯懦地拿出打破了的烟灰缸，递给爷爷，然后他也十分诚恳地说："爷爷，您的烟灰缸死期到了！请您节哀。"听完孩子的话，爷爷才知道自己中了小孙子设下的计谋，但是心里也为孩子的机智而感到高兴。

这其实也是一段三段论推理，只不过这段对话省略了其中的小前提。小男孩是聪明的，为了让自己免于被爷爷责罚，先让爷爷自己得出结论——"世间一切，有生必有死"为大前提，当然，烟灰缸也被包含在世间一切之内，接下来，毫无疑问能得出结论——"烟灰缸也有生有死"，所以不必强调了。此处，小男孩可谓机智过人，言谈幽默、含蓄，让人回味无穷。

3. 省略结论

在有些三段论推理中，我们在大前提和小前提中，能明显地看出结论，因此也无须再说，此时，结论就可以省略了。

张之洞是清末"洋务派"主要人物，他有个幕僚叫辜鸿铭，在甲午战争后，他出版了一本英译本的《论语》。也是在同一时期，日本首相首伊藤博文来到中国，从国际友谊的角度出发，辜鸿铭送给伊藤博文这本书。

伊藤博文对此调侃道："这个我早有耳闻，听说你精通西洋学术，不过，难道你不知道中国的孔子之教在两千年前能行得通，如今行不通了吗？"

辜鸿铭听完后，给了十分机智的回答："孔子教人的方法，如同数学家曾经教我们的加减乘除，几千年前，我们就知道三三得九；即便现在已经是20世纪，也是三三得九，并不会三三得八。"伊藤博文听了，一时无言以对。

此处，辜鸿铭也使用了三段论推理，大前提是"社会科学的方法和自然科学方法一样"，小前提是"自然科学的加减乘除不会变"自然也就得出了结论，"孔子教人的方法也一样适用"的结论。但此处，他并没有直说，而是让伊藤博文自己领会，既照顾了他的面子，又达到了自己的目的，可谓一举两得。

在现实的沟通中，我们在运用三段论说话时也要注意，某些被省略的部分必须是不言自明的；另外，对于那些本来可以省略的部分，如果多说，就会显得重复、啰嗦、累赘。

看似没逻辑的表象中如何套取你想要的答案

生活中，可能不少人认为，逻辑思维是抽象的，是在理论课程上才会被应用到的，其实不然，逻辑能提高我们分析事物的思维水平以及准确表达我们的思想水平，学习逻辑是提升口才的重要学习部分，能帮助我们在思考的同时，潜移默化地令我们学会如何缜密地说话，从而让我们的生活更加精彩。

我们发现，生活中，某些情况下，我们与人沟通时，对方不一定会坦白，我们也就无法了解到我们想要的答案，此时，直言劝说并不一定会起到作用，而如果我们能从逻辑思维的角度说话，丝丝入扣，潜伏逻辑，是能从看似没逻辑的表象中套取到答案的。我们先来看下面一则故事：

在某法庭上，正在进行一宗杀人案的审理。案件经过大概是：犯罪嫌疑人李某因为其女友父母不同意交往而狠心将女方一家三口全部杀害，而李某矢口否认这一点，接下来，法官对这一案件进行审理。

法官："李某，请你将你的犯罪经过再陈述一次。"

李某："我已经陈述过很多次，这件事是因为我女朋友的父母先动手的，他们伤了我，我出于无奈才无心将他们杀了。"

法官："迫于无奈？真的是这样吗？好吧，既然如此，那接下来我问你一些问题，你如实回答。案发现场是在你和你的女朋友的出租屋内是不是？"

李某："是。"

法官："在案发之前，你女朋友的父母是不是经常去你们的出租屋？"

李某："不是，之前他们从没去过，当然，我也不希望他们去。"

法官："为什么不希望他们去？"

当法官问到这里的时候，李某突然害怕起来，说话也开始无法镇定了，但他深深地吸了一口气，平静了很多。

李某："因为……因为他们身体状况不是很好，我们在外面租的房子离他们家比较远。"

法官："那么，他们去你出租屋的那天，是直接带着凶器或者刀去的，是不是？"

李某："当然不是。"

法官："他们到了之后是直奔厨房去的是不是？"

李某："不是，是直奔客厅去的。"

法官："即便他们是第一次去你的出租屋，到了之后也是直奔客厅，但他们还是比你更加熟悉这一出租屋的构造而且知道厨房都有什么东西，是不是？"

当法官问到这里的时候，李某已经坐立不安了，他的脸上也开始渗出了豆大的汗珠，因为凶案现场就是厨房，而杀人的凶器就是厨房的菜刀。凶手李某虽然一直在回答法官的问题，却没想到法官会问到厨房的事，此时，他六神无主，只好全部招认。他声泪俱下地说："法官，我承认，这件事是我做的，我悔不当初，是我一时冲动……"

面对行为上的过错，尤其是法律责任，谁都知道，一旦认罪，就要面临法律的惩罚，所以，在审案的过程中，法官要想知道犯罪嫌疑人的作案动机并不容易。故事中的李某在一开始也否认自己的犯罪事实，但是"魔高一尺道高一丈"，这位法官更精明，他深知李某一定会歪曲事实，所以，他反其道而行之，采用诱导的方法，故意歪曲事实，反过来问李某，在循循诱导下，李某不得不承认自己的犯罪经过：他对出租屋的构造更清楚，在无须思考的情况下就知道菜刀放在哪里。假如这位法官采取常规的问询方法："为什么不说实话？"那么，李某必定更加反驳，这样对于案件的水落石出丝毫起不到作用。

此处，我们看到了逻辑推理在语言沟通中的重要作用，事实上，除了案件审理外，逻辑推理法被广泛运用到谈判、辩论、演讲中，尤其是在套取答案上，一味地劝说未必能达到目的，而运用逻辑推理法得出结论，势必会让对方心服口服。

为此，我们若希望提高自己的口才水平，首先要学习的就是逻辑推理，事实上，在日常生活中，我们每天都在接触逻辑推理。生活中的思维和逻辑是

在不动声色中自然而然进行的，而在人类生活的这个大花园中，隐育着具有智慧的逻辑之花，它根植在人类思维之中，每当人们进行思考或表达思想时，都会自觉或不自觉地运用逻辑力量去发挥自己的聪明才智。正如著名科学家莱布尼茨所说的："智力曾经发现的一切东西都是通过逻辑规则这些老朋友被发现的。"谁能善于让逻辑之花开得更灿烂，谁就能更好地摘取智慧之果。

总之，善用逻辑推理法能让我们在看似毫无逻辑的情况下找到我们想要的答案，可见，动动脑子、学会思考，就能改变我们的思维模式，就能潜移默化地改变自身，提高口才水平。

如何借用逻辑语言来隐藏你的说话目的

我们都知道，在现代社会，说话是一种生存和交流的艺术。有些人在说话的时候，尽管洋洋万言，滔滔不绝，却漏洞百出，从而让人失去兴趣。而会说话的人，往往能够在三言两语之间就给别人的心灵以震撼，给灵魂以启迪，让对方在心悦诚服之际接受自己的意见和建议。我们要想在社交场合立于不败之地，就要练就滴水不漏的说话本领，而我们要想让说出的话无懈可击，就要懂得运用逻辑推理法，逐步将对方带入到我们设置的语言陷阱中，如此才能达到我们的说话目的。

1975年，著名推销高手、畅销书作家罗伯特·舒克通过电话与"肯德基家乡鸡"的创始人——哈南·桑德斯上校约定了一个会面时间，准备访问他，以作为撰写《完全承诺》一书的资料。当时，桑德斯已经85岁高龄了，他答应去路易维尔机场接舒克，然后两人一起到上校家畅谈。

飞机准时到达路易维尔机场，舒克走向机场正门，一眼就认出了大名鼎鼎的桑德斯上校，因为他早已在肯德基餐厅门口见过桑德斯的塑像。他热情地向上校打招呼，并伸出了手，但是上校却悲叹着说："今天没办法接受你的访问了，我在冰上跌倒，脑袋撞个正着。"

"桑德斯先生，我真的很高兴看到你，"舒克完全无视桑德斯要取消访问的话，“我实在很抱歉，听到你受伤了。”

“今天早上，我在冰上滑倒，头上一大片瘀青，”上校继续说，“我没办法通知你说我要取消这次访问，我也不想留你在机场干等，而我却没有出现，所以我在前去看医生的途中先到这里见你。”

“没有关系，上校，”舒克仍然忽略对方要取消访问的事实。他可没有忘记自己大老远跑过来的目的是什么，因此他要赶紧想办法达到自己的目的。

“哎哟，好大的一块瘀青！”舒克看到上校的后脑勺上有一块明显的肿块。“我们走吧，当医生替你包扎好后，我们就到你的地方去。”

他完全不给上校任何说话的机会，马上转向上校的司机：“车子停在哪里？”

“就在那里。”

“我们走吧，”舒克边说边向车走去，“我们必须先送上校去看医生。”

上校和司机主动地跟在舒克身后，一行三人便开车往诊所的方向驶去。在医生为上校的头部稍作处理后，舒克和上校就开始了他们的访问工作。结果，他们都度过了愉快的一天。

原本由桑德斯先生掌控的整个谈话大局一下子转变为由罗伯特·舒克掌控，从而达成了谈话的目的。的确，在销售和推销过程中，意外事件简直是防不胜防的。但是我们千万不要泄气，不要灰心，牢记你的推销目的，一定要带动整个谈话的方向，一切言行从对方利益出发，提出方案后，立即行动，主动、积极地去扭转、控制整个谈话局面。

的确，说话的目的是表达自己的意见，完成交流的任务。要想与别人做到畅通无阻地交流，需要的不是唾沫乱飞、毫无重点地乱说一气，而是应该学会富有逻辑地引导，只有层层递进，又让别人接受我们的意见和建议，我们才能达到目的。

可见，在沟通中，如果我们懂得从逻辑推理的角度，运用引导的技巧，从理论上和实践中看，只要运用得恰当巧妙，就能取得理想的效果。

在某星级酒店，来了一对衣着光鲜的年轻情侣，酒店服务员见状，便来招待他们，然后问：“您要不要来点我们这儿的清蒸鲍鱼？”结果，他的问话并没有起到多少作用。这一幕被大堂经理看到了，就亲自去为客人点菜，她这样

问客人："您今天是要一份海鲜还是两份？"客人的回答是两份。就这样，服务员们也掌握了经理的问话方式，于是，酒店的海鲜成了最畅销的菜。

面对酒店经理的这种问话方式，大多数顾客都会择一而答。可见，"误导策略"也是一种很有效的促销手段。同样，误导式的问话方式，在人际交往中也可以为我们所用。比如，有位朋友在你家做客，你不知道他是否要留下来吃饭，想明白地问一声又怕为难朋友，此时不妨问："今天想吃什么？是中菜还是西餐？"

因此，如果你想要达到自己的目的，不要直奔主题，不妨从逻辑的角度，先让对方跟着你的思维走，从而获得你想要的答案。当然，这不仅需要有一个好的口才，还需要有一个好的态度，耐心地引导、启发对方思考，让其自主接受你的观点！

多角度观察，训练你的逻辑思维

我们已经了解到，人的说话水平如何，直接取决于其思维能力如何，缺乏逻辑思维，即便是说话时滔滔不绝，也无法让听者心服口服。而在思维能力的培养中，良好的观察力是一个人智力发展的重要条件。然而，每个人的观察力不是自然而然形成的，它需要经过长期的观察实践和观察训练。然而，真正观察力的获得是需要运用逻辑思维力量的，不动脑的观察也是无用的。

卡耐基是家喻户晓的心灵大师，但我们可能不知道的是，小时候的他是个坏男孩。

在卡耐基九岁的时候，他的父亲又娶了个女人，当时的卡耐基一家还是贫苦的乡下人，而他的继母则来自城里富有的家庭。

卡耐基的父亲将自己的儿子介绍给妻子，他是这样介绍的："亲爱的，我必须要提醒你，我的儿子是全郡最坏的男孩，我已经真的拿他没办法了，如果明早他拿石头扔向你，你不要感到意外。"

但连卡耐基自己也没想到的是，他的继母居然慢慢走到他面前，然后微笑着托起他的头，再认真地告诉她的丈夫："不，你错了，他不是全郡最坏的男孩，而是全郡最聪明、最有创造力的男孩。只不过，现在他还没有把自己的热情发挥出来，他还没有找到发泄热情的地方。"

这一番话是卡耐基从未听过的，他被感动了，热泪从眼眶滚落下来，就是凭着这一句话，他和继母开始建立友谊。也就是这一句话，成为激励他一生的动力，使他日后创造了成功的"28项"黄金法则，帮助千千万万的普通人走上成功和致富的道路。

卡耐基14岁时，继母给他买了一部二手打字机，并且对他说，相信你会成为一名作家。卡耐基接受了继母的礼物和期望，并开始向当地的一家报纸投稿。他了解继母的热忱，也很欣赏她的那股热忱，他亲眼看到她用自己的热忱，如何改变了他们的家庭。所以，他不愿意辜负她。

来自继母的这股力量，激发了卡耐基的想象力，激励了他的创造力，帮助他和无穷的智慧发生联系，使他成为美国的富豪和著名作家，成为20世纪最有影响的人物之一。

在卡耐基的人生里，他的继母充当了重要的角色，在她来到卡耐基家之前，他是别人眼里的坏男孩，但是就是继母的这一句话，彻底改变了卡耐基的命运。

案例中卡耐基的继母是个聪明人，她看到的正是一个坏男孩身上别人没发现的优点，而不是孩子的"无可救药"，进而对孩子进行赞扬，让卡耐基获得了鼓舞。

从这里，我们能看出，我们在开口前，紧盯着事物的不足不一定起到效果，而一反常态，从多角度观察，找到事物的另外一面，则会起到完全不一样的效果。

其实，科学探索是从观察开始的。英国物理学家法拉第曾说过："没有观察就没有科学，科学发现诞生于仔细的观察之中。"生活中，人们都会观察到"母鸡孵出小鸡"这一现象，可是，如果没有人去思考，像"发明大王"爱迪生那样去孵小鸡，我们今天会用到电热孵化器吗？如果瓦特没有积极思考水壶盖为什么被顶起，又怎么能发明蒸汽机呢？

在英国剑桥大学的卡文迪许实验室，一直坚持这样的规定：每天下午六点

整，会有资历深的老研究人员对在场的所有研究者宣布实验时间已结束。如果谁听不进去继续做实验，那么，这位老实验人员就会搬出卢瑟福的话。因为卢瑟福说过：“谁未能完成六点前必须完成的工作，也就没有必要拖延下去，倒是希望各位马上回家，好好想想今天做的工作，好好思考明天要做的工作。”卢瑟福的话意味着：在实验前、实验中、实验后都要进行认真思考，从此卡文迪许实验室的人记住了卢瑟福的忠告：“别忘了思考！”

在中国的唐代，诗人白居易也曾作出这样的诗句：“人间四月芳菲尽，山寺桃花始盛开。”后人在读这两句诗时，都产生了这样的疑问：为何同在四月里，一个“芳菲尽”，一个“始盛开”呢？宋代大科学家宋括开始对此也大惑不解，直到有一次他登山游历，时值四月，发现山下桃花已谢，而西山上的桃花正在盛开，方才恍然大悟：原来山上山下气候不同，才有此奇观，由此十分叹服白居易的观察力。

可见，人们在不经意的观察中，要善于思考，善于发现问题、提出问题。正如爱因斯坦所说：“学习知识要善于思考，思考，再思考，我就是靠这个方法成为科学家的。”

观察力说到底，就是对一件事物的留心程度。对你身边的每一个人或者每件事都要细心地去看，去思考，无论它是多么常见与平凡，重在引发观察后的思考。

为了将思维带入观察中，你需要做到：

（1）要有目标地观察。

（2）仔细、认真、有序。

（3）多角度观察。

如观察建筑工地上的吊车时，一方面观察它的外部构造，另一方面要观察它如何吊东西；观察苹果时，要从外形、色泽、味道等方面观察。

（4）记观察日记，这样可以掌握事物的发展变化过程。

（5）对类似的事物进行对照、比较，如将苹果和梨放在一起，比较它们的外形、表皮、果肉以及味道。

（6）在观察中提出问题，这样可以引导观察的进一步深入，揭示事物的本质。

（7）运用多种感官去感知事物的不同特征，这样可以使观察更全面。

总之，观察中，你要做到善辨多思。良好的观察品质是善于发现细小但很有价值的事实，能透过个别现象发现事物的本质以及事物间内在的、本质的、必然的联系，这就要求同学们在观察中要开动脑筋，积极思维。

教你如何玩转文字游戏

生活中，我们常听到周围人说："别跟我玩文字游戏。"很明显，这里的"文字游戏"是贬义的，意指说话时不直截了当、拐弯抹角。但同样，我们能从中得知其另外一个含义：文字游戏是一种多元化的表达方式，它往往表面上一个意思，深层次还有一个意思，其中的弦外之音才是我们传达给听者的真正含义。

其实文字游戏属于逻辑口才术的范畴，但它一反常规，有两种表现形式，一种是故意曲解原意，另一种是通过奇谈怪论来表现趣味性。可见，在沟通中，文字游戏还是一种幽默的语言方式，以此来展现自己的幽默，通常会给听众出乎意料的感觉，同时也会给听众留下一个才华横溢、充满智慧的印象。文字游戏的使用看似简单，实则需要周密的思考和充分的准备，以及良好的发挥，这和一个人的积累是分不开的。

一位演讲者这样演讲："朋友们，经营有道，投机有方啊，有一首诀窍铭这样告诉我们：位不在高，头尖则灵；官不在大，手长则行。斯是诀窍，惟吾钻营：对上捧粗腿，对下用私人；吹牛可鸿运，拍马不碰钉。可以开后门，讲交情。无正义之细胞，无原则之准绳，烟酒来开道，金钱能通神。孔子曰：'何鄙之有？'"

演讲者巧妙移接，仿词得当，给人一种明快犀利、生动活泼之感。

可见，幽默的文字游戏能缓解沟通双方之间的压力，能活跃谈话气氛，进而快速有效地拉近彼此的距离，还能更好地表达自己所要演讲的主旨。

事实上，自古以来，很多文字功底深厚的人都深谙文字游戏之道，他们顺手拈来，常常能使听众经历一个从云里雾里到恍然大悟的过程，而且轻松幽默、启发智慧，非常厉害。

古时，有个人叫艾子，此人有个孙子，十来岁的样子，顽皮懒惰，尤其不爱读书。

对于这样难以管教的孩子，艾子只有经常打骂，而艾子的儿子则非常心疼，毕竟这是他的孩子，甚至担心父亲会将他的儿子打死。

因此，每每到艾子惩罚孙子的时候，艾子的儿子只有求情，看到儿子如此宠溺孩子，艾子愈加愤怒，教训他道："我替你管教孩子难道不是好意吗？"边说边打得更厉害了，儿子也无可奈何。一个冬天的早晨，下着鹅毛大雪，孙子在院子里堆雪球玩。艾子发现了，脱光孙子的衣服，命他跪在雪地上。小孙子冻得浑身发抖，直打寒颤，煞是可怜。儿子也不敢再求情，便脱去 衣服跪在其子旁边。艾子见了，惊问道："你儿有过错，理当受此惩罚，你有何罪，跟他跪在一块？"儿子哭着说："你冻我的儿子，我也冻你的儿子。"艾子不由地笑了起来，饶恕了他们父子。

还有一个故事：

隋朝有个人叫侯白，此人才华横溢，而且思维灵活。他有个爱好，就是在闲暇时经常跟人们在一块猜谜语，而且猜之前立下规矩，力求猜出水平，杜绝瞎猜乱猜。

一次，侯白先对众人约法三章："首先，所猜之物必须是能看见的实物；其次，不能虚作解释，迷惑众人；最后，如果解释完了，却见不到此物，就应受罚。"接着他先出谜面："背与屋一样大，肚与枕（车后横木）一样大，口与杯子一样大。"大家猜了半天，谁也没猜中，都说："天下哪里有口和杯子一样大而背却和屋一样大的物件？定无此物，你必须跟我们大家打个赌。"侯白跟众人打完赌，解释说："这是燕子窝。"众人恍然大笑。

还有一次，侯白出席一个大型宴会。席间，大家都让他做个谜语助兴。所猜之物，既不能怪僻难识，又不能抽象不实。侯白应声而道："有物大如狗，面貌极似牛。这是何物？"众人竞相猜个不停，有的说是獐子，有的说是鹿，但都被侯白否定了。大家便让侯白说出谜底，侯白哈哈大笑道："这是个牛犊。"众人再次被侯白的文字游戏戏耍了。

当然，现代人的幽默中也不乏文字游戏，而且也将智慧的精妙体现得淋漓尽致，这种文字游戏经常用平铺直叙的剧情给人意想不到的结果，使人捧腹大笑。

一位老师普通话不过关，有一次上语文课，讲到某一问题要举例说明时，把“我有四个比方”说成了“我有四个屁放”，一时教室里像炸开了锅，学生笑得不可收拾。老师灵机一动，吟出一首打油诗：“四个屁放，大出洋相，各位同学，莫学我样，早日练好普通话，年轻潇洒又漂亮。”老师的机智幽默赢得了学生的热烈掌声。

这位老师四两拨千斤，一首打油诗，就把自己的口误，变成了对同学的激励，同学们在反思之余，自然就不会再把“四个屁放”当乐子了。

在沟通中，不时地加入笑料，这样能很好地起到提神的作用，因为所以人的精神集中时间都是有限的，所以说话者要不时地调节听者的思维节奏，使听众自始至终保持高度的兴趣与注意力。而文字游戏不仅能很好地充当笑料，还能使受众的思维跟着文字游戏的内容跌宕起伏，体验出乎意料带来的快感，从而被许的谈话深深吸引，也使你的谈话更加深入人心。

玩文字游戏是有技巧及方法的，只要在时间点及情境上灵活掌握，再加上串连的机智，即可发挥令人欣羡的幽默特质，达到沟通的预期效果。

如何训练和培养你的口才逻辑思维

前面，我们已经对逻辑思维的定义有了大概的了解，我们知道，逻辑思维能力是一个人智力活动能力的核心，也是智力结构的核心，是我们最重要的智力因素之一。

我们都知道，人的逻辑思维发展的总趋势是：从具体形象思维到抽象思维，即由动作思维发展到形象思维，再依次发展到抽象逻辑思维。思维一变天地宽，很多时候，我们在说话时，只要运用思维的力量，就能产生完全不同的语言效果。

我们再来看一个运用逻辑思维的经典小故事：

在伽利略之前，古希腊的亚里士多德认为，物体下落的快慢是不一样的。它的下落速度和它的重量成正比，物体越重，下落的速度越快。比如说，10千克重的物体，下落的速度要比1千克重的物体快10倍。

1700多年以来，人们一直把这个违背自然规律的学说当成不可怀疑的真理。年轻的伽利略根据自己的经验推理，大胆地对亚里士多德的学说提出了疑问。经过深思熟虑，他决定亲自动手做一次实验。他选择了比萨斜塔作实验场。

这一天，他带了两个大小一样但重量不等的铁球，一个重10磅，是实心的;另一个重1磅，是空心的。伽利略站在比萨斜塔上面，望着塔下。塔下面站满了前来观看的人，大家议论纷纷。有人讽刺说："这个小伙子的神经一定是有病了！亚里士多德的理论不会有错的！"实验开始了，伽利略两手各拿一个铁球，大声喊道："下面的人们，你们看清楚，铁球就要落下去了。"说完，他把两手同时张开。人们看到，两个铁球平行下落，几乎同时落到了地面上。所有的人都目瞪口呆了。

伽利略的实验，揭开了落体运动的秘密，推翻了亚里士多德的学说。这个实验在物理学的发展史上具有划时代的意义。

表面上看，重的铁球应该是最先着地的，但实际上，伽利略向所有人证实了事实并不是如此。

我们任何一个人，在日常的生活和学习中，都要着力培养自己的这种思维能力，遇到问题时要有寻根究源的愿望，然后巧用逻辑思维找到答案。

一说到培养这方面的能力，我们会发现有很多理论性的指导文章，但它们未免过于理论化，似乎蒙上了一层神秘的面纱，使许多人陷入了理论形态的逻辑，看而不懂，思而不解，学而无趣。结果，学了一通，根本就不了解自己的能力是否得到了提高。

所以，逻辑思维能力的提高，从理论上去认识固然重要，但要想真正运用于实际，还是要靠平时在生活和学习中一点一滴地积累。

（1）要培养精读、速读文章和要学科目及教材的能力，能将所阅读文章很快归纳出要点和难点。也就是说，通过迅速提取和认定有效信息，进行归纳、推理、判断，从而加深对所看文章和科目的理解。通过这种训练，不仅能提高学习的能力，同时，对平时我们看问题和解决问题，提高归纳推理能力、很快找出问题的重点、难点等方面都非常有益。经过一个时期的有意训练，你会发现，你判断事情正误的能力大大提高了，实际上，这就是你的逻辑思维能力提高了。

（2）由于我们日常生活和学习中所发生的事情都有其连续性的特点，这就需要加强自己的因果联想能力。从心理学的观点来看，某些联系永远是记忆活动的基础，生活中许多概括的认识都是经过这一过程一点点积累、归纳、推理而得出的。也就是说，每当我们需要了解和解决某件事时，都去认真分析其因果关系，一次又一次地累积后，你会发现，你解决问题的能力有了很大提高。

（3）对周围事物的关心和思考也可以锻炼思维。例如，下雨了，那么这时你有很多事物可以发现。也许你会说，有什么可以想的，下雨的原理早就知道了，但假如你从物理和化学的角度来想的话你会发现很多问题，特别是从能量的角度来思考。

（4）多看看侦探题材的书籍、电影、动漫等。侦探题材的书籍、电影中，主人公的逻辑推理能力是很强的。

这方面的书籍有《福尔摩斯探案全集》共三册。《卫斯理》小说集，全套的大概有十几册。

影片有：《大侦探福尔摩斯》《洛城机密》《七宗罪》《完美逃亡》《致命ID》《非常嫌疑犯》《战栗空间》《玩命记忆》《黑暗侵袭》等。

动漫有：《名侦探柯南》，这是入门级别的动漫。除了这部外，还有《木偶师左近》《推理之绊》《魔侦探洛基》《魔人侦探食脑奈罗》《美型侦探》《水晶之焰》《奇幻贵公子》《G型侦探》《叔比狗》《神探加杰特》等。

当你具备了以上的基本能力后，你能说，你的逻辑思维能力没有提高吗？然后，你再去攻读有关理论性的文章时，你就能更加胸有成竹地去判断和解决日常工作和生活中的难题了。

总的来说，培养逻辑思维能力不仅要多看书、多留心观察周围事物，还有最重要的一点就是要从小处发现细微，多思考勤动脑，古人说的抽丝剥茧、顺藤摸瓜就是这个道理。当你对所有事物一清二楚的时候，你的逻辑能力也就提高了。

绝对正确的逻辑道理是不存在的

生活中，我们看悬疑小说或者侦探电影时，经常会有这样一个体会：当我们自

认为自己已经确定一件事情的真相后，却往往发现，原来事情的原委并不是这样，其实这是因为我们遵循了某种固定的逻辑而已，并且，绝对正确的逻辑道理是不存在的。无论我们遇到任何事的时候，都不要急着下结论，要学会用辩证的、发展的眼光看问题，而具体运用到语言沟通中时，我们也绝对不可把话说满。

我们不妨先来看看下面的小故事：

孔子到东方游历，途中看见两个小孩在争论，就问他们在辩论什么。

一个小孩说："我认为太阳刚出来时距离人近，而正午时距离人远。"另一个小孩却认为太阳刚出来时离人远，而正午时离人近。

前一个小孩说："太阳刚出来时大得像车上的篷盖，等到正午时就像盘子碗口那样小，这不正是远的显得小而近的显得大吗？"

另一个小孩说："太阳刚出来时清清凉凉，等到正午时就热得像把手伸进热水里一样，这不正是近的就觉得热，远的就觉得凉吗？"

孔子听了，不能判断谁是谁非。两个小孩嘲笑说："谁说你多智慧呢？"

博学而多才的孔子在面对两个小孩辩论的问题时都不能得出结论；而两个小孩在此问题上也是仅凭自己的一些主观感受时得出的结论，显而易见，此结论也并非正确。

我们发现，生活中的不少人，在遇到某件事时，总认为自己的思路是对的，认为自己看到的就是真实的，所以在表达时就表现出强烈的主观意识，直到他人一语道破之后才懊恼不已。可能你会问，该如何才能避免这一情况的发生呢？其实很简单，我们在开口前要先多思考，而在日常生活中也要学会从多方面、多角度思考，还要学会用发展的眼光看问题。

曾经有这样一则报道：

曾经有一名六年级的小学生对蜜蜂进行了长时间的跟踪观察，他发现，蜜蜂并不像科学家们所说的那样是用翅膀发音的，而是在翅膀的根部有一个发音器官。于是，接下来，他依然带着怀疑的态度，将自己的想法写成了论文，因而，他获得了第18届全国青少年创新大赛优秀科技项目创新银奖和高士其科普专项奖。

这就是一个善于观察并敢于怀疑的青少年。事实上，每个人都有自己的独立思想，对事物有着自己的看法。大家也要和这名小学生一样敢于怀疑，因为真正有效的学习并不是死读书，而是自主性的、探究性的、学以致用的。

哲学家尼采说："我们不能被人们的心理波动所驱使，错误地判断事物是否重要。"从这句话中，我们可以看出：对于任何事物，我们都要有自己的思考，要养成凡事不只看表象的习惯，有问题时就要有寻根究源的愿望，然后巧用逻辑思维找到答案，这一点，一千多年前的伽利略已经给我们树立了榜样。

我们再来看看下面这个故事：

小泽征尔是世界著名的音乐指挥家。一次，他去欧洲参加指挥家大赛，在进行前三名决赛时，他被安排在最后一个参赛，评判委员会交给他一张乐谱。小泽征尔以世界一流指挥家的风采，全神贯注地挥动着他的指挥棒，指挥一支世界一流的乐队，演奏具有国际水平的乐章。

演奏中，小泽征尔突然发现乐曲中出现不和谐的地方。开始，他以为是演奏家们演奏错了，就指挥乐队停下来重奏一次，但仍觉得不自然。这时，在场的作曲家和评判委员会的权威人士都郑重声明乐谱没问题，而是小泽征尔的错觉。他被大家弄得十分难堪。在这庄严的音乐厅内，面对几百名国际音乐大师和权威，他不免对自己的判断产生了动摇，但是，他考虑再三，坚信自己的判断是正确的，于是，大吼一声："不！一定是乐谱错了！"他的喊声一落音，评判台上那些高傲的评委们立即站起来向他报以热烈的掌声，祝贺他大赛夺魁。原来，这是评委们精心设计的圈套。前面的选手虽然也发现了问题，却放弃了自己的意见。

这则故事中，倘若小泽征尔不能坚信自己的判断是正确的，和其他几位选手一样，即使发现了问题也不敢提出来，或者放弃自己的意见，那么，在这场比赛中，他也只能和其他选手一样，被淘汰出局。

可见，绝对正确的逻辑道理是不存在的。要破除固有思路，还有个重要的方法就是实践法，因为实践是检验一切的标准。

我们发现，很多人之所以在说话时太过绝对，主观意识太强，往往是因为他们遵循了某种固定的逻辑道理，殊不知，绝对正确的逻辑道理是不存在的。要避免这一点，我们在说话时一定要凡事多思考、多观察，用实践说话！

讲话逻辑学：发现语言中常见的逻辑错误

前面，我们已经分析过逻辑思维在说话过程中的重要性。我们在说话时，如果不进行逻辑推理和语言推敲的话，很容易犯一些逻辑错误，如话题转移、两难推理、因果倒置等。在进行逻辑推理时，我们应当避免这些错误；然而，在某些特定的场合，我们恰巧可以借用这些逻辑“错误”，制造我们所需要的语言环境，以此引导对方按照我们的意愿进行思维，从而有利于达到我们的目的。

注意逻辑，别让自己陷入自相矛盾的境地

我们都知道，在逻辑学中，有一条著名的矛盾律，所谓矛盾律，实际上是禁止矛盾律，或不矛盾律。矛盾律的基本内容：在同一思维过程中，两个互相矛盾或反对的思想不能同时是真的；或者说，一个思想及其否定不能同时是真的。

矛盾律的公式是：并非(A而且非A)。公式中的“A”表示任一命题，“非A”表示与A具有矛盾关系或反对关系的命题。因此，“并非(A而且非A)”是说：A和非A这两个命题不能同真，即其中必有一个命题是假的。

矛盾律的主要作用在于保证思维的无矛盾性，即首尾一贯性。而保持思想的前后一贯性，乃是正确思维的一个必要条件。矛盾律要求对两个互相矛盾或互相反对的判断不能都肯定，必须否定其中的一个。否则，会犯“自相矛盾”的错误。

从矛盾律中，我们也能得出一点，在日常生活和工作中，我们说话时，一定要注意逻辑，说话前后不一，只会让我们陷入自相矛盾的境地。

比如，我国战国时代的思想家韩非子曾经谈到过这样一个故事：

有一个卖矛(长矛)和盾(盾牌)的人，先吹嘘他的盾如何的坚固，说：“吾盾之坚，物莫能陷。”过了一会，他又吹嘘他的矛是如何的锐利，说：“吾矛之利，物无不陷。”这时旁人讥讽地问：“以子之矛，陷子之盾，何如？”卖矛与盾的人无言以答了。

因为，当他说“我的盾任何东西都不能刺穿”时，实际上是断定了“所有的东西都不能够刺穿我的盾”这个全称否定命题；而当他说“我的矛可以刺穿任何东西”时，实际上又断定了“有的东西是能够刺穿我的盾的”这一特称肯定命题。由于他同时肯定了两个具有矛盾关系的命题，因而也就出现了自相矛盾的情况。

我们再来看看下面的故事：

一个年轻人对大发明家爱迪生说："我有一个伟大的理想，那就是我想发明一种万能溶液，它可以溶解一切物品。"

爱迪生听罢，惊奇地问："什么！那你想用什么器皿来放置这种万能溶液？它不是可以溶解一切物品吗？"

为什么这个年轻人被爱迪生问得哑口无言呢？因为他的想法包含了逻辑矛盾。因为他一方面承认"万能溶液可以溶解一切物品"，另一方面又承认"作为存放这种溶液的器皿是万能溶液所不能溶解的"，这两个判断是互相矛盾的。

某村子里有个理发师，他规定：在本村我只给而且一定要给那些自己不刮胡子的人刮胡子。请问：这个理发师给不给自己刮胡子？

那么，你可能会产生疑问，理发师给不给自己刮胡子呢？只有两种情况：不给自己刮，或者给自己刮。

如果理发师不给自己刮胡子，那么按照他的规定(我一定要给那些自己不刮胡子的人刮胡子)，他就应该给自己刮胡子。这就是说，从理发师不给自己刮胡子出发，必然推出理发师应该给自己刮胡子的结论，这本身就构成逻辑矛盾。

如果理发师给自己刮胡子，那么按照他的规定(我只给那些自己不刮胡子的人刮），他就应该不给自己刮胡子。这就是说，从理发师给自己刮胡子出发，必然推出理发师应该不给自己刮胡子的结论，这本身也是一个逻辑矛盾。

从语言方面看，在遣词造句时，如果把相反的两个词同时赋予同一个主语，就会发生文字上的矛盾，而这一情况被运用到日常的人际沟通中时，就会发生语言上的逻辑矛盾。接下来，我们再看看下面几个例句：

把反义词同时赋于同一主语，那就会发生文字上的矛盾。这种文字上的矛盾也必然会导致思想上的逻辑矛盾。例如：

（1）有人说："所谓信念就是一种坚信不移的观念。世界上有没有信念一类的东西？我可以肯定地说是没有的。"

（2）"这里是远离祖国的边疆，却又紧紧联系着祖国的心脏。"

（3）"在海外，我是个穷人家的孩子，当时不要说读书，就连日常生活都不能维持。我爸为了一家人的生活，替资本家做苦工给折磨死了。我爸死以后，我就没有书读了。"

（4）古希腊哲学家赫拉克利特的学生克拉底鲁说：“我们对任何事物所作的肯定或否定都是假的。”

（5）“要写好这个戏，困难确实很大。我们几个人都没有从事过文艺创作，虽然老李写过几篇小说，但写戏还是第一次。不过我们有信心完成这个任务。”

上面几个例子，很明显都犯了前后矛盾的错误，这里不必一一细说、分析。在我们的生活中，不少人在说话时也是漏洞百出，前后不一，给他人留下话柄。

我们在说话时，想要避免出现这样的逻辑错误，就要在平时注重逻辑思维的训练，并养成验证语言的习惯，这样，久而久之，就能提升语言的逻辑性。

从“论题转移”的逻辑错误到“转移话题”的谈话技巧

在逻辑推理中，有一条著名的定律——同一律。同一律的基本内容：在同一思维过程中，每一思想的自身必须是同一的。同一律的公式是：“A是A”。公式中的A可以表示任何思想，即可以表示任何一个概念或任何一个命题。就是说，在同一思维过程中，所使用的每一概念或判断都有其确定的内容，而不能任意变换。

同一律在思维或论证过程中主要在于保证思维的确定性，而只有具有确定性的思维才可能是正确的思维，才能正确地反映客观世界，人们也才能据此进行思想交流。如果我们自觉或不自觉地违反同一律的逻辑要求，混淆概念或偷换概念、混淆论题或偷换论题，那就必然会使思维含混不清、不合逻辑，既不能正确地组织思想，也不能正确地表达思想。因此，遵守同一律的逻辑要求乃是正确思维的必要条件。

所以，逻辑推理中，在同一思维过程中必须保持论题自身的同一，否则就会犯“转移论题”或“偷换论题”的错误。混淆或偷换论题是在论证中常见的一种逻辑错误。这种错误是在论证过程中把两个不同的论题(判断或命题)这样

或那样地混淆或等同起来，从而用一个论题去替换原来所论证的论题。比如，有人在讨论中学生需不需要学习地理时讲过下述这样一段话：

“我认为中学生没有必要学习地理。某个国家的地形和位置完全可以和这个国家的历史同时学习。我主张可以把历史课和地理课合并，这样对学生是方便的。因为，这样做所占的时间较少，而获得的效果却很好。否则就会这样：这个国家的地理归地理，而它的历史归历史，各管各，不能互相联系起来。”

从这段话里不难看出，谈话者最初提出的话题是“中学生没有必要学习地理”，而随后所论述的却是另一个论题“可以把历史课和地理课合并”。显然，谈话者是把后一个论题与前一个论题混淆起来了，因而他就自觉或不自觉地用后一个论题去偷换了前一个论题。这就是一种混淆或偷换论题的逻辑错误。

我们再来举个例子：

小红反对同性恋婚姻，因为她认为如果允许同性恋结婚，那么就会有人想要和桌子、椅子结婚。

很明显，此处，小红犯的也是话题转移的错误。

然而，从这一逻辑错误中，我们也能得到一点启发：转移话题也可以成为谈话技巧。

在交际场合中，我们往往会遇到一些比较严肃的话题，交际的双方难以在这些事情上达成一致的意见，从而阻碍交谈的正常进行。那么在这个时候，就要刻意地去回避一下，将谈话转移到其他的话题上去，用一些轻松愉快的谈话内容来改变一下紧张呆滞的局面，转移双方的注意力。这样就能将意见分歧较大的话题有意识地淡化，打破尴尬的局面，让原来僵持的场面重新变得宽松愉悦起来，使双方心理负面影响降到最低的范围之内。

有对年轻男女在一起工作，男方对女方产生了爱慕之情，男方急于表白心意，女方虽心领神会，却不愿将友情向爱情发展，认为还是不要说破，保持那种纯真的友谊比较好。于是，就出现了下面的情况。

男青年：我想问问你，你是不是喜欢……

女青年：我喜欢你给我借的那本公关书，我都看了两遍了。

男青年：你看不出来我喜欢……

女青年：我知道你也喜欢公共关系学，以后咱们一起交换学习心得吧！

男青年：你有没有……

女青年：有哇！互相切磋，向你学习，我早就有这个想法了。

男青年：……

这位女青年3次将男青年的话打断，终于使得男青年明白了她的想法，不再问了。这比让他直率问出来，女青年当面予以拒绝要好很多。

每个人都希望自己在社交场合中做到一帆风顺、从容不迫，但是现实和理想有着很大的距离。在具体的交际中，我们经常会遇到一些措手不及的突发状况，这时候往往会让每一个在场的人都感到异常尴尬，下不了台。在突发的状况下，如果僵持在那里，只顾及自己的不自在的话，别人也会和我们一样感到压抑，最终也会让气氛变得十分凝重，让原本可以顺利办成的事情僵持在那里，变为不可能。一个会说话的人能够巧妙地运用一句玩笑抹去意外发生的尴尬，改变人们的处境和心情，营造出一份特有的气氛，让社交场合重新回到欢快和愉悦当中。

面对突发性的事件，没有任何人能够事先作好准备。而交际场合中尴尬窘迫的现象又是时常发生且表现不一的，因此，我们在处理这些尴尬的事件时，一定不能拘泥于某个固定的模式，而要善于分析和思考，从而作出具体的恰当的反应，只有这样才能化窘迫为谈笑，化尴尬为正常。

总之，话题转移虽然是一个逻辑错误，我们在逻辑推理中也应该尽量避免，但是也可以成为我们谈话时的一大语言技巧，帮助我们巧妙应对交谈中的一些尴尬场景。

假设证假设——循环逻辑错误

我们都知道，在逻辑推理中，很多人不遵循推理的严格性，而犯了很多逻辑错误，其中就包括循环逻辑错误，也就是逻辑学上常常提到的循环论证，循环论证是指用来证明论题的论据本身的真实性要依靠论题来证明的逻辑错误，简单说，就是用假设证假设。

生活中，不少人在与人交谈时，都想证明自己的观点和想法是正确的，却找不到足以证明自己的理由，所以在说话时便义正言辞、煞有介事地说“因为”“所以”，实际上就是用自己的观点再次证明自己另外一个观点。他们的话从语法角度分析是没有错的，但从逻辑推理角度看，却无法成立。

此处，我们可以总结出，所谓循环论证，就是将自己的观点更换一下表达方式，以此来作为证明同一观点的理由。

例如：杰斐逊教的经文《××》里面说的东西都是真理，因为在《××》第一章第二段提到了“杰斐逊所述都是真理。”

很明显，这句话是站不住脚的，因为实际上来说，我们并没有找到能证明杰斐逊教的经文《××》里面说的东西都是真理的真实论据，说话者只是换了一下表达方式而已，这就是犯了循环论证的错误。

实际上，无论在我们的生活、工作还是作品中，这样的逻辑错误随处可见。

我们都知道，托马斯·阿奎那是欧洲中世纪的哲学家，一次，他说：“铁之所以能压延，是因为它有压延的本性。”我们将这句话压缩一下，能得出“铁能压延，是因为它能压延。”

这样看来，我们便觉得这句话十分可笑，因为阿奎那的这句话中，观点是论据，论据也是观点，如此循环，无法证实。

再比如，两个人谈到鸦片，甲问：“是什么原因和道理，鸦片可以让人入睡？”

乙回答：“因为它本身就有催眠的力量。”

其实，我们都知道，“催眠”和“引人入睡”是同一个概念，只是用了不同的表达方式而已，这是常识。所以，乙的回答根本不是证据，而只是对甲的观点的重复，实际上什么也没有证明。

还有个案例，某法院接手了一起案件，案件涉及某人遗嘱的有效性。见证人自称其“见证了被继承人在代书遗嘱上盖了指印”，所以，法院判定该遗嘱有效。

然而这就等于说“因为代书遗嘱是有效的，所以，见证人见证了被继承人在代书遗嘱上盖了指印；同时，因为见证人见证了被继承人在代书遗嘱上盖了指印，所以代书遗嘱是有效的”。

这种谬误也是逻辑上的“循环论证”。如果律师能找到其中的错误，是很容易驳回判决的。

可以说，循环论证是一种逻辑智商破产的谬误，因为你把你的前提假设默认为真的，然后利用循环论证的方式来证明它。

其实，循环论证的逻辑错误很明显，只要我们运用充足理由律对其进行分析，就很容易揭露出它的无效。

当然，生活之中也会出现因为一时的疏忽而说错话的时候。此时，我们就要想着及时收回，多动一下脑子，试着自圆其说或者及时补救，把口误修补得天衣无缝，避免给别人带来心理上的伤害。

某公司销售部在该季度的工作中成绩卓著，为此，这家公司的领导者开全体会议进行表彰。庆功会上，这位领导这样评价说："这次大家很棒，是因为大家表现得不错。"

在座的员工和下属听罢议论纷纷，认为领导的说法显然是欠妥的，"很棒，不就是表现得好吗？"

这位领导意识到了自己说错了话，面对大家的议论，又不能用权势去压制，灵机一动，就"嘿嘿"地笑了起来，他说："你看，我今天真是糊涂了，我的意思是，我们在平日里签单的过程中一定要调整好心态，不必紧张，才能发挥好自己的水平。"

在座的所有人听完领导的话之后，马上就停止议论了，也佩服他的机智。

领导在谈笑之间给自己了一个台阶，摆脱了说错话的尴尬，这种应变能力实在是高。

俗话说"祸从口出"，无论你的出身多么优越，经济实力多么强大，如果在说话的时候不经过考虑，那么照样无法得到别人的认可和尊敬。一个说话不经过大脑的人，就会管不住自己的嘴巴，就很容易陷入循环论证的错误中，那么就无异于在自己的身上绑了一颗定时炸弹，会给别人、更给自己带来无尽的灾难。因此，在人际交往中，一定要牢记，说话用的不仅是嘴巴，更重要的是脑子。

在生活中，一些人在谈话时，先用某个理由来证明自己的观点，然后又以观点来证明理由，如此就陷入了一种周而复始的兜圈子之中，这就是一种间接的循环论证。

以自己单方面的想法作为论据很难自圆其说

在前面的章节中，我们在谈中国人的语言逻辑习惯时提到，中国人常喜欢引用他人之言作为论据。在人际沟通中，这一方法确实能提升我们语言的可信度，但从逻辑学角度看，这犯了“以人为据”的错误。要知道，即便是权威之言，我们也不能一味拿来作为论据，因为真理高于权威，交谈时，我们要从多角度进行推理论证，而不应该笃信权威。

然而，在现实生活中，我们发现，一些人在语言沟通中，为了要证明某个观点或想法，甚至自圆其说、一厢情愿——以自己单方面的想法作为论证依据，很明显，这是不可取的。我们来举个例子：

小王是个很有环保意识的姑娘。一天，她和自己的朋友去超市购物，而朋友忘记带环保袋了，于是小王上前训斥：“我不是跟你说过吗？我们是要有环保意识的，环保行动，要从自我做起。”

这段话中，小王的话虽然很有道理，但是从逻辑推理角度论证，是无法得出结论的。她犯了用自己的话来作为论据的错误，也就是那句“我不是跟你说过吗。”在逻辑推理中，我们自己说出的话，只能是宿主感情，而不能作为证据。

不过，我们生活中的不少人，都犯过这样的逻辑错误，他们总是试图通过操作别人的感情来取代一个有力的论述。人们操作的感情可能包括恐惧、嫉妒、怜悯、骄傲等。一个逻辑严谨的论述可能激起别人的情感波动，但是如果只用感情操作而不用逻辑论述，那你就犯了诉诸感情的错误。每个心智健康的人都会受感情影响，所以这种谬误很有效，但这种谬误是低级和不诚实的手段。

日常生活中时常可以见到这样的情景：某单位开大会，自然少不了某些领导尤其是高层领导的讲话，然而，领导讲话时常常将自己在文件中或者在会议上说过的话作为此次讲话的论据，“我在之前的会议中强调……”“平时的工作中我曾说过很多次……”然后针对同一个内容，反复重复，或不着边际地发挥，啰唆个没完，浪费别人的时间，引起不满与抱怨是必然的。这种毛病也就是犯了逻辑上的“自己”证明“自己”的错误，不仅有损领导形象，也浪费大家的时间。假如领导者能事前多作准备，多寻找专业的材料进行证据支持，是更能提升其说话信服力的，而不是说大话、空话。

与“以人为据”相比，事实论据主要是以真实的、普遍的事情为主要论据的。诚然，我们需要多带着感情说话，但是多数情况下，人们更愿意相信那些事实材料。所以，在沟通中，如果我们多列举事实，会让说出的话更有说服力。

晏殊是北宋时期著名的词人。14岁那年，年纪轻轻的他就参加了由皇帝做主考官的殿试。宋真宗出了一道考题，让他在一个时辰之内做完。晏殊接过考题一看，就对宋真宗说：“这个题目我在几天之前就已经做过了，草稿还在家里。请陛下还是另外出一个题目吧！”宋真宗皇帝听完之后，十分欣赏他的诚实，就高兴地赐他为“同进士出身”，去国史馆任职。

每到节假日的时候，京城里的官员们总要到外面去吃喝玩乐。但是晏殊从来不参与这些活动，只是关起门来在家里读书写字。有一次，宋真宗下诏让晏殊担任东宫太子的师傅。按照惯例，太子的老师这一职务只有德高望重的人才能担任，晏殊这样被破格提拔，让很多大臣表示不解。宋真宗对大臣们解释说：“每逢节假日的时候，群臣们都要呼朋唤友去吃喝玩乐，只有晏殊在家闭门读书。这种自重谨慎的人，才是太子师傅的最佳人选。”晏殊听罢，却对皇帝说：“臣并非不喜欢游玩宴饮的人，只不过是因为家里太穷罢了。如果我有足够的钱，也会和别人一样参与宴游的。”宋真宗听完，不但没有怪罪，反而更加喜欢他的真诚了，对他也就更加信任。

晏殊的回答十分淳朴平淡，没有丝毫花言巧语的修饰，却得到了皇帝的信任和倚重。这就是用事实说话的魅力。

可见，无论是我们自己的话，还是名人名言都不可以直接作为论据。我们经常在演讲场合或者辩论场合看到，不少人都会使用名人名言，但这也只是起到增强语言渲染力的效果，其实并不能起到逻辑支撑作用。不过，有一种情况是例外，谈话中，真正可以作为论据的是专家证言，有实验支撑的那种，譬如法律类的题目举法律专家的证言，农业类的题目举农学家的证言，这些比名人名言有效多了。

总之，在语言交谈中，用“自己”证明“自己”，犯的是以为人据的逻辑错误，更多的是为了诉诸自己的情感，是不能作为推理论证材料的。

两难逻辑——说话时别模棱两可

我们都知道，逻辑思维是确定的，而不是模棱两可的；是前后一贯的，而不是自相矛盾的。然而，在推理中，人们却常常出现两难逻辑的错误，也就是“模棱两可”。“模棱两可”就是同时肯定两个互相矛盾的判断，这是违反逻辑推理中的矛盾律的。

在日常交往中，与人谈话往往是很愉快的事，但也有自己说的话被别人误解的时候、这主要是因为我们犯了一个逻辑错误——两难逻辑。在我们日常交谈的话语中，有不少词语在不同的条件下使用往往有不同的含义，有的甚至完全相反，给我们带来不少麻烦。因此，遇到这种言辞时一定要慎重处理，切勿鲁莽行事。

与人交谈时，话一定要说得明确、具体，措辞得当，千万不要模棱两可，不要用那种话中有话的句子，以免引起误解。

古希腊有一个名叫欧提勒士的人，他向著名的辩者普罗达哥拉斯学法律。两人曾订有合同，其中约定欧提勒士在毕业时付一半学费给普罗达哥拉斯，另一半学费则等欧提勒士毕业后头一次打赢官司时付清。

但毕业后，欧提勒士并不执行律师职务，总不打官司。普罗达哥拉斯等得不耐烦了，于是向法庭状告欧提勒士，他提出了以下二难推理：如果欧提勒士这场官司胜诉，那么，按合同的约定，他应付给我另一半学费。如果欧提勒士这场官司败诉，那么按法庭的判决，他也应付给我另一半学费；他这场官司或者胜诉或者败诉，所以，他无论是哪一种情况他都应付给我另一半学费。

而欧提勒士则针对老师的理论提出一个完全相反的二难推理：如果我这场官司胜诉，那么，按法庭的判决，我不应付给普罗达哥拉斯另一半学费；如果我这场官司败诉，那么，按合同的约定，我也不应付给普罗达哥拉斯另一半学费。所以，无论我这场官司胜诉还是败诉，我都不应付给他另一半学费。

我们姑且不去探寻这一案件最后的结果。很明显，案例中的欧提勒士和普罗达哥拉斯，因为所站的角度不同，针对同一件事，进行了不同的逻辑推理，进而得出了不同的答案，其实这也是违反矛盾律的。

犯两难逻辑错误的案例还有很多，我们举出一部分：

1. 上帝的石头——上帝能造出一块它举不起来的石头吗

如果他能造出这样的石头，说明他不是万能的。如果他造不出来，也说明他不是万能的——用于驳斥上帝万能说！

上帝是万能的，那儿他能造出一块他举不起的石头。如果他造出了它举不起的石头，那么他就不是万能的。

2. 有这样一个故事

父亲对他喜欢到处游说的儿子说："你不要到处游说。如果你说真话，那么富人恨你;如果你说假话，那么穷人恨你。既然游说只会招致大家恨你，你又何苦为之呢？"

3. 米诺和苏格拉底的故事

米诺：你在追求真理？

苏格拉底：对，我在追求真理。

米诺：那么，你知道什么是真理？

苏格拉底：不知道。

米诺：你既然不知道什么是真理，即使遇到了真理，你也无法辨别它是不是真理，如果你能够辨别出真理，那就说明你已经知道。

4. 高尔基的小说《三人》中有这样一个片段

"你出门时，是在这个杀人案子之前呢，还是之后呢？"警察故意漫不经心地问。

如果那人(杀人犯)回答之前，说明他事先已经知道时间，必然是杀人犯;如果那人回答之后，也说明他事先知道犯罪时间，都是"自证其罪"！

5. 法官利用逻辑学(二难推理)让犯罪嫌疑人自证其罪的著名例子

美国发生过这样一个故事：

"你还敢再打你的父亲吗？"犯罪嫌疑人果然落入圈套，因为，无论回答

敢还是不敢都是自己证明自己以前确实打过！

在中国的某个法庭上，也审理过一起“家庭暴力案件”：

女方告男方有家庭暴力，多次殴打她；男方死不承认，女方也拿不出受伤的证据。法官就问：

“过去的事情就算啦！我只问你(男方)，你还敢再打你的老婆吗？”

犯罪嫌疑人很可能希望就此结束，回答：“我以后再也不打老婆了！”

这不是“自证罪行”吗？这就是“二难推理”！

很明显，以上案例中，说话者都陷入了两难逻辑中，却也不失为一种语言策略。虽然我们在说话时要尽量避免模棱两可的错误，但是在某些特定场合，我们可以使用这一方法应付无法回答的问题。

顾名思义，就是在回答别人问题的时候选择一些模棱两可的语言，挑选一些没有任何实际价值的信息去应付一下。可见，避开实质性的问题，故意用模棱两可的语言作出具有弹性回答，既无懈可击，又达到了在重要问题上拒绝作出答复的目的，这种方式比直接说“不”，会显得一个人更有智慧，更有风度。

从逻辑推理的角度看，两难逻辑违反了逻辑学中的矛盾律，是模棱两可的，但是在具体的谈话中，我们可以适当使用这一语言策略，以此达到沟通的目的。

因果倒置——教你运用回溯推理思维方法

我们都知道，事物之间是存在因果联系的，研究事物现象间的因果联系，是进行科学归纳推理的必要条件。在此，我们首先应该弄清楚的是：什么是因果联系？一般来说，如果某个现象的存在必然引起另一个现象发生，那么这两个现象之间就具有因果联系。其中，引起某一现象产生的现象叫作原因，而被某一现象引起的现象叫作结果。

在逻辑推理中，有一逻辑错误——因果倒置，所谓因果倒置，指的是将结果当作原因。其隐蔽性在于有时候因果性非常复杂，或者论证需要用高深的专业知识。

例如，有人说，物价上涨是通货膨胀的主要原因，只要控制住物价，就可以控制通货膨胀。

很明显，这句话中，关于“物价上涨”和“通货膨胀”之间的关系，说话者弄颠倒了，这就是因果倒置的逻辑错误。

当然，生活中，我们一般不会犯这样的错误。不过，从这一逻辑错误中也可以得出一点谈话的思维技巧，我们可以从果开始向因逆向推理，这就是回溯推理思维方法。这一方法最主要的特征就是因果性，在通常情况下，由事物变化的原因可知其结果；在相反的情况下，知道了事物变化的结果，又可以推断导致结果的原因。

我们都知道，人在某一时刻只能做一件事，在某一时刻也只能朝着某个方向思考。而通常情况下，人们的逻辑思维习惯是从因到果思考，而这里我们提倡的是由果及因思考法，也就是“倒过来”想，是相对正向思维而言的。所谓正向思维，指的是按照事物发展的一般顺序，即时间和空间上的顺序，进而得出事物的结果，也就是我们常说的由因及果的思维方式。而逆向思维的顺序，是由结果(或结论)去分析，寻求产生这一结果(或结论)的原因(或条件)，也即由果寻因的思维方式。

可见，如果你希望得到事物的原因，就可以选用回溯推理法——由“果”推“因”。回溯推理法又称为溯源推因法，有广义和狭义两种理解。广义的回溯推理法是根据事物发展过程所造成的结果，推断形成结果的一系列原因的整个逻辑思维过程；而狭义的回溯推理法则是指从事物的结果推断其原因的一种思维方法。

这种思维方法的应用极其广泛，尤其是在案件的侦查工作中。在实际运用中，要结合运用其他思维方法、观察方法、实验方法，经过正确的推导才能成功。

例如，在20世纪初，非洲流行着一种可怕的昏睡病，许多当地人患了这种疾病以后，就陷入无休止的睡眠当中直到死去。在这里，死是结果，而昏睡病是导致死亡的原因。

为了治疗这种疾病，有人给患者服用一种叫作阿托品的化学药品，虽然将导致昏睡病的锥虫杀死了，但患者病愈后却常常伴有双目失明的痛苦。从因果

关系上看，杀死锥虫和失明都是“果”，而“因”是服用阿托品，可以说这个是一因二果。面对这样的结果，德国细菌学家埃尔立西设想：能不能把“阿托品”的化学结构改变一下，使一因二果变成一因一果，即只是杀死锥虫而不至于损害视觉神经？埃尔立西经过无数次的试验，终于和日本学者秦左八郎一起发明了砷制剂“606”，成为治疗昏睡病的有效药物，为化学疗法的发展作出了重要的贡献。

回溯推理在逻辑结构上包括以下要素：

（1）观察到的待解释的现象。

（2）导致观察现象的可能的原因作为结论。

（3）结论蕴含观察到的现象是一般规律或常识。

如果用P表示观察到的现象，用C表示回溯推理中推测的导致现象的原因，那么，回溯推理可以用下列公式表示：

P 已知的现象

C→P 推理者已知的一般性知识

C 该已知现象的原因或条件

当然，要掌握这一逻辑思维方法，考验到你的逻辑推理能力，对此，我可以通过某些方式来进行自我训练。例如，多读一些侦探小说、武侠小说，就有利于回溯推理思维能力的提高。英国著名作家阿瑟·柯南·道尔著的《福尔摩斯探案全集》，就是一部十分精彩的侦探小说，可以说是一部回溯推理的好教材，不妨认真一读。

故事中的福尔摩斯之所以能出奇制胜，原因就在于他掌握了回溯推理这个行之有效的思维方法。

1.要有探究的兴趣和愿望

这是寻找原因的前提，因为兴趣是最好的老师，有了探究的兴趣，才能在看到事物时有探究的动力。

2.要有不达目的不罢休的热情

在寻找原因的过程中，难免会产生这样那样的阻碍因素，此时，大部分人可能会选择放弃；然而，如果你能做到坚持到底，不但能锻炼自己的意志力，更能提升你的思维品质。

3. 学会顺藤摸瓜

事物与事物之间是有联系的，而事物本身的因果更是联系紧密，因此，才能在探究事物原因时要我们紧抓结果，从结果顺藤摸瓜，就能一定找到我们想要的答案。

总之，事物的因果是相互依存的，同时也是辩证的。而回溯推理思维方法就是从事物的“果”倒回到事物的“因”的一种方法。

论据错误——“打比方”的内容要贴切真实

在现实生活中，相信不少人在说话时都喜欢打比方，这样能更形象鲜明地展现我们的观点，能让对方更轻易地理解我们的想法。然而，不少时候，因为缺乏逻辑推理，我们举出的例子其实是不恰当的，也是不能证明我们的观点的，这是常见的逻辑语言错误，也常在生活中给我们造成难堪的局面。

我们先来看《晏子使楚》中的一段故事：

晏子出使楚国。楚王听到这个消息，对身边的侍臣说：“晏子是齐国善于辞令的人，现在他正要来，我想要羞辱他，用什么办法呢？”侍臣回答说：“当他来的时候，请让我们绑着一个人从大王面前走过。大王就问，‘他是干什么的？’我就回答说，‘他是齐国人。’大王再问，‘犯了什么罪？’我回答说，‘他犯了偷窃罪。’”

晏子来到了楚国，楚王请晏子喝酒，喝酒喝得正高兴的时候，两名公差绑着一个人到楚王面前来。楚王问道：“绑着的人是干什么的？”公差回答说：“他是齐国人，犯了偷窃罪。”楚王看着晏子问道：“齐国人本来就善于偷东西的吗？”晏子离开了席位回答道：“我听说这样一件事——橘树生长在淮河以南的地方就是橘树，生长在淮河以北的地方就是枳树，只是叶相像罢了，果实的味道却不同。为什么会这样呢？是因为水土条件不相同啊！现在这个人生长在齐国不偷东西，一到了楚国就偷起来了，莫非楚国的水土使他喜欢偷东西吗？”

楚王笑着说："圣人是不能同他开玩笑的，我反而自找倒霉了。"

面对楚王的挑衅，晏子巧舌如簧，从而进行了有力的回击，让楚王自找尴尬。但此处，如果我们从逻辑学的角度进行分析，则会发现，晏子的话是不能成立的，"橘"和"枳"都是植物，"橘生淮南则为橘，生于淮北则为枳"，而晏子想证明的理论是楚王嫁祸给齐人的罪名与楚国相关，二者之间并无关系，可以说是不恰当的举例。

的确，说话是一门艺术，说话要讲究技巧，说话要讲道理，更要摆事实，但前提是我们打比方的内容要真实、贴切，能佐证我们所说的内容。我们再来看下面的故事：

有一个倒卖香烟的人来到一个城市。有一天，他在这个城市的广场上大肆宣传抽烟的好处，市民们被他那天花乱坠的口才说得频频点头，纷纷准备掏钱购买他的香烟。这时候，有一位老人从听众之中走了出来，走到台上，让这个商人大吃一惊。

老人在台上站定后，便大声地对台下的人说道："女士们，先生们，关于抽烟的好处，除了这位先生讲的之外，还有三个最重要的好处呢。"这位商人听了，喜上眉梢，连忙向这位老人表示感谢。他说："谢谢您了，老先生。看您的相貌不凡，肯定是一位学识渊博的老人，就请您把抽烟的三大好处介绍给在场的朋友们吧！"

老人咳嗽了一声，清了清嗓子，说道："第一，抽烟的人会让狗感到害怕，一见就逃。第二，抽烟的人会让小偷感到恐惧。第三，抽烟者永远不老。"

台下的人听了，纷纷张大了嘴巴，发出惊讶的声音，都竖起耳朵等待这位老人的下文。这位商人更是喜不自胜，就不停地催促这位老人继续说下去。

老人摆了摆手，示意观众们安静下来，他说："大家稍安毋躁，请听一下我的解释。"商人格外振奋地说："老先生，请您快讲。"

"第一，抽烟的人大部分都是驼背的，狗一见到他就会以为是在弯腰捡石头打它哩，能不害怕吗？"台下轰然大笑起来，商人顿时吓了一跳。

"第二，抽烟的人夜里睡不安稳，总是爱咳嗽，小偷听见了，就会以为他没睡着，所以不敢去偷他家的东西。"

观众们听了又是一阵的高声大笑，商人大汗淋漓。"第三，抽烟的人没有几个长命的，所以没有机会衰老。”观众们听了，终于明白了老人所说的意思，开始了热烈的鼓掌。在这个时候，大家转眼一看，发现商人不知道什么时候溜走了。

抽烟的危害是众所周知的，只不过人们早就厌倦了那些说明书式的解说。这位老人看不惯那个商人的荒谬理论，用比较幽默的话语进行了有力的反驳，既有一针见血之效，又让在场的观众们对抽烟的危害有了更加深刻的认识，可谓一箭双雕。

俗话说：“打蛇要打七寸。”为什么要打“七寸”？因为那是蛇的要害。同样，我们在证明自己的观点时也要一针见血，击中要害，不要唯唯诺诺。只有当你的话说得有分寸，说到了点子上时，你才能打动人们的心，才能达到你的辩理劝说目的。当然，我们说话还要遵循这样几个原则：要短小，不然成了故事会；要有意味，促人深思；要与谈话内容有关。

总之，我们在谈话中“打比方”，要贴切自然，与我们所想要表达的观点之间存在一定的联系，而且，无论任何陈述，必须建立在真实可信的基础上，一切有失真实的言辞都有可能被听者识破而使得整个谈话黯然失色。

掌握要义，学习说话的逻辑定律

生活中，我们常听到“逻辑定律”一词，这是人们在长期的逻辑推理中总结出来的一些定律，并可以被运用到具体的人际沟通中。当然，任何事物都要一分为二，逻辑定律也具有积极和消极两个方面的意义。因此，我们应该正确地认识、掌握并利用这些逻辑定律，只要你能巧妙地将这些逻辑定律运用到说话中，你就能在说话中言之有理、言之有据，从而提升你说话的说服力，最终助你达成目的。

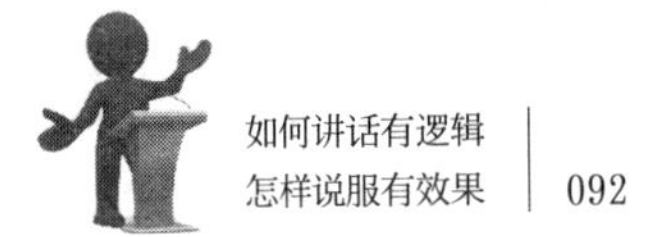

自己人效应：努力让对方成为自己人

生活中的我们常常发现，同样一个观点，如果是自己喜欢的人说的，接受起来就比较快和容易。如果是自己讨厌的人说的，就可能本能地加以抵制。有道是："是自己人，什么都好说；不是自己人，一切按规矩来。"这在心理学上叫作"自己人效应"。

因此，社交生活中的人们，要与他人搞好人际关系，就不能不强化"自己人效应"。强化"自己人效应"，就是要使他人确认你是他们的"自己人"。

通常来说，人们在接触到陌生人的时候都是抱有防备心态的，如果我们在正式交往之前先做个"热身运动"，向对方表达与之共同的爱好、兴趣或者价值观等，那么，便更容易获得他的好感，接下来的交流也就容易得多。

德国实业家哈根想向银行贷一笔款开发公寓，于是拜访了银行经理肖夫曼。

哈根："肖夫曼经理，您好，今天温布尔敦网球赛停赛，我估计在办公室准能找到您。"

肖夫曼："哈哈，对网球，哈根先生也有浓厚兴趣？"

哈根："好汉不提当年勇喽！年轻时，我还参加过温网赛呢，可惜第一回合就被淘汰了。"

肖夫曼："哦，原来是温网英雄。"

两人自然扯起网球球星的许多轶事来，这让肖夫曼觉得两人十分投缘，大有相见恨晚之感。最后，哈根如愿以偿，与银行达成了利率优惠的贷款协议。

哈根之所以能从银行顺利贷到款，是因为他预先了解到肖夫曼有个嗜好——网球。于是，他来了个"投其所好"，巧妙地打开了肖夫曼的话匣子。双方都是网球迷，下面的业务问题就自然好谈得多。

与人交往之初，如果你能主动表明自己和对方在价值观、态度、兴趣以及其他某些方面相近或者相同，那么，就会让对方感觉到你们是同一类人，进而拉近彼此间的心理距离，最终形成良好的人际关系。

为此，与人交谈中，你可以这样制造“自己人效应”：

首先，善于观察，捕捉对方的信息，把握真实的态度，寻找其积极的、你可以接受的观点。

其次，寻找时机，恰到好处地向对方表明你们是“自己人”：

1. 多强调你们之间的共同爱好和兴趣

若与对方有共同点，就算再细微也要强调，人与人之间一旦有了共同点，就可以很快地消除彼此间的陌生感，产生亲近的感觉。这样不但可以使对方感到轻松，同时也具有使对方说出真心话的作用。

如果对方喜欢集邮，那么你可以对客户说：“我对邮票也非常有兴趣，可是一直不知道如何收集和分类，您能给我一些好的建议吗？”如果对方也是个时尚女性，那么，她对服饰和妆容也应该会感兴趣。如此一来，当你跟对方沟通时就不怕没有话题，也比较容易拉近关系。

2. 多说“我”，少说“你”

为了能让对方觉得你是和他站在统一战线的、是为了他好的，你在说话的时候，不要总说“你应该……”而应常说“我会很担心的，如果你……”

3. 分享对方的感受

无论对方是向你报喜还是诉苦，你最好暂停手边的工作，静心倾听。即便是边工作边听，也要及时作出反应，表示出自己的想法或感受；倘若只是敷衍了事，对方得不到积极的回应，也就懒得与你交谈了。

4. 多关心对方，从细节入手

懂得关心他人的女人最容易获得好感。从另一个方面看，认同感的产生，表明你已经赢得了对方的好感。通常情况下，如果你将这种好感搁浅，你们会返回到陌生人的状态，因此，你不妨多关心对方，这种关系自然会深化。

可见，即使是刚认识的陌生人，彼此也会有许多相同的地方。或者是共同的兴趣爱好，或者是在籍贯、经历方面有相似的地方。总之，共同的话题可以有很多，只要你多花些心思，多一些锻炼，肯定能够找得到。只要找到共同话题，你们的交往就会变得顺畅。

近因效应：不良印象要尽快消除

生活中，我们常听到人们这样评价别人："第一眼见他，觉得他蛮不错，谁知道接触下来才发现……""我还以为他是个木讷的人，其实他和熟悉的人交往的时候还是蛮活泼的。"人们的评价为什么会前后不一？这是因为"近因效应"的作用。而何谓"近因效应"呢？

可能对绝大多数人来说，都觉得"第一印象效应"很熟悉，而对"近因效应"这个词则不太了解。其实，这个词理解起来并不难。我们知道，不管什么事情，都有着不同的阶段：初段——发生，中段——发展，最后——结尾。

"近因效应"是指交往中最后一次见面或最后一瞬间给人留下的印象，这个印象在对方的脑海中会存留很长时间，不但鲜明，且能左右整体印象。

相信我们都听过首因效应，它又叫"最初效应"，即日常所说的"第一印象效应"。我们可能都有过这样的经历：当有新朋友介绍给你，或是面对迎面走来的陌生人，你在内心里会不自觉地马上作出一个喜不喜欢这个人或对他有没有好感的判断，这个判断直接影响你对这个人的看法和以后你们的交往。第一印象的好坏固然很重要，但随着交往的深入，人们会对我们有更多、更全面的了解，因此我们要明白如何让对方将不快改为好印象，这其中就涉及"近因效应"。

然而，在现实生活中，人们在社会交际的时候，往往忽视了近因效应，导致了人际交往虎头蛇尾，给别人的最终印象很差，这样的事例屡见不鲜。

小李是个有干劲的女孩，才二十几岁的她已经进入了一家大型企业，业务做得也是有声有色，公司领导也很信任她。

一次，领导将一件大的案子交给了她，让她务必拿下这个单子。这是一笔外包业务，面对这样的大企业，如果能拿下这笔业务，公司可以获得一笔很大、很稳定的现金流。

为此，小李将全部精力都投入了前期的准备工作，因为认真负责，对方对小李留下了非常好的印象，接下来的洽谈工作也很顺利。但就在准备签合同的最后一天，却出现了一些细节上的问题。

对方负责人告诉小李，他们暂时还不能做主，需要请示上面再作决定。小李心想，这也是情理之中的事，于是，她满口答应了。

就这样，一天过去了，两天过去了，一周、一个月过去了，对方还是没有回信。最后已经按捺不住的小李主动打电话过去问，一个在该公司工作的朋友告诉她，事情已经黄了，小李追问原因才知道，问题出在最后那天她穿的丝袜上。

原来，当天，小李在坐出租车来公司的路上，一不小心被路边的铁丝划破了丝袜。而小李并没有注意到这一点。不巧的是，对方负责人是个细心的人，他发现了小李在着装上的不妥，便想，一个不注重细节的人，她所在的公司肯定也好不到哪里去，而对方外包的可不是别的，而是精密仪器的零配件！

故事中，小李之所以让一笔大生意与自己擦肩而过，是因为她的表现太虎头蛇尾了。这告诉所有朋友们，首尾同样重要，你不仅要在开头表现好，在最后阶段的表现同样也很重要，有始有终，才能真正俘获对方的心。

这就告诉我们，如果给对方的第一印象不够好，或者双方在交往中曾有过不快，我们更应该巧妙地运用“近因效应”，在最后时刻挽回局面，达成谅解，给对方留下好印象。

那么，具体来说，根据近因效应，我们该如何让对方消除对我们的不良印象呢？

1. 尝试沟通

即使你留给别人的第一印象不好，也不要忧心忡忡，只要你能尝试多沟通，不动声色地表现自己良好的一面，就能让他人对你产生进一步的了解，从而化解误会，重新建立别人对你的好印象。

2. 注重后期维护

在沟通后，我们更要注重持续的维护工作。绝对不能让人觉得你的热情只有三分钟热度。人们往往更记得和喜欢经常保持联系、维持关系的人。因此，平时不妨闲时打个电话，偶尔送个小礼物，有时间互相走动一下。如果双方一直处在交往的状态，那么在需要帮助的时候提出请求就不显得突兀了。反而那些刚认识的时候很热情，事后长时间不联系，有需要帮助的时候突然又找上门的人，会让人们觉得自己像是被利用了。大家对此难免产生抵触心理：我不是你招之即来挥之即去的人。会经营人际关系的人，一定会注重平时关系的维护。

能强留在人的记忆中的是最初的和最后的记忆，也就是说，第一印象固然重要，但随着交往的深入，印象会逐渐发生改变，一连串的事件的不同阶段，被接受的印象很有差异，只有最初和最后印象深刻。因此，如果你在与人初会的过程中犯下了某种错误，或是表现平平，可以在分手之前，做一个良好的表现，以改变对方对你原来的印象。

权威效应：制造权威，让你的话有分量

生活中，我们往往对那些有权威机构保证的产品更放心，这就是“权威效应”。古人云“人微言轻、人贵言重”，这句话是有道理的，人们有这样一种心理，首先是由于人们有“安全心理”，即人们总认为权威人物往往是正确的楷模，服从他们会使自己具备安全感，增加不会出错的“保险系数”；其次是由于人们有“赞许心理”，即人们总认为权威人物的要求往往和社会规范相一致，按照权威人物的要求去做，会得到各方面的赞许和奖励。我们在说服别人的时候，也可以运用人们的这一心理，这样，他人接受起来也更容易。

从这一点出发，人际交往中，我们每个人若希望自己的话、自己的言行有分量，希望能成功说服他人，就要学会以领导者和掌控者的姿态与人交谈，这样，你说的话就更有威信，也就更容易获得他人的支持。

英国前首相撒切尔夫人曾被称为20世纪后期世界上最具魅力的政治人物之一，她有着令人敬佩的人格魅力和为人称道的风范，更有着让人引以为敬的演讲风格。在她上任后，她曾作了这样的演讲：

“我是继伟人之后担任保守党领袖的，这使我觉得自己很渺小。在我之前的领袖，都是赫赫有名的伟人。如我们的领袖温斯顿·丘吉尔把英国的名字推上了自由世界历史的顶峰；安东尼·伊登为我们确立了可以建立起极大财富和

民主的目标；哈罗德·麦克米伦使很多凌云壮志变成了每个公民伸手可及的现实；亚历克·道格拉斯·霍姆赢得了我们大家的爱戴和敬佩；爱德华·希思成功地为我们赢得了1970年大选的胜利，并于1973年英明地使我们加入了欧洲经济共同体。”

在这段讲话中，撒切尔夫人列举了现代史上英国历任首相的功绩，以此来表明自己的任重道远和豪情壮志。从这段话中，我们可以看出，一个领导很容易用语言表现出自己应有的气势来，而且这种表现在很多时候还是无意的。但要记住，有霸气并不是要高高在上、盛气凌人，如果是那样的话很容易失去人心。

可见，无论是何种形式的说话，我们若想在对方心中树立自己的威信，就要懂得制造权威、懂得运用语言策略，让对方信服，这样他们自然就会去支持你，这就是威信。具体来说，我们可以运用的心理策略有：

1.语言干脆，当机立断

谈话时，要有决断力，对某件事要明确“拍板”。以工作为例，下属向你请示某动员会议的布置及议程，如果你认为没有问题，就可以用鼓励的委婉语调表达：“知道了，你看着办就行了。”这种表述既给了下属支持与鼓励，也给了下属行动的权力。

2.多用事实说话，制造“权威”

只有真的东西，才是人们最相信的。如果我们不是“权威”，就要善于制造“权威”。要使别人心服口服地接受你的观点、意见，就要让事实说话，“事实充分交流法”能使你言重如山。在说服中，要善于运用“事实充分交流法”。这种说服方法根本的一点就是唯实、唯事，尊重客观事实，用事实说话。运用事实充分交流法进行说服最能打动人心，使人信服。

3.沟通中适度拉开距离，树立威信

要说服他人就免不了沟通，可能你会认为，多沟通、保持亲密的距离，自然能拉近双方的心理距离，这必当有利于沟通目的的实现，而事实上并非如此。

举个很简单的例子，如果你原本是个很让下属敬重的领导，因为和下属打得太火热，而使得自己的一些缺点暴露无遗，那么会失去一个领导者应有的权威，且让下属在无形中改变对领导的印象，甚至让下属觉得领导令人失望、讨厌。另外，和下属走得太近，也容易将工作和生活混为一谈，从而丧失原则，在工作中出现失误。

实际上，与人沟通也是如此，尤其是那些希望树立威信以让他人信服的人，更应该与他人保持一定的距离。

4. 关心他人

与他人保持距离，并不是要我们矫揉造作、刻意与他人拉开距离，相反，我们更应该关心他人，无论是对方本人还是他关心的人，你都应该关心。比如，对方家中有事，你可以出面帮忙；对方遇到了不幸的事，你一定要第一时间出现，帮助他渡过难关，甚至还要发动大家给予帮助，解除对方的后顾之忧。这样，对方必能感受到你的领导风范，进而信服于你。

总之，谈话中，要想做到势在必得，就要“有板有眼”，懂得运用语言艺术树立威信，以获他人的支持。

名人效应：借助名人的影响力达到你的交谈目的

生活中的人们，你是否遇到过这样的情况：有一群人想要结识你，如果其中有一个人说他认识某某明星的经纪人；或者说他和某大企业的总经理一起吃过饭；或者说自己曾经有过一段不平凡的经历，那么你会不会对他格外注意或者寻常问短，希望得到这些人的一些“信息”？或许你对这些不感兴趣，但至少你会记忆深刻，当下次他再找你说话时，你会毫不迟疑地叫出他的名字。

生活中，这样的现象实在太多了。这些人为什么能吸引他人的注意？这是因为他们善于利用“名人效应”来抬高自己的身价。同样，人际交往中，我们也要善于利用这一点，让他人对我们刮目相看。

张小姐是个很有生意头脑的女人，她从事的是化妆品行业。几年下来，她通过自己的努力，有了自己的公司。但直到现在，她还记得第一次推销化妆品的经历。

这天，她带着公司样品来到一家外企，她想说服这家公司的女经理购买她的产品，但这套化妆品价格并不便宜。她知道这是一次挑战，但她还是硬着头皮去了。

不难想到，对方在听到她是来推销化妆品的之后，就借口自己很忙，不方便会客。这时候，张小姐发现严肃的办公室墙上居然贴了一张明星范冰冰的海报，她便知道，这位经理应该是范冰冰的粉丝。于是，她赶紧说：“周经理，这样吧，我下次再来拜访，但麻烦您帮我签个名，我好回去交差。”听到张小姐这么说，周经理不好推辞，便答应了。

“啊，您的签名风格和范冰冰很像啊！”

“是吗？可惜我没有她这么漂亮。”周经理脸上露出了一丝微笑。

“其实，我喜欢她，并不是因为她长得漂亮，而是因为她很会为人处世，做人很大气。我听说，她对自己的员工很好，会想出各种好的福利来奖励员工。”

“是啊，这一点我也觉得挺好的。不过她是大老板，我只是个小公司的经理，没法给员工买车买房。”

“看来周经理也是个关爱员工的人啊！不过我发现，贵公司女职员比较多，您完全可以给她们买套化妆品，女人毕竟都是爱美的。再者，这也是一种关心员工的表现，我好像还没听说哪个公司会给女员工这样的福利呢！平时，下属们之间也可以就化妆品多聊聊，好增进她们之间的感情嘛！”张小姐一口气说了很多，她发现周经理好像听进去了。

“嗯，你说得挺有道理的。这样吧，你先留一套试用装给我，我试试，要是可以，明天就去订购。”就这样，张小姐成功地推销了一百多套化妆品。

故事中，张小姐是如何搞定这一客户的？就是采用的名人影响力。的确，如果你善于运用名人效应，你可以比别人更轻松地得到对方的认可，进而达到你的目的。

可见，生活中，因为名人有较高的知名度，所以人们对其言行的信服程度也会较高。人际交往中，如果我们能利用“名人效应”，善于利用他们的影响力，那么，我们的话在对方的心中会有同样的“光辉”，并让对方产生与我们结交的愿望。

可能有些人认为，普通人怎么可能结识那么多的名人。虽然这种想法无可厚非，但我们同样可以运用这一效应达到自己的目的。主要有以下几个途径：

1. 不露声色地以名人为话题

在和别人谈话的过程中，我们要学会不露声色地将一些名人引进来，比如，当对方说了一个笑话时，你可以说："您真幽默，我曾以为×××是我见过的最幽默的人。"这时候，对方会立即产生兴趣，继而会问你："是吗？你还认识他呀……"慢慢地，话题也就引开了。

再者，我们还可以不露声色地表明自己和某名人的关系：假如你确实和某个名人认识，但你又不想让对方认为你故意炫耀自己的人脉，此时，你就可以这样表达："××先生您好，很高兴认识您，我经常听我叔叔（或者其他关系）提起您！"对方听你这么说，接下来自然会问你的叔叔是谁，这时候你就可以很自然很巧妙地达到目的了。

2. 把自己也当成是名人

"您好，先生，我叫××，是××公司的市场部总监，不知道您对我们公司是否有了解。我们致力于为企业培养最专业的人才，在上海和广州都有分公司，我们为××公司等多家知名公司提供了多种服务。"

这段开场白中，我们发现，说话者是利用职位来介绍自己的，这样的介绍很有权威性，定能让客户信服。

当然，借助名人的影响力并不是狐假虎威地向别人炫耀你的人脉，直言不讳地告诉别人你认识某某名人，或者某某名人很赏识你。这是件愚蠢的事情，这样做不但不能得到别人的认可和喜欢，还可能让对方讨厌你。

牢骚效应：给别人尽情发泄的空间

在20世纪20年代中期，有一家名为霍桑的工厂，它是美国西部电器公司的一家分厂。为了提高工作效率，这个厂请来包括心理学家在内的各种专家，在约两年的时间内找工人谈话两万余人次，耐心听取工人对管理的意见和抱怨，让他们尽情地宣泄出来。

令人惊讶的是，"谈话试验"真的起作用了，那些接受谈话的工人们不再

抱怨，干活也更起劲，工厂的产量自然大幅度提高了。那么，为什么会有这样的结果呢？

原来，这些工人们在长期的工作中，逐渐认识到工厂的规章制度、福利待遇中存在的不合理之处，并心生不满；但这些不满情绪又得不到倾诉和宣泄，经过长年累月的积累后演变为抱怨、抵触等负面情绪。他们将这种情绪带到工作中，自然影响了工作的效率。而“谈话试验”使他们将这些不满都尽情地宣泄出来，从而感到心情舒畅，干劲倍增。

于是，社会心理学家将这种奇妙的现象称为“宣泄效应”，也就是“牢骚效应”。这一效应告诉现实生活中的人们，不良的情绪会影响到我们的生活和工作，只有及时地宣泄，保持良好的心情，我们才能以最佳的精神状态投入到工作和学习中。

“宣泄效应”还被广泛运用于我们的工作中：

一天，某饮料公司经理办公室突然闯进一位先生，并直接对经理大喊大叫：“你们哪里是饮料公司，简直是要命公司！只顾着自己赚钱，都掉进钱眼里了！你们眼里还有消费者吗？万一你们的产品把我们消费者喝出个好歹来，看你们怎么收拾！没有一点社会责任感！典型的奸商！”很快，秘书准备叫保安，但被经理拦下了。

这位经理不紧不慢地说道：“先生，究竟发生了什么事情，请您告诉我，好吗？”

“你自己看吧，饮料瓶里居然喝出玻璃碎片，这简直是谋杀，我要告你们！”这位先生把一个饮料瓶重重地放在办公桌上。

经理拿起瓶子一看：“怎么会发生这种事？太骇人听闻了，人吃了这东西会要命的！先生，这都是我们的错！”他立刻拉住对方的手，“请您快告诉我，您家人有没有误吞玻璃片，或者被玻璃片割破口腔，咱们现在马上送他们到医院治疗。”

这时，这位先生的火气消了些，说，“没有人受伤”。

听了这话，经理显得轻松了很多，然后对对方表示感谢，并愿意赔偿这位先生的损失，而且表示，以后一定杜绝这种事情的发生。最终，这位先生的火气全消了，满意地离去。

其实，有时候，客户的抱怨并不是什么大问题，他们只是希望获得一个满意的答复，这时，就要看我们的态度了，这才是客户最在意的。此时，如果我们能够抱着尊重他们的态度，认真倾听他们的抱怨，并适当表达一些安慰和同情，他们一定会把我们当成朋友，情绪自然也会缓和下来，这样，很多问题就已经解决了。

日本企业家松下幸之助被誉为“经营之神”，他曾说过：“客户抱怨时，我们一定要以礼相待，耐心倾听对方的心声，并尽量使他们满意而归。因为从某种角度上来说，他们会成为你的产品免费的间接推销员。”作为销售员，我们应该理解客户，并建立“客户发泄机制”，认真倾听对方的抱怨，只有这样才能为客户提供优质的服务，同客户建立长久的合作关系。

“宣泄效应”同样结了生活中的我们一个启示：我们每天要面临很多烦琐的事物，也要与周围的人打交道。与人沟通时，我们应该做到密切关注，一旦发现交谈的对象有不良的情绪，就要适时采取措施，让他们把不良情绪宣泄出来，这样既能缓解对方的心理压力，又能了解对方的真实心理，以达到增进感情的目的，从而对其进行引导和教育。

那么，我们该怎样帮助对方将不良情绪宣泄出来呢？这要视对方的具体性格而定：如果他性格内向、孤僻、不善言谈，那么，你应该选择一个对方熟悉的环境进行心理开导，比如，他的家中、工作地点等，这样做的好处在于让对方放松，从而能无拘无束地说出心里话。而如果对方性格外向、易冲动、暴躁等，那么，你最好选择自己熟悉的环境，这既能使自己产生一定的优势心理效应，又能有效地抑制对方的情绪冲动，从而为谈心取得好效果创造条件。

总之，负面情绪不利于人际沟通，为此，我们在与对方交谈之前，最好能先用语言对对方进行心理疏导，使其将不良情绪宣泄出来。

白德巴定律：会说更要会听

生活中，在与人沟通这一问题上，很多人存在这样一个心理误区：他们认

为，说得多就是有口才的表现；同时，为了使他人接受自己的观点，他们总爱侃侃而谈，甚至口若悬河。殊不知，无休止的话只会让别人反感。我们真正要做的是尽可能多地让对方说，给对方创造说话的机会，把自己变成以听为主的听众，因为每个人都有容易自我吹嘘的弱点，鼓励对方多谈论自己，这样才是把握了真正的话语主动权。

关于这一点，在逻辑语言上有个著名的定律——白德巴定律，所谓白德巴定律是指能管住自己的舌头是最好的美德，而善于约束自己嘴巴的人，会在行动上得到最大的自由。

事实上，不少人已经认识到“听”的重要性，因为只有善于倾听才能达到目的，听人说话的本意在于了解对方的心意，把握对方的想法和要求。当对方是商谈的主角时，更应让对方多说，以对方为中心而自己多听，从而更能掌握对方。

一次，张婷去拜访一个客户。据说这个客户非常难缠，很多销售员都在他面前被灰溜溜地赶出来了。

所以，张婷这次去也没有抱太大的希望。当她敲开了这位客户的办公室的门之后，客户对她非常热情，又是端茶倒水，又是嘘寒问暖。这反倒让张婷有些不习惯。但毕竟客户是真心的关心她，因此张婷内心还是非常感动的。

坐定之后，还没等张婷介绍产品呢，客户就开始说了，说自己的家庭生活，妻子多么贤惠，孩子多么懂事。说到高兴处，客户眉飞色舞，手舞足蹈。而张婷只是静静地听着，偶尔点点头微笑一下，表示认可和肯定。

一个小时过去了，两个小时过去了，客户说完了家庭，说事业。说这些年自己如何一步步地走过来，经历了多少的艰难和困苦，如何将公司一步步做起来的。说道难过处，客户黯然泪下，张婷适当地说了几句安慰的话。

整整三个多小时，客户一直都在不停地说，张婷只是静静地听着，偶尔问几个简单的问题。最后，客户说不动了，该倾诉的都倾诉了。他转过头来问张婷：“你这次来的目的是什么啊？”

张婷将产品的介绍放到了桌子上，客户看了，二话没说，就下了订单。

从这个故事中我们可以了解到，客户需要的只是你的认真聆听，而不需要你说多少。事实上生活在这个世界上的人，谁没有故事呢？遭遇了太多生活的磨难，总希望能够说出来，有人分担；获得了成功的喜悦，总希望有人来分享。任何人都有想要表达的欲望，只要你满足了对方的这种心理，别人就会觉得你善解人意，在交往当中，你便赢得了对方的心，占据了主动。

那么，具体来说，你如何才能做一个好的倾听者呢？

1. 要把说话权利让给别人

在生活中，别人貌似在和你交流，其实是想满足自己的表达欲望，只是希望你能充当一个倾听者。这时候你一定要保持沉默，即使你不想听对方的那些陈芝麻烂谷子的事情，也要假装在倾听，这样对于别人来说就是莫大的尊重。因此，要想掌握交往的主动权，那么就要把说话权让给对方，让对方的表达欲得到最大限度的满足，从而对你有好感。

2. 用点头来表达肯定对方

交流的双方都希望对方能倾听自己，肯定自己。对方在表达的同时，也希望能获得你的认可和肯定。尽管对于你来说，可能并不赞同他的一些想法和看法。但是对于他来说，他会因为你没有反驳和辩解而认定你是支持和肯定他的，从而将你视为自己人。因此，要想获得他人的好感，就要通过不断地点头来肯定对方的说法有一定的合理性。

3. 眼睛要认真注视着对方

人与人之间的交流是从心开始的，而眼睛又是心灵的窗户，所以交流的双方在很多时候要用眼神来交流。在倾听别人说话的时候，一定要用眼睛注视着对方，这样会让对方觉得你在认真地倾听，从而感受到你内心的那份真诚。需要注意的是，当对方高兴的时候，一定要伴随着别人用眼神将快乐表现出来；当别人哀伤的时候，要把那种悲伤表现出来。这样会让别人觉得你是在陪着他快乐和哀伤。

4. 时常重复得到对方确认

人与人之间的交流是个互动的过程，别人在倾诉的时候，同样希望你能够参与进来。所以，在倾听别人说话的同时，要时不时地重复对方的话，并求得他人的肯定，这样不但能表达你在认真地倾听，而且可以借着这个机会把自己没有听明白的话弄明白，以免对方突然问你的意见，你回答不上来，或者回答错误，让对方心情大受影响。

大多数人认为，好的口才就是拥有一副三寸不烂之舌，却不懂得自己更应该是一名最佳的听众这个道理。如果我们不善于倾听，就容易造成误解，甚至会令我们因无法把握对方的真实需求而与对方的真实意图背道而驰！

乒乓球定律：营造双向性的沟通氛围

生活中，我们经常提到沟通一词，所谓沟通，指的是人与人之间、人与群体之间思想与感情的传递和反馈的过程，以求思想达成一致和感情的通畅。从沟通的定义中，我们也看出，沟通一定要是双向的，这就好比两个人在打乒乓球一样，你在把球打出去的同时还能让对方打回来，这样一来一往，才能够算得上是真正成功的交流。

这就是口才逻辑定律中的乒乓球定律。乒乓球定律告诉我们，沟通是双向的，我们在与人谈话中，要想获得好的沟通效果，就要营造好的沟通氛围。

当年，中国革命的先行者孙中山先生曾在广州广东大学，即现在的中山大学作演讲。

那次演讲的礼堂空气流通不大好，加上听众很多，所以有些人精神不振，听得昏昏欲睡。为了改善一下当时的听讲气氛，孙中山先生为大家讲了一个故事：

曾经有一个搬运工人，一心想改变自己的命运，于是，他买了一张马票，但他不知道藏在什么地方，思前想后，便藏在了随身携带的一根竹竿里，并记下了马票号码。开奖后，他发现自己就是巨额马票奖的获得者，高兴得欣喜若狂，便把自己手上的竹竿扔到海里了，因为他以为从今以后就不再靠这支竹竿生活了。直到问及领奖手续，知道要凭票到指定银行取款，这才想起马票放在竹竿里，便拼命跑到海边去，可是，那根竹竿早不知去向了。

讲完这个故事，听众中间躁动起来了，他们议论纷纷，笑声、叹息声四起，结果会场的气氛活跃了，听众的精神振奋了。

于是，孙中山先生抓住时机，紧接着说，“对于我和大家，民族主义这根竹竿，千万不要丢啊！”很自然地又回到原有话题的轨道上。

故事中，孙中山就很善于调动听众的情绪，当大家昏昏欲睡时，他通过一个巧妙的故事，将大家的关注点重新带到他要演讲的问题——民族主义上。

事实上，真正有效的沟通一定是互动的，这个互动可以利用当时的环境特点来实现。

然而，与人交往的过程中，总是有些人似乎并不领我们的情，无论我们怎么鼓励，他们似乎都羞于表达，甚至面无表情，在他们的语言词典里，似乎就只有“是”与“不是”，或者“行”与“不行”，让人觉得无法与其攀谈，让交际场合显得尴尬。其实，只要我们掌握了说话的技巧，就能够在无形之中慢慢增添几分说话的自信心，找到打开话匣子的钥匙，从而赢得别人的尊重与友谊。

其实，想要营造出好的氛围，我们可以从以下几个方面努力：

1.摆脱陌生人情结

如果对方不爱说话，且是陌生人，那么，你不需要特意装模作样，不过也要表现出你的诚意。其实每个人跟陌生人交谈时都会内心不安，因此我们一定要自己先放下陌生人情结。只有这样，才会在与陌生人交谈时显得随意轻松。在谈话时要关注对方的表现，如果对方不感兴趣，就得停住你谈的话题了。

2.表达你的热情

我们不要指望冷漠的态度能起到感染他人的作用。热情与快乐是一对连体婴儿，对方在感受到你的热情时，自然也就对你敞开了心扉，也会逐渐地传达给你他的情绪。

3. 拉近关系，更易打开话匣

1984年5月，美国总统里根访华，随后来到上海的复旦大学。

当时，坐在礼堂里的有一百多个学生，里根总统看到现场的气氛有点凝重，便跟大家开了个玩笑：“其实，同学们，我们还有着很密切的关系呢！以前，我的夫人南希和你们的谢希德校长都是美国史密斯学院的学生，那这样推断，我们也算很好的朋友嘛！”这段话结束后，大家给予了热烈的掌声，里根总统简单的几句话，拉近了与学生们的距离，让接下来的谈话更轻松、融洽。

从里根总统的这番话中，大家看到了他平易近人的个性，感受到了他想与学生们亲近的愿望，于是，这一番话很快便营造出了和谐的交谈氛围。其实，人与人之间，都有个从不识到相识的过程，只要我们有交往的愿望并主动表达出来，那么，我们就可以换来对方的亲近。

因此，我们与人交流前，不妨也学一学里根总统的这种套关系的技巧，只要能拉近彼此间的关系，交流起来就会顺利得多。这里“套”的“关系”，可以是朋友、同学，可以是共同参加过某个会议，可以是都曾去过某个地方……总之，只要是能拉近与对方关系的内容都可以。我们还需要注意的是，千万不能提及对方不想提及的内容或者是对方不感兴趣的话题。

4. 重视对方说的每一句话

那些说话妄自尊大，小看别人的人总会引起别人的反感，最终在交往中使自己走到孤立无援的地步。与人沟通，目的在于交流意见、达成共识，只有重视对方说的每一句话，才能赢得尊重。

5. 懂得倾听，并适时反馈

沟通的过程，并不完全是说的过程。我们有说的权利，但每个人都希望被倾听，这是一种自我价值的被认定，而我们的反馈则是倾听的最好证明。因此，只有满足对方说的欲望，才会让人对你产生亲近的愿望。

总之，沟通中，如果我们营造氛围，鼓励对方多说话，就能让他感觉优越，他会更亲近于你。

波什定律：赞美要有事实可依

我们都知道，语言是人类不可缺少的交流工具，人类的语言从最初的结绳记事发展到现在可以任意抒发自己的情感，记录一切想记录的事情，这是多么伟大的成就，而赞美就是将人类语言运用到极致的艺术之一。如果一个人只是告诉他人“你很漂亮，”那么，对方只会感到莫名其妙，而如果你说“你的眼睛很动人”或者“你有一头乌黑的长发，”很明显，这样的赞美更贴切、具体。

赞美要具体，要道出客观事实，这就是逻辑口才定律中的波什定律。曾任卡内基钢铁公司董事长的查尔斯·施瓦普就说过：“我很幸运具有一种唤起人们热忱的唯一有效的方法，那就是赞美和奖励。但不要刻意奉承别人，那样反而容易弄巧成拙，招致对方反感。每一句赞美之辞，都要发自内心，道出客观事实。”

所以，我们在赞美他人的时候，切记不可泛泛而谈，而应该具体、有事实依据。我们先来看看下面的故事：

罗斯福总统因为下肢瘫痪而不能坐普通的小汽车，为此，克莱斯勒公司为他定制了一辆特别的汽车。

这天，工程师和工作人员将这辆汽车送到白宫，总统看完汽车以后，很惊叹地说：“太不可思议了，只须按按钮，车子就能跑起来，真是太奇妙了！”

当时，罗斯福总统的一些朋友也来欣赏汽车，他们也说：“太感谢你们了，你们花费时间和精力研制了这辆车，这是件了不起的事！”

接下来，总统接着看汽车的车灯、散热器等，对于他看到的每一个细节，他都给予了赞美。

这些具体的赞美，让人感到了他的真心和诚意。在我们的生活中，有不少人也尝试用好话赞美别人，并希望可以因此而得到别人的认同，拉近彼此间的关系，但常常因为不善言辞，每每在表达赞美之情时，语言空洞、乏味、无趣，让人听后昏昏欲睡，甚至让对方心生反感。

那么，我们该怎样避免泛泛而谈的赞美呢？

1. 赞美的话要建立在了解对方的基础上

赞美别人的时候要提前了解别人，这样你才能把赞美的话说到点子上。例如，你刚与对方结识，并不知道对方的情况，就对对方说：“一看你，就知道你最近发财了。”而实际上，对方的生意做得一直很糟糕，那么，你的赞美自然会被当成耳边风。

2. 赞美别人要实事求是

人们在听到别人赞美自己的时候，如果赞美之辞与自己的实际情况相符，会感到很开心。相反，如果赞美之辞与自己的实际情况不符，那么可能会觉得别人在笑话自己没本事。比如，一个人乒乓球打得好，你在赞美他时，说连国家队的主力队员都不是他的对手，对方也许就会觉得你是笑话他水品差了。

3. 赞美别人要拿捏心情

当一个人伤心难过的时候，你的赞美无疑会让对方觉得你是在看笑话。比如，

有人考试没通过，你却赞美他学习刻苦用功，这不就是在嘲笑对方瞎用功吗？在赞美别人的时候，一定要从对方的语气、神情上判断出对方的心情是否愉悦。

4. 善于发掘对方“不可见人”的优点

每个人都有优点和美，只是我们缺少发现的眼睛。在平时的工作中，我们要让自己做一个有心人，就对方那些“不为人知”的优点进行赞美，如此肯定能感动对方。

5. 着眼细节

这就要求我们从细微之处下功夫，不要忽略你所发现的对方身上每一件值得赞美的事。比如，你在赞美一个女孩时，与其说她的笑容很灿烂，不如说她笑起来酒窝很迷人。

6. 言辞表达一定要恳切

要想表达真诚，最主要的还是在言辞上诚恳一些、热烈一些。用你内心迸发的热情来感染对方的情绪。比如，在赞美别人的优秀表现时，你要说：“你真是太棒了！”在“太”上还要加重语调，让你浓浓的敬佩之情通过你热烈的表达传递到对方的心里。

另外，我们需要明白，在交流时，别人会通过你的眼神来甄别真伪。你的目光不要逃避和他人的眼神碰触，也不要四处游走，更不要望着天花板和地，人在说谎的时候，眼神会有这些反应。否则，别人很难感受到你的真诚。

总之，生活中的人们，我们在赞美他人的时候，一定要避免无事实根据的泛泛之谈，要尽量表达得真诚一些，才能为你赢得好感。

如何修炼你的逻辑口才，让你更高明地说话

毋庸置疑，好的表达能力对于一个人自身发展十分重要，拥有好口才，也就拥有了独特的魅力。然而，要想练就好的口才，还需要先从训练逻辑推理能力开始，这样才能避免出现一些逻辑语言错误，才能让自己说出的话更值得推敲，从而彰显说服力。

如何避免矛盾突出的对立面

在前面的逻辑定律的分析中，我们已经得出，在说话中，无论是发话者还是听话者，都要有明确的概念，否则容易出现前后矛盾，而使得谈话无法进行。然而，我们发现，不少人在说话时还是会犯这样的逻辑错误。要避免出现这样的情况，我们首先就要搞清楚为何会出现语言中的矛盾对立。很明显，从语言方面看，这是因为他们在遣词造句时，把反义词同时赋于同一主语，因此产生文字上的矛盾。这种文字上的矛盾也必然会导致思想上的逻辑矛盾。

比如，新刷的黑板上醒目地写着四个大字：“不准涂画。”那么，这四个字又是什么呢？

再比如，会场上人声鼎沸，笑声轰鸣。主持者振臂高呼：“都不要讲话！”然而，他忘掉了自己也在讲。

另外，我们发现，在对话中，交谈双方从各自的角度说话，也容易出现对立。比如：

晏子是春秋后期一位重要的政治家、思想家、外交家，晏婴身材不高，其貌不扬，但颇具智慧。

齐景公时，有三个勇士，名叫公孙捷、田开疆、古冶子。他们都为齐国立有很大的功劳，不把晏子这样的小矮人放在眼里。晏子便去见齐景公说：“我听说贤明的君主收养有勇力的武士，对上讲究君臣的礼仪，对下讲究长幼的人伦道理，对内可以防止强暴，对外可以威慑敌国，君主得益于他们的功劳，百姓佩服他们的英勇，所以使他们地位尊贵，奉禄优厚。现在君主所养的勇士，对上没有君臣的礼仪，对下不讲长幼的人伦道理，对内不能够禁止强暴，对外不能够威服敌国，这三个人是危害国家的祸害啊，不如除掉他们。”景公说：“这三个人武艺高强，要擒擒不了，要刺刺不中，如何是好？”晏子说：“这三个人都是凭自己的力量攻击强敌的，不懂长幼的礼仪。”于是请求景公派人

给他们三人送去两只桃子，让他们论功而食。景公使人馈二桃，因三人分食缺一便说：“三位为什么不计算各自的功劳而吃桃子呢？”

公孙捷仰天长叹道：“晏子真是个聪明的人！他让景公用这种办法来比量我们的功劳大小。不接受桃子是没有勇气，接受吧，人多桃少，我何不说说自己的功劳来吃桃子呢？我曾有一次空手击杀一只大野猪，一次徒手打死一只母老虎，像我这样的功劳，完全可以独吃一只桃子了。” 说完拿过桃子站了起来。

田开疆说：“我手持武器曾两次打败敌人三军，像我这样的功劳，也可以独吃一只桃子。”说完也拿过桃子站了起来。

古冶子说：“我曾随从国君渡黄河。一头大鼋叼走左骖潜入砥柱山下的激流中，我就一头潜入水底，逆水潜行百步，又顺流而行九里，终于捉住大鼋，把它杀死了。我左手握住马的尾巴，右手提着鼋头，像鹤一样跃出水面，船夫们都说这是河神！像这样的功劳，也可以独吃一只桃子吧！二位何不把桃子还回来？”说罢便抽出宝剑站立起来。公孙捷、田开疆齐道：“我们的功劳不及您，拿走桃子而不谦让，这是贪心；既然这样而又不敢一死，这是没有勇气。”二人都还回手中的桃子，自刎而死。古冶子说：“二位都死了，我独自活着，这是不仁；拿话羞辱别人，而夸耀自己的功劳，这是不义，行为违背了仁义，不死，就是怕死鬼。”说完也把桃子交了回来，自刎而死。

孔子在评价晏子这一具体行为时就毫不留情地说：“晏子，小人也”！晏婴“二桃杀三士”的故事更是说明晏婴其人不光喜欢作秀，而且很阴险毒辣。来说，我们也不得不佩服晏子的智慧，因为他利用了三人的关系——相互制衡、相互矛盾，所以只要抓住他们的矛盾点，就很容易攻破，故而采用“二桃”来离间他们之间的关系。

从“二桃杀三士”的故事中，我们可以得出启示：利用他人之间的竞争心理，能使对方就范。在我们的生活中，也有一些人效仿晏子的手段，他们收买联盟中的一部分人，而冷落另一部分人，把矛盾转移到对方阵营的内部。虽然这是一种玩弄人际平衡、以术代道的小人手段，但确实也体现了古代孙子“用间”的智慧。

当然，在具体的生活中，要想避免这样的矛盾，就要懂得从他人的角度说话，真正为他人考虑。尤其是在一些精密的合作中，需要有人作出牺牲，需要我们放下暂时的利益争端，凡事让一步。

可见，无论在任何形式的谈话中，我们都要注重自己语言的表达，一方面要注重逻辑推理思维，避免出现前后矛盾；另一方面也要注重从对方的角度说话，学会妥协和退让，一味斤斤计较、太过精明，最终是无法获得人际合作的。

学会分解概念，以此清晰地阐明观点

生活中，人们常说，“物以类聚”，能聚就能分，很多事物都能被分解，在逻辑上也是如此，我们可以将大类分为若干小类。

我们在辩论和交谈中，经常会谈及一些事物，假如我们对事物的类属关系分不清，就会造成概念不清晰，从而造成混乱。比如，我们在提及“马”的时候，就会对“马”的属性进行划分，如可以以“马”的颜色划分若只是笼统地谈“马”，岂不是很混乱？

为此，在谈话中，无论你是提问者还是应答者，都要学会将问题分解，将大类分成小类。我们先来看下面的故事：

在晏子使楚中，晏子与楚王有这样一段对话：

晏子出使楚国。楚人知道晏子身材矮小，在大门的旁边开一个小门请晏子进去。晏子不进去，说：“出使到狗国的人从狗洞进去，现在我出使到楚国来，不应该从这个洞进去。”迎接宾客的人只得带晏子改从大门进去。

晏子拜见楚王后，楚王说：“齐国难道没有人了吗？怎么派你来呢？”

晏子严肃地回答说：“齐国的都城临淄有七千五百户人家，人们一起张开袖子，天就阴暗下来；一起挥洒汗水，就会汇成大雨；街上行人肩膀靠着肩膀，脚尖碰脚后跟，怎么能说没有人呢？”

楚王说：“既然这样，那么为什么会打发你来呢？”

晏子回答说：“齐国派遣使臣，要根据不同的对象，贤能的人被派遣出使到贤能的国王那里去；不贤能的人被派遣出使到不贤能的国王那里去。我晏婴是最没有才能的人，所以当然出使到楚国来了。”

对于楚王的“攻击”，晏子将齐国的使者分为了“贤能的人”和“没有才能”的人，这样，在受辱的情况下，他对楚王进行了巧妙的回击。

有一个女大学生去参加电视台主持人的招聘面试，考官给出了她这样一个考题：“三纲五常中的‘三纲’具体是指什么？”

这样的问题对于这名大学生来说太简单了，她用一种比较自信的口气回答道：“臣为君纲，子为父纲，妻为夫纲。”话刚落音，她发现有几个评委在那里低头窃笑。她这才明白自己在回答当中由于过于自信而把次序给弄颠倒了，心下暗暗叫苦。这时候一个年长的考官善意地提醒她说：“你说反了吧，放心些，别紧张”。

或许是考官的话给了这名女生一种力量，她真的不紧张了，然而，她却没有承认自己的回答是错误的，反倒镇定自若地面对着评委们说：“我没有说反呀，我说的是现代社会的‘三纲’，现在是人民当家做主的时代，人民是国家的主人，政府是为人民服务的，所以叫‘臣为君纲’；大家都知道，计划生育催生了不少的‘小皇帝’现象，父母们对孩子百般呵护、娇生惯养，这不是‘子为父纲’吗？现如今，是个讲究绅士风度的时代，‘女士优先’成为了所有人公认的道德，‘妻管严’已经成为比较普遍的社会现象，难道这不是‘妻为夫纲’吗？”

这位女生幽默的回答，让在场的每一位评委都竖起了大拇指，暗暗称赞她的应变能力和聪明才智。最终，这位女生顺利地被电视台录取了。

假如这个女大学生在主考官的提醒下做到“知错就改”，恐怕就会在考官的心里留下急躁、不成熟的形象，也就无法获得这次面试的成功了。但是，这位机灵的女生能够随机应变，对三个概念进行一一分解，然后用幽默的话语来解释她的回答，既表现了她对社会现象的关注，又体现了她处惊不变的良好素质，主考官的心理天平很自然地就向有利于她的方向倾斜了。

一次，齐宣王和孟子交谈。齐宣王问有关卿大夫的事。

孟子说：“大王问的哪一类公卿？”

齐宣王说：“卿大夫还有不同吗？”

孟子说：“是有不同的，有王室同宗族的，还有异姓的卿大夫。”

齐宣王说：“那我请问王室同宗族的公卿该如何。”

孟子说："君王有过失就劝谏；反复劝谏还不听从，他们便改立他王。"

齐宣王听了勃然变色。

孟子说："大王不要怪罪。您问我，我不敢不说真话。"

稍许，齐宣王脸色正常了，又问非王族的异姓卿大夫。

孟子说："君王有过错，他们便加以劝谏；反复劝谏还不听，他们便辞职离开。"

这段对话中，齐宣王所说的"卿"的概念比较笼统，孟子无法笼统地给出答案，所以才对"卿"进行了划分——"有王室同宗族的，还有异姓的卿大夫"，以达到明确"卿"这个概念、便于阐述自己观点的目的。

谈话中，任何情况下，我们都要明确概念，而对于提问者和应答者双方来讲，说话时都有可能出现一些大的概念，此时我们要进行分解，以此来更清晰地阐明观点。

如何运用反证法攻破错误观点

反证法又称归谬法、背理法，是一种论证方式，它首先假设某命题不成立（即在原命题的条件下，结论不成立），然后推理出明显矛盾的结果，从而下结论说原假设不成立，原命题得证。

反证法的证题可以简要概括为"否定→得出矛盾→否定"。即从否定结论开始，得出矛盾，达到新的否定，因此，我们可以认为反证法的基本思想就是辩证的"否定之否定"。反证法的应用方法是：欲证"若P则Q"为真命题，从相反结论出发，得出矛盾，从而原命题为真命题。

反证法的证明主要用到"一个命题与其逆否命题同真假"的结论，为什么？这个结论可以用穷举法证明：

某命题：若A则B，则此命题有4种情况：

（1）当A为真，B为真，则A→B为真，¬B→¬A为真。

（2）当A为真，B为假，则A→B为假，¬B→¬A为假。

（3）当A为假，B为真，则A→B为假，¬B→¬A为假。

（4）当A为假，B为假，则A→B为真，¬B→¬A为真。

∴一个命题与其逆否命题同真假。

在生活中，为了提高我们的逻辑说话能力，我们有必要学习运用反证法。

看下面几则故事：

故事一

有个病人对住院处的护士说："请把我安排在三等病房，我很穷。""没有人能帮助您吗？""没有，我只有一个姐姐，她是修女，也很穷。"

护士听了生气地说："修女富得很，因为她和上帝结婚。""好，您就把我安排在一等病房吧，以后把账单寄给我姐夫就行了。"

故事二

秦始皇曾经计议要扩大射猎的区域，东到函谷关，西到雍县和陈仓。优旃说："好。多养些禽兽在里面，敌人从东面来侵犯，让麋鹿用角去抵触他们就足以应付了。"秦始皇听了这话，就停止了扩大猎场的计划。

秦二世皇帝即位，又想用漆涂饰城墙。优旃说："好，皇上即使不讲，我本来也要请您这样做的。漆城墙虽然给百姓带来愁苦和耗费，可是很美呀！城墙漆得漂漂亮亮的，敌人来了也爬不上来。要想成就这件事，涂漆倒是容易的，但是难办的是要找一所大房子，把漆过的城墙搁进去，使它阴干。"于是二世皇帝笑了起来，因而取消了这个计划。

故事三

齐景公喜欢射鸟，使用烛邹掌管那些鸟，但鸟跑掉了。景公大怒，诏告官吏杀掉他。晏子说："烛邹的罪有三条，我请求列出他的罪过再杀掉他。"景公说："可以。"于是召来烛邹并在景公面前列出这些罪过，晏子说："烛邹，你为国君掌管鸟而丢失了，是第一条罪；使我们的国君因为丢鸟的事情而杀人，是第二条罪；使诸侯们知道这件事后以为我们的国君重视鸟而轻视士人，是第三条罪。"把烛邹的罪状列完后，晏子请示杀了烛邹。景公说："不要杀了，我明白你的指教了。"

故事四

有一次，美国和苏联之间签署了关于限制战略武器的四个协定。美国国务卿基辛格在莫斯科的一家宾馆中被从美国赶来的一些记者团团围住，下面就是他们的谈话记录。

基辛格：苏联每年大约生产250枚导弹。先生们，我向你们披露这些东西的时候，很可能会被苏方当成间谍抓起来，你们说，我应该怪谁呀？

记者：那我们的情况呢？我们有多少潜艇导弹在配置多弹头导弹？有多少“民兵”导弹在配置分导式多弹头？

基辛格：我不确切知道这些数字，至于潜艇，我的苦处是，数目我知道，但我不知道是不是保密的。

记者：不是保密的。

基辛格：不是保密的吗？那请你告诉我有多少好吗？

记者：……

故事一中，面对无理取闹的护士的要求——让其做修女的姐姐来结账，这名病人顺着其思维进行引导，得出让“上帝结账”的谬论，从而堵住了护士的嘴。

故事二中，优旃是个聪明人，对于秦始皇和秦二世在位期间的几次修筑计划，他并没有提出反对意见，而是巧妙引导，最终得出涉猎区域和城墙都不应修筑的结论。

故事三中，面对齐景公要杀烛邹这件事，晏子并没有直言反对，而是先引导齐景公说出原因，然后让齐景公自己得出结论——“重视鸟而轻视士人”，从而让其收回成命。

故事四中，基辛格自然知道这些东西是保密的，但是如果用“无可奉告”来回答记者提问的话，恐怕那些人是不会善罢甘休的，于是他就变答为问，反客为主，幽默地问记者：“请你告诉我有多少好吗？”结果对方就瞠目结舌，不知说什么好了。

总之，当我们要论证一个论点是错误的时候，先假定这个论点是正确的，然后作合乎逻辑的引申，推理出一个非常明显的荒谬结论来，这样，这个论点便会不攻自破。

面对“强盗逻辑”，无须多费唇舌

生活中，我们在与人沟通的过程中会发现，有这样一些人，无论我们怎么讲道理、摆事实，都无法改变他们的想法和观点，因为这类蛮不讲理的人运用了“强盗逻辑”。所谓强盗逻辑是指逻辑上根本讲不通，强词夺理的思维方式。

我们先来看看下面一则小故事：

从前，一伙强盗占领了一块地盘，那地盘自然也就成了强盗们的天下，他们对地盘上的人征苛捐杂税，对路过的人一律抢劫。

有年冬天，这伙强盗又抢劫了一群路过的人，照例把他们抢得精光，连身上的衣服也不例外。看到在寒风里瑟瑟发抖的人群，几个头目商量了一下，在赃物里挑了些衣物扔给遭劫的人群。眼下，对遭劫的人来说，这些衣物确实是雪中送炭，好几个遭劫的人对强盗千恩万谢。

有个遭劫的人壮着胆子对强盗说：“大王，您给的全是我们自己的东西啊，他们还感谢你们，世上哪有这样的天理国法啊？”

强盗头子说：“你好大胆子，居然敢说这些东西是你们的。老实告诉你，老子们千辛万苦打下这块地盘，在这里占山为王，为的就是有今日，为的就是把这片地世代相传，为的就是这些东西。在这里，不要说东西，就是你们的人，你们脚下的地，你们头上的天，你们呼吸的空气，你们喝的水，全都是我们的，我们想怎样就怎样。你信不信，我们马上杀了你们。你这小子不知死活，居然同老子讲起天理，讲起国法来！老实告诉你，天理也好，国法也罢，在老子这里就是条变色龙，黑的可变白，白的可变黑，老子的话就是天理，就是国法！”

其他遭劫的人慌忙说：“大王说得对，说得对，这些东西是大王的，是大王的，不是我们的，不是我们的，是大王施舍给我们的。大王能留我们一条命，就是给我们的最大恩赐。我们谢恩，谢恩。”

强盗说：“这才是话，这才是理。想活命的就该这样说。你们若是要同我们作对，就是死路一条。”

这就是典型的强盗的“逻辑”。“强盗逻辑”是“左之右之，无不宜之”的。他们的道理就是武力、势力等，他们之所以能说出这样冠冕堂皇的大道理是因为他们手上持有充足的、威力强大的“武器”。面对强盗逻辑，我们不必多费口舌，因为就算再有道理，也拗不过强盗逻辑。

其实，在我们的生活中，也有不少人总是运用“强盗逻辑”来与人沟通。

比如，我们会听到一些上司对下属说：“若你不想被解雇，你必须认同公司的制度。”

这就是以工作机会强迫员工认同制度，员工无法依据制度好坏来决定认同与否，是典型的强盗逻辑。

再比如，有的父母对孩子说：“你不听话，我就把你关起来。”

这也是强盗逻辑，为了让孩子听话，以孩子的自由相威胁，这是极不可取的。

《理想国》中的色拉叙马霍斯即是强盗逻辑的典型代表。

通过以下的文章具体解释：

据说，天地间有这样的逻辑：

“只因为你们的土地太广大了，所以我们要来占领，居住。土地是人类共同的财产，不能让你们独占。”

“只因为你们的江河太多太长了，所以我们的轮船要来自由航行。江河是人类共同拥有的财产，不能让你们独自占有。”

“只因为你们的矿产太丰富了，所以我们要来开采，运走。矿产是人类共同拥有的财产，你们不能独自占有。”

“只因为你们的人民大众多了，不利于资源平均分配，所以要分一部分去替我们劳役。”

“只因为你们的文物古董太有价值了，我们要把你们的文化传播到更远的地方，所以我们要带走一部分。”

“只因为你们太……所以我们要……”

“我们并不愿意这样做，但这是我们的责任，神圣的责任，我们承担着维护世界和平的使命！”

总之，生活中，我们总会遇到一些强词夺理，不讲道理的人，他们总是试图以强盗逻辑来压倒我们，面对这样的人，我们应尽量不与之交涉，无须多费唇舌。

谨防惯性思维逻辑错误

在分析这一问题之前，我们不妨来看看下面的生活场景：

在客厅正中间，挂了一个漂亮的鸟笼，很显眼，过不了几天，主人一定会作出下面两个选择之一：把鸟笼扔掉，或者买一只鸟回来放在鸟笼里。理由很简单，设想你是这房间的主人，只要有人走进房间，看到鸟笼，就会忍不住问你：“鸟呢？是不是死了？”你回答：“我从来都没有养过鸟。”人们会问：“那么，你要一个鸟笼干什么？”最后你不得不在两个选择中二选一，因为这比无休止地解释要容易得多。

为什么会出现这样的现象？因为人们绝大部分的时间是采取惯性思维而不是逻辑思维。

那么，什么是惯性思维呢？思维定势（thinking set），也称“惯性思维”，是由先前的活动而造成的一种对活动的特殊的心理准备状态，或活动的倾向性。在环境不变的条件下，定势使人能够应用已掌握的方法迅速解决问题；而在情境发生变化时，它则会妨碍人采用新的方法。消极的思维定势是束缚创造性思维的枷锁。

很多时候，我们的思维方式看似是借助于概念、判断、推理以反映现实的逻辑思维，实际却往往只是习惯性地因循以往思路来进行思考的惯性思维。

有一个学者给他的学徒们讲了一个故事：

五金店里来了一个哑巴，他想买一枚钉子。他对着服务员左手作拿钉子状，右手作握锤状，用右手锤左手。服务员给了他一把锤子。哑巴摇摇头，用右手指左手。服务员给了他一枚钉子，哑巴很满意，就离开了。这时五金店又来了一个盲人，他想买一把剪刀。这时，学者就问：这个盲人怎样以最快捷的方式买到剪刀呢？一个学徒说，他只要用手作剪东西状就可以了；其他学徒也纷纷表示赞成。学者笑着说，你们都错了，盲人只要开口讲一声就行。学徒们一想，发现自己的确是错了，因为他们都在用惯性思维思考问题。

惯性思维，不仅会导致错误判断，更大的危害是使人们身处险境却浑然不觉。

有一天，张先生独自在家，突然有人“咚咚咚”地敲门，张先生去开门，发现没有人；再过一会，又有人“咚咚咚”敲门，张先生又去开门，又发现没有人；再过一会，仍有人“咚咚咚”敲门，张先生去开门，还是发现没有人；如此反复了四五次，当门再次“咚咚咚”地响起时，张先生已经上床准备睡觉了，于是他便没有起来开门，而是自顾自地睡着了。

于是，他第二天发现房间被偷空了……

故事中的张先生犯的就是惯性思维的错误。同样，我们在说话中，如果被惯性思维束缚，也会出现逻辑混乱、啼笑皆非的情况。那么，我们该如何在说话时破除惯性思维呢？

的确，能够把人限制住的，只有自己。人的思维空间是无限的，像曲别针一样，至少有亿万种可能的变化。同样，我们在表达中，也可以打破常规思维，寻求新的突破。

吴士宏在应聘IBM公司之前，并没有被朋友们看好。因为尽管她聪明伶俐、胆识过人，但是毕竟没有受过任何正规的高等教育，也没有任何的背景，所以对她来说，想进入用人十分挑剔的IBM公司是十分困难的事情。

在面试的时候，主考人员用十分轻蔑的语气问她：“你知道IBM是家怎样的公司吗？”

对于很多人来说，面对这样的提问，应该用对这家公司的性质规模以及企业文化等方面的了解来回答，以取悦主考官。但是吴士宏并没有浪费大量的口舌去吹嘘这家公司的影响，而是说：“很抱歉，我不清楚。”

主考官愣了，就问道：“那你怎么知道你有资格来IBM工作？”

吴士宏回答得十分干脆利落：“你不用我，怎么知道我没有资格来工

作？”之后，她就用英语说，她能通过自学考试取得和别人一样的文凭就证明自己并不比别人差。在她以前工作过的地方，领导和同事们也都相信她有能力胜任更多的工作。如果IBM公司能够给她一个机会的话，她会证实自己的能力和资格。最后，吴士宏又对那位主考官说：“我相信，贵公司如果不录取我的话，将来一定会很后悔的。”

主考官听完她的话之后，被她的自信和口才所折服，告诉她说：“下周一你就可以来上班了。”

吴士宏用打破常规的说话方式，充分展现了自己的才智和自信，让主考官从心里愿意聘用她到公司来工作。假如回答主考官问话的时候，她只是一味地去迎合对方，恐怕不仅得不到这份工作，反而会让主考官的心里对她产生很大的歧视。

总之，说话中，或许你正处于一个看似走投无路的境地，或许正囿于一种两难选择之间，这时一定要明白，这种境遇只是因为我们固执的定势思维所致，破除思维定式，就能跳出困境，找到出路。

善于在说话中运用提问和反问句式

我们都知道，在语言表达上，我们说话的句式有很多种，但相对来说，提问、反问等比平铺直述更能产生积极的效果。如果我们平淡地陈述一件事，那么，是没有加入说者的个人情感的；而提问和反问，则表示了自己的疑问和质疑等，也更能让听者了解我们的想法和情感。当然，反问和提问在具体的语言运用中是有不同策略的。

1. 反问

所谓“反问”，就是用否定的形式来表达肯定的意思，答案已寓于问句之中，它比正面发问更有力量。反问还有一个妙用，就是在有些问题不便答复又不便回绝时，可以用反问挡驾。

我们先来看下面两个例子：

从前，有个很刻薄的地主，他总是希望长工们没日没夜地干活。

一天，他半夜爬起来，催工人干活，这位工人说："等我缝完了衣服就去。"地主冷笑说："天这么黑，你怎么看得见缝衣服？"

长工立刻反问道："既然天这么黑，又怎么能干活呢？"一句反问，驳得地主哑口无言。

据说，某工厂举行"振兴中华读书演讲会"时，演讲者方婷婷一出场就说："我给大家演讲的题目是《论坚守岗位》。"说完就朝会场外走去，台下顿时哗然。过了约两分钟，她又回到讲台上，面对听众说："如果我在演讲时离开讲台是令人不能容忍的话，那么工作时间擅离生产岗位，难道不应该受谴责吗？"听众沉默片刻，随即报以一片掌声。

以上两例，无论是阐述自己的观点或反驳对方的谬误，都生动地说明了巧妙运用反问，效果比陈述句更加强烈。

英国大文豪萧伯纳的剧本《武器与人》在首次公演的时候就获得了巨大的成功，热情的观众要求萧伯纳上台接受群众的祝贺。萧伯纳不好拒绝观众们的热情，就从座位上起身，向舞台中央走去。当他刚刚走到舞台上准备向观众们致意的时候，突然一个人在下面大声地说："萧伯纳，你的剧本实在是太烂了，没有人稀罕你的作品，还是自己拿回家看去吧，别在这里丢人现眼啦！"观众们听了都对这位口出狂言的无理取闹者表示抗议，同时觉得萧伯纳会气得浑身发抖。但是有着深厚修养的萧伯纳并没有表现出任何发怒的表情，反而客气地向那位出言不逊者深深地鞠了一个躬，彬彬有礼地说："这位朋友，你说得实在是太好了，我完全同意你的意见。"接着他的话锋一转，面对观众说："不过非常遗憾的是，在场的人中只有我们两个人提出了反对意见，我们两个人的反对能够对这么多的观众起到什么作用呢？我们两个人能制止这个剧本的演出吗？"

萧伯纳的话说完，全场就发出一阵欢乐的笑声，接着观众们对萧伯纳报以热烈的鼓掌。那位挑衅者见势不妙，只好灰溜溜地从剧场逃跑了。

2.提问

谈话中，除了反问这一语言策略外，还有提问。有问，有答；问什么，答什么；怎么问，怎么答，这是一般规律。作为言语策略，提问和答问在言语交际中，并不是这么简单，往往变化无穷。

后唐庄宗李存勖是一个昏庸无道的君主，他极爱打猎。

有一次，他带领人马杀气腾腾来到中牟县打猎。中牟县令闻讯赶忙前去迎驾。县令跪在庄宗马前，为民请命，希望皇帝在打猎时不要践踏农民的庄稼。庄宗大怒，喝斥县令道："你给我滚开！"

伶官敬新磨见势不妙，便带领他手下的伶人把县令捉至庄宗面前，斥责他说："你身为县令，难道不知道我们的天子爱打猎吗？"

县令低着头说："知道。"伶官道："既然知道，你为何要放纵你的百姓种田来向皇上交纳赋税？为什么不让你的百姓饿着肚子把田让出来给君王打猎？你说，该当何罪？"说完，便恳请庄宗杀掉县令。其他伶人也一齐唱和道："请君王让我们把他杀掉！"

庄宗听后置之一笑，要大家放了县令。

这则故事中的伶官是个智者，面对昏庸无道的皇帝即将杀害忠臣良将的情况，他并没有直接阻止，因为这样做的结果只能是让自己也招致杀身之祸，此时，他选择了反问式的幽默，从反面提问："你为何要放纵你的百姓种田来向皇上交纳赋税？为什么不让你的百姓饿着肚子把田让出来给君王打猎？"很明显，这个问题的答案是利于这位县令的，于是，后唐庄宗自己得出了正确的结论，放了县令。

可见，与人沟通的过程中，提问和反问能把本来已确定的思想表现得更加鲜明、强烈。它不但比一般陈述句的语气更为有力，而且感情色彩更为鲜明；同时，它还能通过加深的语言内容和语气增强说话者的气场，从而起到加深听者对所叙事物的认识的作用，有言简意赅、引人入胜的效果。

言之有据：让人信服的表达必须有理可依

在现代社会中，无论你从事什么工作、处于什么样的位置，都免不了与人沟通，也需要别人接受自己的想法、观点，继而按照你的观点行动，这就需要具备说服他人的本领。可以说，一个语言无说服力的人，他的一切就无从谈起。真正能打动人心的话语，才称得上是有效的，而只有能真正让人信服的语言才能打动人心，为此，沟通时我们需要做到言之有据，有理可依，言辞诚恳，只有这样，你的说服语言才能真正对对方起到作用。

态度要诚恳，对方才会信任你

我们都知道，人活于世，我们每天都要与周围的人沟通和交流，无论是谁，每天都在不停地说服别人以达到自己的目的。这正如艾森豪威尔总统曾说过的，“说服是一门艺术，让人们做你想让他们做的事情，并且令其乐此不疲。”为此，如何提高自己的说服能力就成为很多人需要思考的问题。常言道，巧辩不如攻心。同样，说服一个人，光有嘴皮子功夫是不够的，我们必须还要以态度诚恳的前提，才能让对方信任我们，进而认真听取我们的意见，从而又快又准地达到说服的目的。

一天，一位先生来到商场，准备购买一款数码相机。在导购的一番介绍后，这位先生终于表态了。

顾客：“你们这款相机真得有你说得那么好吗？我看不见得吧。”

导购：“关于产品的性能，我刚才也为您展示过了，估计您也能发现，这款相机是同类产品中性价比最高的，不仅技术上先进，价格也相对优惠很多。”

顾客：“可是，我怎么觉得相机后面的这部分摸起来很薄呢，很容易破掉吧？”

导购：“我们的相机的外壳采用×××型塑料制成，坚固耐用。这也是为了降低重量啊，这样也方便您携带。”

顾客：“好的，那给我拿一台吧。”

导购给这位先生拿了台新相机。但问题又来了。这位先生又说：“你给我的这台上面这个是什么啊，怎么看着这么旧，不会是人家的退货吧？”

此时，导购已经不耐烦了，但他还是压住了情绪，对顾客说：“这个您放心，这是一款颜色较暗的相机，并不是旧产品。最近几年，这种暗色调的相机一直很受欢迎呢！”

顾客：“哦，原来是这样啊。那你给我包起来吧。”顾客说完，导购终于

松了一口气。

的确，这类警惕性很高的顾客是很难对付的，他们似乎总是有担心不完的问题，总是怀疑导购会欺骗他。面对这类交际对象，我们一定要保持镇定和耐心，就如同案例中的这位导购一样，即使已经觉得不耐烦，也要调整心态，继续耐心回答对方的问题。

真正的说服，并不是口若悬河、滔滔不绝，而是将话说到对方心里，让对方不知不觉中认可你。其实，你不妨诚恳、清晰地表达你的观点，话语不可过多，注意一些说话方式，诚实、中肯的说话能让对方感觉你是一个可信之人。相反，如果你眉飞色舞、唾沫横飞，就会给对方造成一种华而不实的感觉，进而也会对你的意见心存疑虑。

那么，在说服他人的时候，我们该如何做到诚恳表达呢？

1. 自信地与对方握手

有研究人员曾通过实验研究了握手的效果，结果证明：身体的接触行为能增强人与人之间的亲近感，即使是对于初次见面的人来说，也有同样的效果。为了强化这种效果，有人会伸出双手与人握手，这样的人大多非常热情。

英国著名动物学和人类行为学家德斯蒙德·莫里斯说：“握手是表现热情的一个动作。”用一只手握手已经能表达热情了，如果再添上一只手，甚至握住对方的手腕，再拍拍他的肩膀，则能表现出十分的热情，同时还能展示自己的诚意。

2. 交谈时眼神诚恳

在说服别人时，目光要集中注视对方；听对方说话时，要看着对方的眼睛，这是一种既讲礼貌又不易疲劳的方法，更是对对方的一种尊重。为了让对方对我们的谈话感兴趣，需要用柔和友善的目光正视对方的眼区。

3. 坦诚你的想法

曾经有位知名的谈判专家直言：“在很多国际的商谈中，我都毫不隐晦地告诉对方我自己的想法，并时常会以‘我觉得’‘我希望’为开端，结果常会令人极为满意。”

其实，直言自己的想法、期望等，能体现你真诚的态度，这样，你就能同样换取对方的真诚，这才是最佳的谈判结果。

4 .少讲客套话

无论你和交际对方的关系如何，都不能过分客气，客套也需要有个度，开始见面时寒暄几句并不为过，但继续说个不停就太不妥当了。你谈话的目的在于沟通和说服对方，而太过客套，则难免会阻碍双方“掏心窝子”地说话，如果谁都客客气气，那还有什么可谈？

5.心理置换，多从对方的角度说话

人与人之间的情感要达到一种共鸣，就必须要做到倾听，然后认同。唯有认同，才能拉近人与人之间的距离，在说服他人时也是一样。

我们若从对方的立场出发，认同对方的感受，就能站在双方共同的利益上客观地审视双方面临的问题，这就更易于打动对方。

总之，真正能打动人心的话语，才称得上是有效的说服，而只有能表达真挚的感情的语言，才能打动人心。说服他人时，如果你能用得体的语言表达你的真诚，你就很容易赢得对方的信任，与对方建立起信赖关系，对方也可能因此喜欢你说的话，并愿意接受你的意见。

置换角度说话，才可能说服对方

生活中，我们希望对方接受我们观点的时候，是否都已经习惯了从自身的角度考虑问题呢？是否都已经习惯了只顾把自己的观点传达给对方？这原本无可厚非——但当你慷慨陈词的时候，你是否注意到交际对方情绪的变化呢？当你针锋相对反驳对方的时候，你是否发现对方的脸色由晴转阴了呢？当你一句扫兴的话给对方泼了冷水的时候，你是否发现对方已经兴致全无并有意终止交谈呢？

有个著名的心理策略——换位思考，换位思考就是完全转换到对方的角度思考，从而更理解人、宽容人；就是要求人们在观察处理问题、做思想工作的过程中，把自己摆放在对方的角度，对事物进行再认识、再把握，以便得到更准确的判断，如此，说出的话才能真正说到别人的心窝里。

赛珍珠是美国著名的女性作家，在第二次世界大战期间，她发表过一个对中国人民的广播演讲，这篇演讲深深地打动了每一个中国人的心。她在演讲中这样说道："我今天说话不完全站在一个美国人的地位，因为我也是一个中国人。我一生的大半时间，都是在中国度过的。我生下3个月，就被父母带到中国去了。我开口说话的时候，又是先说的中国话。我小时候跟着父母，并没有住过什么通商大埠。十数年间，我们到的地方是浙江、江苏、江西、湖南、安徽、山东各省的小城市、小村庄，清浦、镇江、丹阳、岳州、蚌埠、徐州、南州……这些地方，是我最熟识的。可是我最爱的，是中国的农田乡村。以后我长大了，又在南京住了17年。我曾亲眼看见南京在几年之内，由一个古旧的城市变成一个新式的首都。但是无论我住在什么地方，我与中国人相处，都亲如同胞。因为小的时候，我的游伴是中国孩子；成人以后，来往的又是中国的朋友们。现在我虽已人归故国，心中却没有忘掉旧日的朋友。所以今天我要以这两种身份说话。我既在中国长大成人，又在美国住了多年，受了双方的教育，有了双方的经验，我觉得我是属于两个国家的。"

在这篇演讲中，假如赛珍珠站在一个美国公民的立场上，哪怕所讲内容再精彩，恐怕也难以打动中国人的心。毕竟，中国的人民对于大洋彼岸的美国是十分陌生的。按照惯例来说，赛珍珠应该在演讲之中讲些"亲爱的中国朋友们"之类的话，不过那样只会让人觉得她这只是一种客套性的虚伪，根本不可能激起中国人民对她的认同。然而，赛珍珠却在演讲之中一再提起中国人所熟悉的城市名字，多次强调对中国的特殊感情，强调和中国人的亲密关系，这样在中国人的眼中，赛珍珠就不再是一个所谓的外国友人，而是变成了一个和自己一起经历风雨的同路人，亲切感也就油然而生了。

事实上，那些明事理、重情义的人，他们在说服他人的时候，总是能设身处地充分考虑对方的切身利害、实际困难。因为，只有在此基础上进行说服，才称得上是真正的通情达理，也更令人心说诚服。而如果丝毫不考虑对方的情感和需要，双方交谈起来就没有共同的语言，说服就无从谈起了。

"己所不欲，勿施于人"，这句话其中的意思也就是要人们推己及人，设身处地为别人着想，就是要人们从对方的角度去想问题。从这个角度出发，我们就能知道如何说话，如何把握说话的度了。对此，我们需要记住以下几条原则：

1. 凡事多询问对方的意见和想法

询问与倾听，不仅能防止自己为了维护自己的权利而侵犯他人，还能帮助我们鼓励对方说出自己真正的想法，了解他们的愿望与感受。一个懂得沟通艺术的人，都是善于通过倾听来获得好感的。

2. 说话要有耐心

说话时保持耐心，不仅有助于对方理解你话里的含义，更能让你在说话时理清思绪。其实，我们也不难发现，不少人正是因为说话没头绪而让自己陷入糟糕的谈话中的。

3. 本着为对方考虑的本意

一些人在说服他人的时候目的性太明显，这无疑会加重对方的种种疑虑，所以，我们要更多地站在对方的立场上考虑问题，要让对方明白你是在诚心诚意地替他着想。

4. 说话顾及对方的面子

与人相处，需要相互尊重。在说话时要注意顾全他人的面子，照顾对方感受，考虑方式方法，做到将心比心，设身处地，而千万不能只图自己一时的痛快。

总之，如果与人对话时我们多从沟通的角度出发，多一点将心比心的理解，多说一点善解人意的话，那么，语言表达就容易引起对方的共鸣，一种独特的亲和力也就寄寓其中了，而接下来，成功说服对方也就容易得多。

讲道理之前，先要用情感煽动对方

人与人之间，是存在一定的沟通屏障的，也是存在一定的戒备心理的，所以我们想要说服别人是很困难的。古人云：感人心者，莫先乎情。说服别人，在很大程度上可以说是情感的征服。只有善于运用情感技巧，动之以情，以情感人，才能打动人心，以致说服别人。

我们都知道，牧师布道宣传的是唯心主义的宗教，但因其以情动人，故而往往能在催人泪下的同时，不露痕迹地对听众施加思想影响，使人不知不觉地

接受其教义。这就是情感的力量。

感情是沟通的桥梁，要想说服别人，必须跨越这一座桥，才能到达对方的心理堡垒，从而征服别人。在劝说别人时，应推心置腹，动之以情，讲明利害关系，使对方感到我们的劝告并不抱有任何个人目的，没有丝毫不良企图，而是真心实意地帮助被劝导者，为他的切身利益着想。那么，对方自然愿意相信你。

一位先生气冲冲地找到销售员小李，说起了前一天在小李这里购买的录音机。

客户："你昨天卖给我的是什么录音机，我才用了一次就不能录音了。你们卖的这是什么产品？质量也太差了。"

销售员："真是太抱歉了，本来买东西是一件很高兴的事情，没想到却给您的生活添了麻烦，真是对不起。请问产品哪里出现了问题？我可以帮您进一步地解决。"（连忙放下手头的工作）

客户："我放了空白磁带，可是就是没法录音。"（态度稍有缓和）

销售员："是吗？那我们来现场操作一遍看看，和您一起找找原因。"

小李让顾客在现场操作了一遍，结果他发现了问题，原来顾客只按了录音键，却忘记了按播放键。

客户："这，真是不好意思。"（一脸歉意）

销售员："不，是我昨天没为您讲解清楚，责任在我。如果您在使用过程中发现有什么不懂的地方或是什么问题，尽管来找我。"

第二天，这位顾客又来找小李，不是为了别的，而是又买走了一台录音机。

场景中的销售员小李是聪明的，面对气急败坏的客户，他拿出了足够的耐心。的确，即便顾客表现得再不耐烦，销售员也不能为了图一时之快对顾客出言不逊。因为一个销售员的态度不仅关系到销售业绩，同时也代表着产品形象。对顾客时刻保持良好的态度，是一个销售员需要具备的基本素质。

我们也发现，很多善于说服他人的人，大都是富有活力和精神抖擞的人，他们更善于从对方的角度说话，把对方内心的情绪发掘出来。因为人们都有这样的心理，即在与人交谈的过程中，如果对方能感同深受，人们是愿意接纳对方的。因此，在说服他人过程中，如果你想你的话能发生效力，且非要将你的话一吐为快时，你在谈话的时候就不应该单是陈述一些事实，还应该把自己的情感注入到你的演讲中，并站在对方的角度说话，只有这样才能打动对方。

那么，具体来说，我们在说服他人的过程中，如何做到以情动人呢？这需要你掌握以下三部曲：

第一步，动之以情。

这需要我们在说话的时候以事比事，将心比心，运用自身或熟人的经验教训，再加上感情色彩浓厚的语言，去进行绘声绘色的诉说，这样的说话方式易令人感到亲切可信，引发情感上的共鸣，从而为接受道理扫清了障碍，铺平了道路。

第二步，晓之以理。

动之以情是说服别人时极为常用的说服方法。而晓之以理，就是讲道理。对于一些简单的事情或小道理，只要结合一两个典型事例，再加上简明、扼要的分析，道理就足以讲清楚，讲明白。而复杂的事情、大道理，涉及多方面的因素，触动一点就牵动全局，必须全方位、多层次、多角度地进行一系列的说服工作，从多方面展开心理攻势，并以严密的逻辑推理，如水到渠成地得出结论。

第三步，衡之以利。

对于那些实惠观念很强的人，理难服他，情难动他，唯有“衡之以利”是切实有效的一招。当你对说服对象说明利害以后，且不论对国家、对社会的利害如何，就是只从个人实实在在的得失考虑，他也会趋利避害，以接受你的说服为上策。

总的来说，说服别人动摇、改变、放弃己见或信服、同意、采纳你的主张，实质上是一场从精神上征服人心的战斗，但又不能使对方有丝毫被迫接受的感觉。因此，动之以情，晓之以理，还要结合衡之以利，才能真正做到通情达理，让对方接受你的说服。

意见不一时先肯定对方再说服

我们在说服他人的时候，要想成功说服对方，首先就必须进入对方的内心

世界；如果一开始就针锋相对，那么，对方就会产生逆反心理，我们也很难达到说服的目的。所以我们在反驳他人之前，最好先肯定对方，打消对方的逆反心理，让对方真正接受你的观点。

然而，事实上，人们往往都很喜欢争论，特别是在聊天的时候，不论大事小事，为了说服对方，都喜欢争辩一番。从某种意义上说，争论是人的一种天性。因为思想、认识的不同，其中一方为了说服另一方，就会发生争论，而这也正是人们认识的一个误区——他们认为，只有争论才能说服别人。很多人都喜欢显示自己的聪明，在争论中击败对方，对大部人而言是一种难得的精神享受。而事实上，心理学知识告诉我们，人们更愿意在愉快、和谐的过程中接受他人的意见，而这也是很多人说服工作不能取得成功的一个原因。

一般来说，没有人喜欢被直接指出错误，批评的副作用也是可想而知的；而相对的，人人都爱受表扬，但这并不意味着不需要被批评。日常生活中，面对他人的缺点、失误以及小错误的时候，我们不妨先采取正面鼓励、肯定和表扬的方式，这样，就会把对方的错误意识上升到最高点，在后面的批评指正工作中，对方的领悟也就越深。

一名小学生天生一副犟脾气。一次课间，因他的同桌以“打呆子”的方式同他开了个玩笑，众目睽睽之下，他的自尊心受到了伤害，恼羞成怒，一把揪住对方扭打起来，嘴里还直喊：“今天被狗咬了！今天被狗咬了！”

此时已到上课时间，老师走进教室，看到这“热闹”的一幕，立即叫他们松手再说。但此学生就是“咬定青山不放松”。只见他额上青筋暴突，脸涨得通红，口中仍在喊个不停。老师灵机一动，接过他的话茬说：“是呀，你今天是被小狗儿咬了一口，但是，我们只看到过狗咬人，哪有人咬狗的！狗咬了你，你也非要咬狗不可，这不是说明你与狗一般见识了吗？狗有狗的主人，你被狗咬了，你要去找狗的主人论理才对呢！”

几句话，说得全班学生都笑了起来，这名学生也“扑哧”一笑，松了手。

通常，人们很难意识到说话用词给人以形象的极端重要性。实际上，聊天讲话如果能让对方眼前浮现出各种各样的形象，听众就会感到轻松、惬意，并愿意继续听下去。而如果话题含糊笼统，语言无色无彩，那么，恐怕只会让对方昏昏欲睡，打不起聊天的兴趣，甚至对你产生厌倦的情绪。

先肯定，再否定。出现意见分歧时，不能粗暴地全盘否定对方的观点，而应该先找出对方合理的内容进行肯定和赞扬，然后用转折句引出下文，提出更合理的意见和建议，以便让对方愉快地接受。

心理学研究指出，轻易地说出“不”字，容易造成谈话双方情绪的对立。一个否定的反应是最难克服的障碍。那么，劝人的过程中，我们该使用什么样的战术呢？对此，美国著名学者霍华曾经提出让别人说“是”的30条指南，现摘录其中10条，供说服者们参考：

（1）要照顾对方的情绪。

（2）要以充满信心的态度去说服对方。

（3）找出引起对方注目的话题，并使他继续注目。

（4）切忌以高压的手段强迫对方。

（5）直率地说出自己的希望。

（6）尽量以简单明了的方式说明你的要求。

（7）要表现出亲切的态度。

（8）要让对方证明，为什么赞成你是最好的决定。

（9）让对方了解你并非是“取”，而是在“给”。

（10）让对方知道，你只要在他身旁，便觉得很快乐。

可见，说服别人，是讨论而非争论，在和谐的氛围中讨论更能让对方信服你的观点；若与对方争论，就会让对方从心理上产生一种敌意，无论你怎样说，对方心底都会有抵触情绪，在这种情况下，想要说服他人是很难的。

“打比方”让你的话更有说服力

中国是一个语言文化知识底蕴丰厚的国家，自古以来，人们就善于对平淡无奇或晦涩难懂的语言进行修饰，令其变得形象生动或易于理解。然而，不少人在说服他人的过程中都抱怨：“这年头，说话难，要让别人认可我们的话更难。”的确，那些不会说话的人，在说服他人时语言干涩无味，让人听之昏昏欲睡，更没有继续交谈的欲望，当听者听完以后，也没有将话真的听进去。如果我们能在语言中多打比方，就能立刻让自己的表达炫丽起来，也让自己的言辞更具说服力。

其实，所谓说服，即用理由充分的话使对方心服。说服工作，主要是做人的思想工作，是做调动人的积极性、使人接受我方观点的工作。说服别人时，如能从被说服对象的心理角度入手，往往能取得事半功倍的效果。作为被说服的一方，他可能并不相信你，但他绝不可能不相信充分的事实证据。

的确，说服别人接受自己的观点、意见、办法等，是一种复杂而困难的行为。而人类社会交际中又时时、处处离不开说服。要想成功说服对方，打比方、多举现实例证是最有效的方法。

我们先来看看下面故事中的林先生是如何让儿子接受自己的教育的。

林先生的儿子小小今年五岁，很可爱，周围的朋友和家人都对小小呵护有加。

一次，朋友小张带着女儿过来玩，林先生和小张在书房商量工作上的问题，当他们聊得正开心时，突然传来“哇”的一声。林先生听到朋友女儿哭了，赶紧跑到客厅，此时小女孩正趴在地上，林先生赶紧问小女孩怎么回事。原来是小小为了一个玩具将小女孩推倒了。林先生立即意识到，应该对儿子进行礼让教育了。

于是，这天晚上，和往常一样，在儿子入睡前，他来到儿子床边，给他讲故事。

“小小，今天我们来讲孔融让梨的故事吧。那么，谁是孔融？孔融是孔子的第二十世孙，他是泰山都尉孔宙的第二个儿子。

“在孔融七岁的时候，有一天，正好是他祖父的寿辰，来访的客人很多。宾客来齐后，便开始上菜，这时，端上来一盘酢梨，放在寿台上面，母亲叫孔融把它们分了。于是，孔融就开始按照长幼的次序来分，而轮到自己的时候，他给自己挑了一个最小的。父亲很奇怪地问：‘为什么你给其他小孩分的都是大的，却独独给自己留了个小的？’

“孔融从容答道：‘人们都说，树有高低，人有老小，我们晚辈，自然要尊敬长辈，这是做人的道理。’父亲听到这一番话很欣慰。

“又有一次，父亲的朋友来看望父亲，顺道带了一盒梨子，便叫孔融跟兄弟们分了吃。孔融又挑了个最小的梨子，其余按照长幼顺序分给兄弟。父亲问，这又是为什么呢？

“孔融说：‘我年纪小，应该吃小的梨，大梨该给哥哥们。’父亲听后十分惊喜，又问：‘那弟弟也比你小啊！’ 孔融说：‘因为弟弟比我小，所以我也应该让着他。’”

听完爸爸的故事，儿子小小羞愧地说：“爸爸，我错了，我不该和妹妹抢玩具，我以后也会和孔融一样懂事的。”

这则故事中，很明显，林先生对儿子的教育起到了作用，他运用的就是“打比方”的方法，让儿子明白了做人应该礼让的道理。

任何人都具有精明、理智的一面，如果你能够通过有力证据、有说服力的方案获得别人的认可，一段时间后，别人对你的信任仍然不会消失。在条件合适的情况下，提供有力的数据支持，甚至提供书面资料，会使说服变得非常轻松。所以，在说服中尽可能地运用数据、事例绝对是种行之有效的好方法。

可见，用打比方、摆事实充分交流法进行说服，可以打破僵局，增进了解，使说服更加有力。因为事实本身可以使领导者言重如山，取信于人。采用事实充分交流法进行说服，要求说服者在说服前准确地把握事实，说服中巧妙地运用事实。为此，我们可以从以下几个方面努力：

1. 事实是最有说服力的证据

你的观点是否可信，在于你的证据是否可信，你的论证是否符合逻辑。这需要你列举出一些有说服力的证据，通过论证的方式，将各种方案的优劣、长短逐一比较分析，并从中优选出最佳的方案来。

2. 适当插入一些个人经历

有时候，为了证明某个观点，适当地说出一些经历是为了进行补充说明。而在这种情况下，自己的经历最有说服力，因为亲身经历过，所以会让人觉得可信度很高。如果你这样讲，“我昨天接待了一批外国客户，他们给我们建议……”“今天我看见……”“我看到这个月，大家表现得很……”肯定会有说服力。许多人用个人的经历和听众建立融洽的关系，或者进一步印证论点，通常收到的效果都很好。但是要注意，你所引用的经历必须是对方感兴趣的

事，并能对听众造成影响。

3. 巧妙运用典故

讲话中适当运用一些典故，或引用伟人经典著作，或引用历史典故、古诗、格言、民谚等，也可以引用上级文件、领导讲话的重要观点，来增强讲话的深刻性。

总之，在讲话的过程中，我们要善于选择一些比较有代表性的事例来阐述问题。这样可以为你的观点增加分量，并且能够表明你的陈述是比较客观的。如果缺乏事实的依据，你的讲话就没有什么可信度。当然，我们同时也要注意，不要引用过多事实，以免听者厌烦。

语言专业凝练，降低对方疑虑

生活中，我们常常羡慕这样一类人：他们似乎有某种魔力，无论走到哪里，都能成为众人关注的对象，成为社交的中心；无论他们说什么，似乎也都能被大家接受。事实上，他们之所以能做到吸引到周围的人，并不是因为他们拥有的财富有多少、社会地位有多高，而是因为他们说话、办事诚实可靠，并且，他们在说服他人时，总是能做到言之有物、详细清楚，从而做到让对方深信不疑。

1863年7月1日，对于美国人民来说是个非常有意义的日子，因为这天美国发生了一件惊天动地的事——美国南北战争的决战在华盛顿附近的葛底斯堡打响了。三天激战后，北方部分大获全胜。

战后，美国的宾西法利亚等几个州商讨决定把战争中逝去的烈士合葬在国家烈士公墓。

公墓在1863年11月19日举行落成典礼，美国总统林肯也就理所应当地被邀请前去演讲。除了林肯之外，演讲者还有美国的前国务卿埃弗雷特，而林肯只是因为总统的身份，才被邀请在埃弗雷特之后讲几句形式上的话。这种情况下，林肯非常清楚自己的处境，在他前面演说的是在美国历史上最有演说能力的人。而林肯如果说不好的话，无疑会被在场的人笑话，使得自己总统的颜面尽失。

在典礼上，埃弗雷特那长达两个小时的演讲，洋洋洒洒，确实非常精彩，也获得了听众的掌声。令人意想不到的是，林肯的演说居然只有十分钟，而就是这十分钟的演讲，不仅赢得了当时在场一万多名听众的热烈欢迎，还在全国引起了轰动。

当时有报纸评论说："这篇短小精悍的演说简直就是无价之宝，感情深厚，思想集中，措辞精练，字字句句都很朴实、优雅，行文毫无瑕疵，完全出乎人们的意料。"就连埃弗雷特本人第二天也写信给林肯："我用了两个小时总算接触到了你所阐明的那个中心思想，而你只用了十分钟就说得明明白白。"林肯这次出色演讲的手稿被收藏到了图书馆，演讲辞被铸成金文，存入了牛津大学，作为英语演讲的最高典范。

林肯在这次演讲中靠什么取胜？那就是简洁。他那简短有力的演讲比长达两个小时的精彩演讲更深入人心。很多时候，言简意赅的讲话比那些长篇大论更容易被人们所接受，所谓"浓缩的都是精华"，因为简洁，所以它所阐明的思想会更有深度；因为简洁，它所表达的意思更加清晰；因为简洁，它所彰显的内容会更有力度。

从另一个方面说，现代社会，人们的时间观念都很强，没有人愿意花费太多的时间来听你的长篇大论。所以，我们在说话的时候，切忌饶圈子，而应把话说到点子上。有话则说，长话短说，无话不说，这样才能更准确地传达你的思想。

那么，从这个角度看，在说服他人时，我们该如何表达才能体现语言的准确性，让对方对我们产生信任感呢？

1. 说话要有底气

在和别人交谈时，你一定要有信心，你要坚信自己的观点是正确的，只有在这种积极的心理暗示下，你说话时才会理直气壮，这样，强大的气场就会形成了。相反，如果你唯唯诺诺、底气不足，那么，你传达给对方的也是一些消极的信息。这样一来，你没有了强大的气场，对方的气场便会逐渐盖过你。因此，在陈述你的意见或者观点的时候，不但要详细，更要坚信自己是正确的，

这样你才能绝对地自信、才能理直气壮，营造强大的气场。

2. 语言表达简洁干练

很难想象，一个言不搭调、语无伦次的人能条理清晰地陈述自己的观点，更别说让别人信服他了。因此，在与人交谈的时候，语言表达一定要简洁干练，要善于用简单的语句将你的意思、你的情感表达得清楚明了。干练的表达、简短的时间，会令别人根本没有思考的空间，如此，你所说的话，你的情感和意见便能迅速占领别人的心，这样才能给别人带来震慑的效果。平日里说话要尽量简洁干练，给人雷厉风行的感觉；把你的自信表现出来，你的气场自然会强大起来。

3. 说话时要有逻辑性

如果你说的话言之有理、极富逻辑性，让他人无可辩驳，那么，对方想要不顺从都很难，因为你的话已经让对方从心底认同了。反之，如果你所说的话前后矛盾，逻辑性很差，别人很容易找到辩驳的理由，自然不会听你的号召，你也就成不了别人的领袖。因此，在陈述某件事时，一定要有很强的逻辑性，用客观存在的逻辑关系征服别人的心。

当然，表述时，我们要发音清晰，音量适中，用词尽量准确。

另外，准确、中肯的表述还需要我们在说话时也有条有理。说话有条理才能让人觉得言之有物，有重点可言。有的人在说话时东拉西扯、颠三倒四，对方听了半天，仍旧觉得一头雾水，失去了继续交谈的兴趣。说话有条理和有重点是相辅相成的，缺一不可，只有具有条理性才能突出说话的重点，也只有说重点才能让人觉得你说话有条有理。

由己及人：想要说服对方先要赢得心理认同感

对于说服他人，相信我们都知道一个道理，要想让对方接受我们的意见、看法，首先要让对方从心底接纳我们，而最重要的一点就是说服自己，也就是说，我们要以绝对有说服力的谈吐、利索干净的外貌来征服对方，这一点，需要我们从良好的第一印象以及学会说出适宜、适度的话着手。只有令对方心里形成认同感，才能为成功说服对方打下坚实的基础。

初次见面，留下良好的第一印象

生活中，我们常常听到这些话：“我从第一次见到他，就喜欢上了他。”“我永远忘不了他留给我的第一印象。”“我不喜欢他，也许是留给我的第一印象太糟了。”“从对方敲门入室，到坐在我面前的椅子上，这短短的时间内，我就大致知道他是否合格。”从这些话中，我们不难看出第一印象效应对一个人人际交往的重要性。

所谓第一印象，指的是人们在短时间内，根据一些片面的资料对某些人、事、物产生的印象。第一印象一般都是先入为主的，并且，这种印象带有明显的主观倾向，还会直接影响到以后的一系列行为。

第一印象效应是一个妇孺皆知的道理，为官者总是很注意烧好上任之初的“三把火”，平民百姓也深知“下马威”的妙用，每个人都力图给别人留下良好的“第一印象”。

心理学研究发现，一个人与陌生人初次会面，45秒钟内就能对其产生第一印象。这一最先的印象对人们的社会知觉产生较强的影响，并且在人们的头脑中形成并占据着主导地位。

要想给对方留下良好的第一印象，我们除了要注意自己的衣着打扮和行为之外，还需要注意的一点就是言语。初次结识，一声温馨的问候，几句深入人心的话语，都能给对方留下美好的第一印象，而且这种良好的印象将会持续保留下去。总的来说，要想给对方留下好的第一印象，我们要从以下几个方面努力：

1. 仪表形象影响交际

虽然以第一印象来判断和评价一个人并不是明智之举，但生活中大多数的人都是以第一印象来判断、评价一个人的。

对于章启月这个名字，大家一定不会陌生，她是中国第三位外交部女发言人，现任中国驻纽约大使。是她，把与丝巾或色彩多变的衬衣相配的精致套装、考究发型和得体妆容（口红颜色永远和领口色调一致）带到了全世界的新闻镜头里。她同时精通多国语言，面对压力始终处之泰然，活出了许多女人想活出的生活与品位。在1999年第一次主持新闻发布会后，章启月被外国媒体称作“北京美人”。她容貌端庄、反应敏捷、沉着坦然，答问简洁自如，从不拖泥带水。她代表着中国，同时代表了这个国家自信、沉稳的新形象。

一个人的优点可以是多方面的，比如你为人善良、知识渊博、性格坚韧，但这一切，都需要一个展示的舞台。如果你第一次就把自己的形象搞砸了，所有的优长都将失去表现的机会。注意自己给人留下的第一印象，凡事争取一个良好的开端。

仪表给人的第一印象一般都是最直观的，你的相貌、穿着等，会让人直接地联想到你的品德、修养、品位等各个方面。比如，很多时候，我们会认为，一个长相甜美、笑容灿烂的女孩，一定也是心地善良、性格好的人。当然，其实我们自己也清楚，相貌与心灵之间并没有直接的、必然的联系，甚至很多时候还是相反的。这也是我们应该努力克服的刻板偏见。

2. 展现你的才华

美的表现并不一定只在外在美上，初次见面时，一个人的谈吐也能给人留下一个好印象。在与人交谈的过程中，你的谈吐、说话气度、思想等，都会给他人留下不同的第一印象。要知道，一个儒雅、有才华的人，一般更容易得到他人的喜爱。因此，假设你擅长琴棋书画中的一种，或者会唱歌、跳舞等一些才艺，你就会受到别人的赞叹和喜欢，甚至是崇拜，成为别人心目中的“才子”，从而增加别人与你交往的欲望。

3. 保持积极开朗的精神面貌

你说出的每一句话都是你精神面貌的体现，要开朗、热情，让人感觉你随和亲切，平易近人，容易接触。另外，在说话的时候，你应放松心情，保持自己的既有特点，而不要故意矫揉造作。有的人在亮相时语言气势逼人，跟人接触时过分热情……这样故作姿态，不仅会令别人难受，连你自己也会觉得别扭。

4. 多使用礼貌语

俗话说“礼多人不怪”，“你好”“谢谢你”“对不起”和“请”这些礼貌用语，如使用恰当，会对调和及融洽人际关系起到意想不到的作用。比如，无论别人给予你的帮助是多么微不足道，你都应该诚恳地说声“谢谢”。正确地运用“谢谢”一词，会使你的语言充满魅力，使对方备感温暖。当然，道谢时要及时注意对方的反应。对方对你的感谢感到茫然时，你要用简洁的语言向他说明致谢的原因。对他人的道谢要答谢，答谢可以“没什么，别客气”“我很乐意帮忙”“应该的”来回答。

事实证明，一个人拥有迷人的个性就能给自己披上一层魅力的外衣，而这层魅力的外衣像一块磁铁，吸引别人成为他的朋友。

得体穿着，迅速赢得人心

前面，我们强调说服的关键点在于攻心，事实上，我们要说服他人，第一步要做的就是给对方一个良好的印象。而一个人最先在无声中打动别人的办法是靠自己的形象。好的形象可以给人留下较好的印象，使人见了第一面，期盼第二面，或者不反感见第二面。而较差的或者不适当的形象则会使人产生再也不想见的想法。

所以，在说服中，用什么样的形象打动对方的心，怎么才能通过形象使对方心动，是很值得我们去细心体味和研究的问题。

小马是个刚毕业的研究生，这天上午，他来到某国际知名大公司进行面试。

不知道什么原因，他居然迟到了，当他冲进面试考场时才发现，面试的主考官竟然是这家公司的总裁。小马深吸了一口气，不免显得有些紧张。

这位总裁瞟了一下眼前的年轻人，只见他豆大的汗珠从额头上冒出来，满脸通红，头发乱糟糟地，最奇怪的是，他发现，这个年轻人居然穿着一件红色格子衬衣来面试，于是，他没好气地问：“你是研究生毕业？”这句话里，明显有怀疑的意思。

“是的！”小马很自信地回答。接下来，总裁对小马进行了一番提问，这些问题都是专业性很强的问题。最终，总裁经过再三考虑，总算决定录用小马。

第二天，小马就来上班了。办公室的椅子还没坐热，总裁就把小马叫到了办公室。他对小马说：“就在我第一眼看到你的时候，我本来不打算录用你，你知道为什么吗？”小马摇摇头，一脸疑惑。

“你说你好歹也是个研究生，肯定也知道面试时该有什么样的礼仪吧？你当时就那么闯进来，满头大汗，头发也乱糟糟地，更严重的是，你居然穿个红格子衬衫，你要不是说你是研究生，我还以为你是街头小青年呢！总之啊，你给我的第一印象太差了。要不是你后来在回答问题时很出色，你一定会被淘汰。”

小马听完，赶紧向总裁解释昨天发生那些状况的原因。原来，他在来面试公司的路上，发生了一起车祸，他和其他路人把伤者送到了医院，但他一身得体的衣服已经染了鲜血。于是，他只好赶回家换上了正在上大学的弟弟的衣服，心想，只好死马当活马医了。所以，时间虽然赶上了，却是一副狼狈相……

总裁听完后，点点头，说：“年轻人，真是难为你了，居然有这样的好品质，但是我还是得提醒你，以后与陌生人第一次见面，千万要注意自己的穿着打扮。”

从上面的求职故事中，我们可以看出衣着对一个人的重要性。正如这位总裁说的：“要不是你后来在回答问题时很出色，你一定会被淘汰。”现实生活中，很多人就是因为不注重自己的穿着，才会在这种决定职场乃至人生命运的重大场合给人留下不好的印象而与成功失之交臂的。

古人云，“人要衣装，佛要金装”，自古以来，着装永远是个长盛不衰的话题。着装关乎到一个人的外在形象，在交际中，着装的作用就更明显了。尤其是在与人初次打交道和应酬时，得体、有品位的服装能给别人良好的第一印象。因为人们对他人的印象很大一部分是源自视觉的，这就是“三分钟印象”。

可能很多人认为穿着打扮是一个令人费神的问题，怎样穿才能穿出品位、穿出神采？其实，要想穿出一身富有精气神的行头，也并非难事，对此，我们不妨从以下几个方面努力：

1. 独特的着装风格

不管干什么事情，最忌讳的就是跟风，因为跟风使人很容易迷失自己，着装也是这样。既然着装反映了一个人的修养和品位，那么，我们就应该保持自己的着装风格，不要盲目地追赶潮流。

2. 整体协调

着装的时候，不要把各个部分分开看，而要把它们作为统一的整体，进行合理的搭配，使之看起来和谐自然，完美地衬托出你的气质。

3. 干净整洁

不管在什么场合，也不管你所穿的衣服是昂贵还是便宜，首先的要求就是干净整洁。即使你因为家境贫寒而衣服上有补丁，也要保持干净清爽，因为这样能够使别人觉得你的内心是热爱生活的。当然，现在已经很少有人穿打补丁的衣服了，所以在保持衣服干净整洁的基础上，还要保持衣服的平整，最好不要有洗不掉的污渍等。

4. 着装文明

人和动物的一大区别，就是人穿衣服，而动物不穿。但是，现在很多人在着装的时候，为了标新立异，往往穿得非常暴露。其实，正规社交礼仪要求人们不要穿过于暴露的服装。尤其是在正式场合，尽量不要穿袒胸露背，暴露大腿、脚部和腋窝的服装，更不要在大庭广众之下赤裸着胳膊。

5. 着装技巧

在着装方面，假如有心学习，其实是有很多讲究的。例如，女士穿裙子时，所穿丝袜的袜口应被裙子下摆所遮掩，而不宜露于裙摆之外；男士穿单排扣西装上衣时，三粒钮扣的要系中间一粒或是上面两粒，两粒钮扣的要系上面一粒等。

作为社会的一员，不管我们是否有足够的收入满足自己对于服装的要求，都要保证着装的朴实大方、干净舒适，这样才能给人留下好印象。

要想征服别人，先从相信自己开始

生活中，人们常说：“你自己永远是信任你的最后一个人——即使全世界没有一个人信任你了，还有你自己信任你自己。”列宁也说过：“自信是走向成功的第一步。”只有那些自信十足的人说话才更有说服力和威严，因为他们

散发出来的精神面貌是积极向上的。这一点，也证明了“人不自信谁信你”这一道理。当今社会，我们要想获得别人的信任、认可，最起码要先从相信自己开始做起……

自信是建立在正确的而自我认知的基础上的，是相信自己能达到一种目标的表现；而相对的，自卑则是只看到自己的缺点和不足，看不到自己的优点和长处，是不相信自己、自我贬低的表现，并且，自卑者很害怕失败，在与人交往时更显得行为退缩、被动。

我们来看下面的故事：

雯结婚生子后，一直在家做全职太太，但现在她发现在家里待久了容易和社会脱节，于是，她开始急着找工作了。一天，她在报纸上看到了一份适合自己的工作。于是，她把简历发了过去，并接到了面试通知，让她隔天早上八点去面试。

第二天一早，雯如约赶到面试地点，却沮丧地发现前面已有35位求职者在排队了，而她排在第36位。雯想：“如果我就这么等下去，说不定轮到我的时候考官早已确定人选了。”于是，她急中生智，拿出一张纸，写了一句话，恭敬地对工作人员说：“不好意思，麻烦您马上把这张纸条交给考官，这非常重要。”

工作人员把纸条交给考官，考官一看，笑了，只见纸条上写着：“考官大人，我排在队伍的第36位，在您看到我之前，请不要作决定。”就因为这句话，考官对雯的印象非常深刻，觉得雯是一个自信且善于推销自己的人，再加之招聘的岗位正是销售员，于是，雯如愿地进入了公司，且报酬丰厚。

可见，“自信”是力量，是一种涵养、一种品质，更是说服他人的一把利器。你若连自己都无法说服，又怎样说服别人？当然，自信也要有“度”，否则，自信就会变成狂妄自大，走向消极的一面。

那么，日常生活中，我们该怎样培养自己的信心呢？以下是几条建议：

1. 做自己能做好的事

生活中，每个人都在扮演着自己的角色。其实，你不必刻意地表现自己，只要做好自己的本职工作，并且做到专注、认真，那么，你的个性魅力就会释放出来。总之，你要作好计划，要了解当下你需要做什么，然后加以实践。你没有必要非去扮演交际中的中心人物，没有必要非去做伟大、不平凡的行动，只要做好自己能力所及的事，就足够了。

2. 挑前面的位子坐

不知你是否注意到，曾经偌大的教室，那些后排的座位，早已被成绩差的学生占满了。这是为什么？大部分占据后排座的人，往往因为成绩不理想而缺乏自信心，故而选择不起眼的后排座。

而坐在前面能建立信心。你不妨把它当作一个规则试试看，从现在开始就尽量往前坐。当然，坐前面会比较显眼，但要记住，有关成功的一切都是显眼的。

3. 练习正视你的交往对象

眼睛是心灵的窗户。如果你不敢正视别人，会让别人产生这样的想法："他想要隐藏什么呢？他怕什么呢？他会对我不利吗？"很明显，对方已经对你产生了不信任。而实际上，这也是你不自信的表现。正视别人等于告诉对方：我很诚实，而且光明正大。我相信我告诉你的话是真的，毫不心虚。

4. 稍微加快你的走路速度

生活中，我们可以发现，那些信心十足的人，走路的时候总是抬头挺胸、昂首阔步；而那些信心不足的人，走路总是萎靡不振。可见，如果我们能稍微加快走路速度，也能在无形中增加我们的自信心。

5. 练习当众发言

那些在重要场合不发表言论的人，并不一定是能力不足，或没有自己的观点，而是因为他们缺少信心。他们通常会认为："我的意见可能没有价值，如果说出来，别人可能会觉得很愚蠢，我最好什么也不说。而且，其他人可能都比我懂得多，我并不想让他们知道我是这么无知。"可见，要想树立信心，就要打破这一顾虑，从积极的角度来看，尽量发言，能够增加信心，下次也更容易发言。

只要按照以上五点来不断修炼自己的信心，你就会感到自信心在滋长，你在别人心中的威信也在不断增长！

贴心一点，说话要顾及别人的感受

我们都知道，与人沟通的过程中要想让他人从内心真正接受我们，是需要

一个过程的，这个过程就是良好印象的不断累积的过程。的确，那些有说服力的人肯定是那些“贴心的”、让别人觉得“了解我”“信任我”“接纳我”等类型的人。因此，如果你认真努力地去了解别人的心意，不但大家抢着成为你的朋友、想和你谈恋爱、买你的商品，成功也会蜂拥而来地寻找你。

所以，在说服他人的过程中，我们千万不可趾高气扬、目空一切、不可一世。无论你有怎样出众的才智，也不要把自己看得太了不起，你要做的是多从他人的角度考虑，说话贴心一点，只有这样，才能获得他人的支持。

在现实生活中，很多人对自己的不受欢迎感到迷茫和不解，这个世界上没有几个人能了解他，却不懂得静下心来去思考自己存在的缺点和不足。其实，并不是所有人都和你过不去，可能是你说话的方式出现了错误，在交际圈里自以为是，说话不会拐弯，常常让人难以接受，这样的人哪怕是十分热心的，恐怕也不会受到别人的欢迎。

贾某和谢某在大学时代是好朋友，他们两个在毕业之后一同进入了演艺圈。贾某选择了导演这一职业，而谢某则高兴地做起了演员。由于两个人的基本功比较扎实，又都有着超乎常人的天赋，很快就在各自的领域里有了一定的影响。有一次，两个人终于有机会合作拍一部电影了，彼此之间都感到非常兴奋。

贾某是一个追求完美的导演，对演员的演技要求十分苛刻。在拍摄一个镜头的时候，谢某重拍了很多次都没有达到贾某的要求。贾某感到很不高兴，就当着全体演员和剧务对谢某发起脾气来，咆哮着说：“我做导演这么多年，还是第一次见到像你这样演技很烂的表演者！”大庭广众之下，谢某感到十分气愤，当场就气咻咻地宣布罢演，回到休息室准备收拾东西走人。经过众人的劝说，贾某觉得自己刚才做得是有点过火，就去休息室找谢某，对他说：“你知道的，人在生气的时候，难免要做出一些出格的事情来，可是静下来想想……”谢某听他这么一说，觉得他知道自己错了，脸色就缓和了下来，静静地等待着他把话说完。贾某却不知中了什么邪，剩下的话竟然吞吞吐吐，半天说不出来，最后突然说了一句：“我认真地想了想……觉得……你真是一个很烂的演员！”此话一出，谢某就涨红了脸，不顾别人的劝说当场宣布拒绝出演这部电影，又向众人宣告和贾某绝交。从此之后，谢某再也没有和贾某见过一次面，当别人提起贾某时，他总是大骂不止。

有很多自以为是的人在和别人交往时，经常伤害对方的自尊心，无情地剥掉对方的面子，当别人出现一些失误的时候，经常用一些尖刻的语言去冷嘲热讽，用如唤小儿的神态去打击对方的尊严，这样做就不只是缺少涵养的表现了，而是为人道德上的严重缺失。其实，只要冷静地思考一两分钟，说一两句体谅的话，对别人的态度委婉一些，就可以减少对别人的伤害，事情的结果也会大大地不同。

在和朋友交往的过程中，我们一定要记住不能触动他们的忌讳之处，做到用心说话，开口的时候多动一下脑子，万万不能伤及别人的面子，给对方的心理带来不愉快，从而令其对自己的印象大打折扣，影响两个人日后的感情发展。

的确，替别人着想是一种美德，是解决问题的首要途径。换个角度来讲，替别人着想，不仅释放了自己，改善了自己的心境，使自己不容易生气，还能减少人际间的矛盾，让彼此关系更进一步。

总之，人都是感情动物，我们要想真正说服他人，“用刑”不如“用情”，多为对方考虑，站在对方的立场说话，对方就会觉得你在为他着想，最终臣服于我们的真情实意。

管住你的舌头，该说不该说要把握分寸

现实生活中，我们常说做人要有分寸感，即对于度的把握，其实语言何尝不是如此呢？在说服他人的过程中，我们的说服能否成功，很大程度上决定于你对“度”的把握。中国有句古话叫作“说者无心，听者有意”，大概就是这一含义——你明明只是无心地说了一句话，却“有意”地伤害到了别人，轻则引起对方的反感，重则给自己引来灾祸。可见，说话是要注意分寸的。尤其是与陌生人说话时，因为彼此不了解，如果不谨言慎行，很容易让对方产生不快的情绪。而从另一个角度说，与人说话，尤其是与陌生人说话时，是要讲究分寸的。只有让对方觉得你是得体的人，才能让对方从心底产生继续与你交往的意愿。

南方某个城市有一名“美食作家”，他经常在文章当中称赞某家饭馆，或者用尖刻的话去批评某些饭馆的饭菜质量。有一次，这个专家在文章中大骂一家饭馆的特色菜色香味俱无，简直就是“喂猪的饲料”。这家老板听说之后，就特地邀请他去试吃经过改良之后的特色菜。没想到，这个美食作家在吃完之后顿时气绝身亡。警方以“谋杀”的罪名逮捕了饭馆的老板。老板对自己的所作所为供认不讳地说：“我和他本来无冤无仇，他却说我们店里的饭菜是喂猪的饲料，就是该死！”这样的回答让人们感到震惊，在感慨之余明白了一个道理：说话不能太尖刻，批评不能太过分，否则。就会给自己带来苦果。

古人说：“言语伤人，胜于刀枪。”刀枪造成的身体上的伤害还有医治的余地，而语言伤害的却是一个人的内心，很可能造成无可挽回的损失。一时的心直口快可能会获得短暂的轻松，但是更有可能招致意想不到的灾祸。人与人之间并没有什么血海深仇，有些人却因为说话不加考虑，用尖刻的话语刺伤别人的自尊，让人下不了台，以致令对方心中生起愤怒之情，做出过激之事。

通过上面的故事，我们可以得知，如果你想在社交场合中成为一个有说服力的人，就必须时刻提醒自己不要犯无心伤人的错误。而要做到这一点，你应该知道以下两点：

1．掌握说话的分寸

要让说话不失分寸，除了提高自己的文化素养和思想修养外，还必须注意以下几点：

①维护别人的自尊心

每个人都是有自尊的，那些有某些显而易见的缺陷的人，自尊心反而更强烈。所以，说话时，一定要留意对方的敏感点，比如对方身材矮小，你就最好不要在谈话中提起身高的问题等。你避开这个话题，会让对方觉得你是个识大体的人，进而对你多了一份尊重。

②客观才能得人心

这里说的客观，就是尊重事实，实事求是地反映客观实际，重视场合、对象，注意表达方式。没有人喜欢与那些首次交往就主观臆测、信口开河的人交往。

③不要让自己过于兴奋

与陌生人说话时，我们提倡的待人接物方式以热情温和为佳，态度保持不卑不亢，切勿太过兴奋，以至于口不择言，伤害他人。

④注意语言的地域差异

不同地域存在不同的文化差异，在某些人看来是很平常的说话方式，却很可能会影响到对方的情绪。因此，我们与陌生人说话的时候，最好仔细思量，用普通话和对方交流。

⑤善意很重要

所谓善意，也就是与人为善。说话的目的，就是要让对方了解自己的思想和感情。俗话说："好话一句三冬暖，恶语伤人六月寒。"在人际交往中，如果把握好这个分寸，那么，你也就掌握了礼貌说话的真谛。

2. 谈话的禁忌

我们要想在陌生人心里建立起良好的口碑，赢得好人缘，就必须知道下面几个谈话的禁忌，从而在谈话中避开这些暗礁：

①别把自己的隐私拿出来大谈特谈

虽说在与人交往时，适当的自我暴露可以拉近与对方的距离，但若你的话题一直围绕着自己的隐私，就会引起对方的反感，觉得你是一个没有分寸的人。

②不要询问别人的隐私

要记住："男不问收入，女不问年龄"是交往过程中的大忌讳。如果你在和陌生人谈话时问起这些，那么，你需要动一个大手术，因为问这些问题是无知和没分寸的表现。

③别总盯着别人的健康状况

有严重疾病的人，如癌症、肝炎等，通常不希望自己成为谈话的焦点对象。不要做个大嘴巴，对初次见面的人说："听别人说，您一直在治疗肝病，是吗？"这样你会成为对方最想痛揍的人。

④让争议性的话题消失

除非你很清楚对方立场，否则应避免谈到具有争论性的敏感话题，如宗教、政治、党派等可能会引起双方抬杠或对立僵持的情况的话题。

⑤不要随便评价别人

如果你实在忍不住要谈论谣言，去找你最贴心的朋友，不要拉着一个陌生人听你絮叨他完全不感兴趣的东西。没有人愿意第二次与一个造谣生事的人交往。

以上列出的忌讳，完全值得我们重视，哪怕只是偶尔犯这样的错误，对方也会以为你是个没有分寸的人。

因此，我们要把握好说话的分寸，管住自己的舌头，知道什么该说，什么不该说，该说的时候说得恰到好处，你才能成为一个会说话、能说服他人的人。

话不要说绝，于人于己都留点退路

人生在世，无论是谁，都避免不了这两条：一为说话，二为做事。生活中我们常说“做事要留退路”，其实我们说话何尝不是如此呢？很多时候，我们与人沟通的目的是为了说服他人接受我们的观点和建议，但即便如此，我们也不能把话说绝，要做到既有条又有理。这其中的条理，即为“度”的把握，也就是人们常说的分寸问题，说话懂得把握分寸，懂得给自己留条退路，这是成功说服他人的前提。

一次，楚王邀请群臣来喝酒，席间，为了助兴，楚王叫来了自己最宠爱的两位美人——许姬和麦姬轮流向各位敬酒。

因为是在室外举办的宴会，所以，当一阵狂风吹来时，在场的所有灯笼和蜡烛都被吹灭了。此时，一个好色的官员趁机摸了许姬的玉手。许姬当然本能地甩了一下手，谁知道，这下子，她一不小心扯掉了这位官员的帽带，然后她匆匆回到座位上并在楚王耳边悄声说：“刚才有人乘机调戏我，我扯断了他的帽带，你赶快叫人点起蜡烛来，看谁没有帽带，就知道是谁了。”

楚王听了，并没有责备那位官员，而是立即令人先不要点蜡烛，并对在场的所有人说：“我今天晚上，一定要与各位一醉方休，来，大家都把帽子脱了痛快饮一场。”

有了楚王的命令，大家只好脱了帽子，这样自然也就看不出是谁的帽带断了。后来楚王攻打郑国，有一健将独自率领几百人，为三军开路，斩将过关，直通郑国的首都，而此人就是当年揩许姬油的那一位。他因楚王施恩于他，而发誓毕生效忠于楚王。

“人非圣贤，孰能无过。”很多时候，我们都需要宽容，宽容不仅是给别人机会，更是为自己创造机会。

诚然，人们常说“凡事要认真”，这原本没错，但我们不可太较真。在说服他人的过程中也是如此，毕竟没人喜欢说话咄咄逼人的人，无论是建议还是批评，点到为止更易让对方接受。为此，我们需要尊重几点说话的原则：

1.尊重对方的想法

不少人常犯的一个错误就是把自己的想法强加给他人，以为对方的想法与自己一致，然而实际情况却并非如此。每个人都是单独的个体，所接受的教育和所处的生活环境都是不同的，因此，与他人沟通时一定不要自以为是，以为自己所想就是对方所想，这样做只能适得其反。

2.说话时先考虑对方的感受

也许你会认为你们已经关系很好，你的做法对方一定同意，但实际上，这只是你自己的想法而已。如果你转换个角度看，会发现你是自私的，甚至无意中伤害了对方。因此，要想让对方真正接受你的想法，你就要懂得为对方考虑。

3.批评也不可伤害对方的自尊心

心理学家分析了这种现象：通常，人对受到的批评有一个“接受限度”，在这个限度之内，一般不会作出反抗；一旦超出这个限度，就会激起受批评者的反击。这个限度包括言语的激烈程度，时间的长短和尊严与人格不受伤害。注重人的这种心理，在表达批评的时候，注意不要超过这个“限度”，适当保护受批评者的情感、尊重他们的人格和尊严。

总之，“话不说满”，是要求我们在说话上把握好分寸，留有余地；而往大的方面说，这是一种适度原则与中庸智慧。因此，不妨从现在开始，在说话时注意分寸，给自己留条后路。

了解人性：人性的弱点是我们说服他人的最佳切入点

生活中，我们每个人都知道一个道理：人无完人，也就是人都有弱点。人性的弱点有很多，心理学家认为，每个人的内心都希望被尊重、重视、赞赏，而不喜欢被否定、批评、责备等。人性的这些弱点，是我们说服他人最好的突破口。毫无疑问，最好的说服其实是自我说服。

人人都希望获得认同——表达你对他的重视和崇拜

心理学家指出，人性中都有这样一个弱点：人们都希望得到他人的认同；那些能力突出的人，还希望得到他人的崇拜。因此，说服过程中，如果我们能表达出对对方的重视和崇拜之情，那么一定能打开对方的心防！

我们都知道，说服的根本就是让对方从内心接受我们的建议的过程，所以，说服当中，攻心为上。真正会说话、懂说服技巧的人都懂得从人性的弱点入手，其中重要的一点是：表达重视，让对方感到自己很重要，这样便满足了对方以自我为中心的心理，也就打开了说服工作的大门。

我们先来看这样一个故事：

从前，一个秀才高中，马上就要到京城做官去了，离别前，他向自己的老师拜别。

恩师对他说："京城不比家里，那里人心险恶，你需要求人办事的地方多了，切记一定要谨慎行事。"

秀才说："没关系，现在的人都喜欢听好话，我呀，准备了100顶高帽子，见人就送他1顶，不至于有什么麻烦。"

恩师一听这话，很生气，以教训的口吻对他说："我反复告诉过你，做人要正直，对人也该如此，你怎么能这样？"

秀才说："恩师息怒，我这也是没有办法的办法，要知道，天底下像您这样不喜欢戴高帽的能有几人呢？"秀才的话一说完，恩师就得意地点头称是。

走出恩师家的门之后，秀才对他的朋友说："我准备的100顶高帽子现在只剩99顶了！"

这个故事虽然是个笑话，却说明了一个道理，那就是谁都喜欢听赞美的话，就连那位教育学生"为人正直"的老师也未能免俗。

生活中，我们在与人意见不合时，不必与之争执，因为你很难占上风，但

若你能抓住其心理特点，表达你的重视和崇拜，采取曲径通幽的方式，那么就会容易很多。具体说来，我们应做到：

1. 说话时态度不妨诚恳一些

每个人都有戒备心理，尤其在没有确定对方的友善之前，这时候如果你太过高调，往往会堵住和别人建立平等互信关系的大门，更别指望对方接受你的观点和建议了。

2. 不要轻易卖弄自己的才华

也许你确实是一位出类拔萃者，你的学历高、技术硬，因而会鹤立鸡群，也许你所要说服的人无法与你比肩，但即便如此，在说话的时候也千万不要卖弄你的才华，否则你根本不可能让对方真的认同你的想法。

3. 重视对方说的每一句话

说服他人的目的在于交流意见、达成共识，只有重视对方说的每一句话，才能赢得尊重。

4. 重复对方的话和对方的名字

可能有些人会问，这是为什么呢？其实很简单，重复对方的话，表明你很在意对方的感受，听进去了他的想法。而不断地称呼对方的名字，往往会使刚认识的人产生彼此已经认识了很久的错觉。

5. 承认对方的能力

这是一种心理策略，因为任何人都爱听赞美与肯定的话。为他人叫好，并不代表自己就是弱者。为他人叫好，非但不会损伤自尊心，反而会让对方接纳你，进而接纳你的想法。

6. 委婉表达你与之不同的想法

你的目的是说服对方，所以表达对对方的重视也是为了让对方接受你的观点；而如果在沟通过程中你得理不饶人，只会事与愿违。为此，你不妨采取一些委婉的方式来表达自己的观点。当然，言语委婉并不容易做到，它不仅需要你懂得如何运用语言，如语气、词汇、句式的选择等，还需要你做到思维敏捷，根据具体的语言环境运用不同的语言。总的来说，把话说得好听一点、委婉一点，往往比直言快语更能起到效果。

总之，我们每个人都希望获得重视，希望被人认可，希望成为焦点，因此，在说服他人的过程中，如果我们能满足对方的这一心理，那么，我们的说服过程一定会事半功倍。

谁都希望获得尊重——提出意见前先表达尊重

每个人都是有自尊心的，也都有着被尊重和被爱的心理需求与渴望。这些被尊重和被爱的渴望，也就是我们常说的“要面子”。生活中，在我们身边，可能你看到过这样的事例：一个男孩和女孩约会，结果男孩临时有事给耽误了，当他匆匆忙忙地赶到约会地点的时候，女孩非常生气，她严厉地说：“你怎么现在才来啊？”男孩一个劲地道歉，女孩不依不饶。男孩有些不高兴地的说：“我不是给你打过电话了吗？”见男孩辩解，女孩气呼呼地说：“你说话不算话，你还是不是男人啊？”男孩把为女孩买的冰糖葫芦狠狠地砸在了地上，扬长而去。很显然，女孩的话严重地伤害了男孩的尊严。

心理学家分析了这种现象：通常，人对受到的批评有一个“限度”，在这个限度之内，一般不会做出反抗，一旦超出这个限度，就会激起受批评者的反击。这个限度包括言语的激烈程度，时间的长短和尊严和人格不受伤害。基于人的这种心理，我们在说服他人、提出意见的时候，一定注意不要超过这个“限度”，适当保护对方的情感和尊重他们的人格和尊严。

陈勇在一家珠宝公司的企划部上班，他做事认真，为人也很耿直，为此，他得罪了不少领导。和他同时进公司的刘鹏进了公司的销售部，但因为一件事，刘鹏却进了公司总部，成了陈勇的上司。

那天，在每月的例会上，宣传部部长决定：“为了促进公司新款珠宝的发售，我决定加大宣传力度，这月月末就在本市的水上乐园举行一次大型展览，希望大家努力办好这次展出。”陈勇一听，觉得荒谬之极，他本来就觉得这个宣传部长太专制，什么事情都喜欢自作主张，也不和其他人商议。这一点，他已经看不惯很久了。他性格太直，当着众人的面，就回了宣传部长一句：“你这太草率了吧，都不作市场调查吗？这可关系到我们公司下半年的销售额和资

金的运转！”陈勇这些话脱口而出后，当时，会场上的很多人都屏住了呼吸。

“你知道什么，等你坐到宣传部长的位子再说！”说完，宣传部长气急败坏地离开了会议室。

但令陈勇奇怪的是，那月的水上公园展览居然没有办，而自己的好朋友刘鹏也爬到了宣传副部长的位子。原来，当时会上，刘鹏也很不同意部长的做法，但是他并没有在会上指出来，而是等会开完了，对部长道出了事情的利害：“我一直都很佩服您，您做事一向都很有魄力，但这次我们推出的是公司今年的主打产品，水上乐园去的一半都是一些孩子，这么昂贵的奢侈品并不太适合在那展出，到时候做了无用功就不好了。”部长一听，刘鹏说得没错，并向总部推荐刘鹏担任副部长，做自己的左右手。

针对同一件事，两种不同的说话方式，导致了不同的结果和职业命运。有时候，说话不能太直。面对领导的错误决定，陈勇开门见山地提出了反对意见，让领导在众人面前下不来台，身为领导的尊严受到了损害，领导自然很生气。而与之相对的，刘鹏的做法明显好得多，他先赞美领导，肯定了领导果断的行事作风，这至少让领导觉得自己的能力是被肯定的，这样，在听取意见的时候，也自然更容易接受了。

俗话说：“树怕剥皮，人怕伤心。”人都有自尊心，人们不但怕受到批评，更怕自尊心受到伤害，由此可见，批评别人的时候一定要把握好这个度，不要随便去伤害别人的自尊。

那么，如何做才能让你的批评不会伤害到别人的尊严呢？

1. 对事不对人

往往很多时候，我们能接受自己不会做事，却不能接受不会做人。在批评别人的时候，很多人不注意，稍不注意有了人身攻击的言语，结果遭到对方的反击。因而，言语上一定要注意，要针对对方犯的错误，不要针对人。比如，你可以说“你不应该这么草率”或者是“这样做大错而特错了”，而不要说“你是白痴”等。

2. 注意场合

人都好面子，都希望能在别人面前留个好的印象。因而，在批评别人的时候，一定要注意场合。一般情况下，在人多的时候不宜表达批评，即使表达也要单独进行。尤其是批评男人，在人多的场合，即使再平和，你的态度、措辞与现场气氛也会受到对方的反击。对方受到的伤害不仅源自你的批评，更源自别人的嘲笑和议论。

3.讲求实事求是

如果一个人真的犯了错误，那么受批评也是情理之中的事情。但是如果你没有任何的证据，就对别人大呼小叫，试想，谁愿意受这个冤枉呢？对于大多数人来说，受批评是小事，被冤枉却是大事。比如，你的钱包丢了，你怀疑是舍友拿的。在没有人证的情况下，最好别询问和指责。

心理学专家研究表明：每个人内心都希望人格得到别人尊重，即使是犯了错误也不例外。这时候，倘若能委婉一些，把尊重送达出去，别人内心多会因为感激而顺从，而不是因为不满而对抗。因而，在表达批评的时候，要委婉一些，避免伤害对方的自尊。

人们都有表达的欲望——鼓励对方多说

生活中，在与人沟通这一问题上，很多人存在这一心理误区：他们认为，说得多就是有口才的表现；同时，为了使他人接受自己的观点，他们总爱侃侃而谈，甚至口若悬河。殊不知，无休止的话只会让别人反感。我们真正要做的是尽可能多地让对方说，给对方创造说话的机会，把自己变成以听为主的听众。每个人都有表达的欲望，鼓励对方多谈论自己，这样才是把握了真正的话语主动权。

因此，我们想要顺利达到自己的目标，就得掌握奥妙的人性心理，并通过语言成功操纵对方的心理。如果我们能在说话前先倾听，找到对方的需求，那么，对方便会自发地认同我们。

刘华在一家大型图书卖场工作，她很热爱这份工作，不仅因为她在没事的时候可以看各种图书，还因为她为很多读者推荐了适合他们的书籍。

有一天，卖场来了一位30岁左右的男人，他的脚步停留在一堆心理学书籍

旁。这时候刘华走了过去，打招呼说："您好，先生，您是要购买关于心理学的书吗？"

客户回答说："我随便看看。"刘华知道客户不愿意跟自己说话，于是，她站在一旁，并没有多说什么。这位先生又在心理学书籍书架旁翻阅了很久，不知道究竟买哪一本好，显得左右为难的样子。此时，刘华觉得时机已经成熟，于是，她再次走过去，对那位先生说："先生，请问您想购买什么样的书呢？"

客户："我想买一些心理学的书看看，但是我不知道该买哪一本好。"

刘华："是啊，现在的心理学书太多了，不知道您购买心理学书籍是出于爱好，还是其他原因呢？"

客户："其实，我购买心理学书籍有很多因素。我本身就比较喜欢这类的书，以前读书的时候错过了很多好书，现在想再买点这方面的书看；另外，我现在的工作也需要掌握一些心理学基础知识。但我对心理学知识是一窍不通。"

刘华："要是这样的话，我建议您买一些心理学基础知识，先了解一下，这本《心理学基础》就很不错。等您了解了基础再买别的吧，因为心理学非常难，买得太难了，根本看不懂，还会给自己造成心理阴影。"

最终，客户选了一本《心理学基础》，高兴地离开了。

我们发现，案例中的图书销售员刘华是个善于把握客户心理、找出客户真实需求的人。刚开始，在客户刚刚光临的时候，她热情的帮助被客户拒绝后，她并没有继续"纠缠"客户，而是等客户真正需要帮助的时候再"出现"，在得到客户肯定的回答后，她开始一边倾听，一边引导客户继续说，进而逐渐让客户主动说出自己想购买的书籍类型，从而很好地帮助顾客作了决定，完成了销售的目的。

那么，具体来说，我们应该如何鼓励对方多说话，进而满足其表达欲望、挖掘其真实心意呢？

1.集中精力，专心倾听

这是达到良好的沟通效果的基础，当然，要做到这一点，你就应该作足充分的准备，这不仅包括身体上的，还包括心理上的。在交谈中表现得无精打采、情绪消极等，都会使得倾听收效甚微。

2.不随意打断对方谈话

任何一个人，都不希望自己说话情绪正高的时候被人打断，一旦打断对方说话的积极性，那么，沟通就可能陷入瘫痪状态，无论你说什么，对方也很难听进去了。

3. 注意对方的反馈

所谓对方的反馈，指的是对方发出的、能给我们识别的信号。比如，对方的某些动作，摇头、皱眉等，都带有一定的含义，需要我们认真观察和感受，在此之后，我们便能调整自己的话题；反之，如果我们没有识别出对方的这些信号，就会造成沟通障碍。

4. 适当发问

对方说话时，原则上不要去打断，可是适时地发问，比一味地点头称是更为有效。一个好的听者既不怕承认自己的无知，也不怕向说者发问，因为他知道这样不但会帮说者理出头绪，而且会使谈话更具体生动。

可以提些诸如“你认为这就是问题所在”“你的意思是……”“你能说得明白一些吗”等问题。这些提问有助于你获得更多信息，并理解问题的各个方面。

5. 澄清对方的谈话

在倾听完对方的谈话后，我们要给予反馈，向对方阐明你是如何理解他的意图的。你可以使用这些话语：“我刚才听你说……”“我理解你主要关心的是……”或者“……我说得对吗？”

大多数人认为好的说服口才就是拥有一副三寸不烂之舌，而不懂得他们更应该做一名最佳的听众。如果我们不善于倾听，就容易造成误解，甚至会因为我们无法把握对方的真实需求，而与对方的真实意图背道而驰！

当然，要想真正说服对方，最好还应在沟通前花费一定的时间和精力对对方的具体情况进行研究，这样在说服过程中才能有的放矢。

人人都喜欢争辩——让对方在辩论中做“赢家”

心理学家指出，喜欢争辩是人的天性，因为人们都希望自己的意见被认可、观点被认同，自以为是是大多数人浑然不自知且难以更正的弱点。这为我

们参与人际沟通、说服他人提供了心理学依据，也就是说，要想真正说服他人，我们不妨放低姿态，“故意”让对方在争辩中做个赢家，满足其虚荣心，这样，说服工作便能顺利进行。

小王是一家药品卖场的导购。有一天，有位顾客前来买药。

小王：“先生，请问您需要购买哪方面的药？”

顾客：“都有哪些胃药？”

小王：“我们这里胃药很多，不过我推荐您购买A厂生产的胃药，这是市场上很畅销的品种。”

谁知，这位顾客撇撇嘴，冷笑一声：“这种药品只能去蒙普通人，这厂家用的药材都不是从正道上进的，质量差得远了。我还听说几个月前，这个厂因产品出现质量问题，差点被告上法庭。你说，这种产品，我敢要吗？”

小王一听，知道遇到内行了，她立刻改变策略，恭维道：“您真行！这么内幕的事都能知道，跟您相比，我们导购真是井底之蛙了。”

顾客：“那是！我代理过某药品好几年了，医药行业的这点破事，哪能逃过我的耳朵！”顾客得意洋洋。

小王：“原来是老前辈！刚才我还跟您荐药，真是班门弄斧了。那您觉得用哪个厂生产的药才放心？”

顾客：“告诉你，B厂生产的药比较可靠，他们靠近原料产地，厂长为人也实在，估计B厂生产的药品不会差到哪里去。”

小王趁机说道：“跟您聊一会，真长见识！你要几盒？我给您拿去。”听罢，顾客痛快地要了两盒。

顾客离开前，小王还不忘恭维道：“以后，您要常来药店指导工作呀！”

每个顾客在购买前，都会对所购买的产品进行一番了解，这是人之常情。一般情况下，这也是能为导购所应付的。但如果导购遇到的是像案例中这种对产品有很深研究的顾客时，我们就要改变销售策略。案例中的导购就是利用了顾客的这种优越感，对顾客进行了一番投其所好的恭维。因为专业型顾客自己心中有数，基本上不会听导购的意见；与其费尽口舌荐药，还不如以请教的姿态主动倾听顾客的见解，满足其心理。只要掌握好专业型顾客的心理，买卖同样能做成。

那么，在具体的说服过程中，我们该如何让对方赢得争辩呢？

1.处变不惊，冷静应对

一般来说，人们在争辩中都会表现出一副盛气凌人的姿态，都希望通过滔滔不绝的陈述来压倒对方。此时，你一定要冷静，绝不能畏首畏尾，不与之辩论，要知道，一开始就承认自己失利，会让对方质疑你的动机。当然，我们依然要把握与对方辩论的度，我们的最终目的是说服对方接纳我们的观点，如果惹恼了对方，那么，接下来的说服工作就很难开展了。

2. 表达敬佩，满足其狂妄的心理

比如，作为销售人员，当顾客叙说的时候，我们可以对他们渊博的学识表现出敬佩的样子，这不仅能让他们狂妄的心理得到满足，也会令他们为了表现自己而向我们传授更多知识。

3.适时放弃“观点”，让对方认为自己辩论成功

正如案例中的导购员小王一样，当我们发现谈话趋势明显偏向对方时，便可告诉对方：“好吧，我认可您的想法。”当然，这里我们放弃的“观点”只是一个诱饵，并不是我们的最终目的。

4.表达认同，但要先停顿一下

当对方讲完以后，你不要凭自己一时高兴，想到什么就说什么，而应该先暂时停几秒种，以确保对方已经讲完你再说话，否则，假设对方只是暂时停顿整理思绪，那么，很明显，你只会让对方心生反感。同时，这样做，还有另外两个好处，第一，你的沉默表示你对对方刚刚所说的话非常重视，对对方的言论表示慎重，这是一种最大的恭维；第二个好处就是给自己留下思考的空间，可以准备应对对方的发话。

5.适当使用讨教的语气求教

我们可以降低姿态，以讨教的语气进行交流，比如，你可以问对方：“请问，您刚才说的电脑的配置，指的是哪些方面呢？”如此讨教，一来体现出你在认真倾听，二来可以满足对方好为人师的心理，以此来促成销售。

西方有句格言：“请用花一样的语言说话。”自以为是是人性的弱点，在说服他人时，如果我们以说教的方式劝对方接受我们的意见、放弃自己的想法，恐怕是难以起作用的。如果你想获得成功，不妨让对方在辩论中胜出，并

多说些甜言蜜语，使你的语言像花一样绽放，让对方的心情愉悦起来，与你进行一个很好的交流，为说服成功奠定一个好的基础。

谁也不喜欢承认错误——间接指出他人的错误

心理学家研究表明：人的内心有一个自我评断的机制，当犯了错误的时候，会受到良心的谴责。这时候，其内心更渴望别人的谅解，以及迅速地走向正确的路。在指出他人的错误时，如果你能点到为止，则会让对方觉得你很尊重他；反之，你的指责会引起对方内心的抵触和对抗，还有可能令其在逆反心理的作用下，继续坚持自己的错误，这与批评教育的目的大相径庭。因而，我们在表达批评的时候，应做到间接委婉。

我们来看看玛姬·贾可布太太是怎样让那些行为懒散的建筑工人养成良好的事后清理的好习惯的。

贾可布太太请了几位建筑工人来加盖自己的房间，刚开始几天，当贾可布太太回家的时候，她看到被弄得乱七八糟的院子和四处可见的木头屑时，确实有点生气。但是她并没有直接表达出来，因为这些工人的技术确实不错，贾可布太太不想让工人们产生反感的情绪而影响工作，所以她想到了一个解决的办法。

这天等工人们离开后，她叫来孩子们，大家一起把那些木屑清理干净，然后堆在院子的角落里。第二天早上，当工人们来开工的时候，她把工头叫过来，对他说："你们昨天离开之前把这些木屑清理干净，我很高兴，这样那些邻居们终于不跟我抱怨了。"从那天以后，工人们每天在完工之后，都会主动把那些木屑堆到院子的角落里，工头也会监督这些工人每天这样做。

从这则故事中我们可以看出，委婉间接地提出别人的过失，要比直接说出来温和得多，而且，这样不会让别人产生反感的情绪。

在生活中，这样的例子非常多。小王是一名商场销售主管，她每天都要在商场里巡视。一天，她在例行巡视时看到一位顾客站在柜台外面，面前却没有售货员招待她。原来售货员们都在不远的地方说笑，没有注意到这位顾客。小王没有责怪售货员，而是默默走到顾客面前招待起她来。小王的这种做法使那些售货员注意到了自己的失职，他们马上过来积极地招待顾客。彼此之间没有直接严厉的批评，也没有因为逆反心理而产生对抗情绪，小王委婉的指正让下属认识到了自己的错误。可见，委婉的指正胜过直接的批评。

那么，在批评别人的时候，如何才能做到委婉一些呢？

1. 夸赞对方还没形成的优点

夸奖对方还没有形成的优点，是一种不满情绪的表达，是一种赞扬性的批评。因为你在这方面没有优点，甚至是严重的失误，是不可弥补的缺点，本应该受到批评，却受到了表扬，而且缺点成了优点。乍一听是在赞扬，实际上传递的却是不满。别人只是在强调这些方面，希望能引起你的注意。

2. 肯定对方的积极态度

不管对方是犯了错误，还是失败了，别人的努力付出是抹杀不掉的。这时候，与其去指责别人，倒不如积极肯定对方的积极态度，让他更加有信心。比如，代表班级参加比赛的同学没有拿到名次，不要怪罪他能力不行，而要肯定他的努力付出。这样，对方内心的愧疚和难受也会得到适当的减弱。

3. 批评同类错误来加以影射

当别人犯了错误，你又不好意思直接指责和批评的时候，不妨批评和对方所犯的错误同类性质的错误，把你的不满和指责委婉地传递给别人。因为没有所指，所以没有针对性，即使对方不愿意听，或者是有想法，也不会有直接的反击。但是，由于所批评的错误和对方有同类性，所以即使是最不开窍的人，也能感受得到这份责备。

4. 把你的希望表达出来

即便别人的表现与你期望的还有一段距离，这时候也不要责任别人，而应在肯定对方的同时，把你的希望和寄托说出来，让对方明白自己还有多远的距离。比如，孩子的字写得很难看，你与其指责，不如说："你已经写得不错了，要是再耐心一些、认真一些，效果会更好。"这样，你的鼓励会让孩子更加有信心。

有位心理学家曾说过："一个批评与被批评的过程是批评者与被批评者在思想、感情上的相互交流与认同的过程。"这种情况下，如果不小心，可能

会使对方很难堪，破坏交往的气氛和基础，并因此带来一系列严重的后果。所以，即便必须指出别人的错误，也不可太过直接，间接委婉的表达或许更能让对方认识到错误。

内心总有点英雄情结——激发他人内心高尚的动机

自古至今，英雄神话中寄托了人类对超越自身的美好期望。生活中，有许多的不足甚至是缺陷，很多人在遭遇不幸的时候，总希望英雄出现，于是，人们通过各种衍生方式扮演英雄角色。可以说，我们每个人都或多或少有点英雄情结。正因为如此，在说服他人的过程中，我们可以利用人性的这一特点，想要让对方接受我们的意见的话，不妨激发他产生一种高尚的动机，这也是一种恭维。比如，我们可以给对方一个超过事实的美名，让其自我感觉良好。这样在我们跟他说话的时候，他就会在心里认定自己是很值得人尊敬的人，对于你的请求，他又怎么好意思拒绝呢？

一位妇女抱着小孩上火车，车上位子已经坐满，而这位妇女旁边，却有一位小伙子正躺着睡觉，占了两个人的位子。孩子哭闹着要座位，并指着要他让座。小伙子假装没听见。这时，小孩的妈妈说话了："这位叔叔太累了，等他睡一会儿，他就会让给你的。"

几分钟后，小伙子坐起身来，客气地让了座。

这位妇女无疑处于"求人"的地位，她能靠一句话求人成功，聪明之处在于以一个"礼"字把对方架在了很高的道德位置：他应该休息，而且他是个好人，因此如果他不"睡"了，他会主动让给你的。显然，一个再无礼的人面对这样的礼貌也不会无动于衷。

可见，所谓的给对方一个高尚的动机，其实就是"抬高对方"，就是"捧"，当然，这种"捧"是恰到好处、实事求是的称赞，并不包括那种漫无边际、肉麻的吹捧。

求人办事时，我们不妨也采取这一方法。人一旦被认定其价值，总会喜不自胜，在此基础上，你再提出自己的请求，对方自然就会爽快地答应下来。心理学家证实：心理上的亲和，是别人接受你意见的开始，也是转变态度的开始。由此可知，求助者要想在求人办事的过程中取得成功，一个行之有效的方法就是给予被请求者真诚的赞美。那么，我们该怎样捧高对方呢？

1. 不露痕迹地夸大别人的优点

抬高别人，难免要说一些奉承之话、恭维之辞，把对方的优点加以拔高、放大。这样的话有明显讨好之意，因此，我们在抬高别人的时候，一定要说得巧妙，最高明的做法是自然而然，不露痕迹。

2. 了解对方，给对方戴一顶最适合的“高帽子”

每个人都有其最自豪的地方，我们抬高别人之前，要先找出对方最值得赞扬的地方，然后加以赞赏，如此，必然会得到他的好感，再要说服他，或者请他帮忙，也就不再是难事了。

3. 示弱法激发对方的保护之情

“英雄主义”情结浓厚的人都希望自己能充当英雄的角色去帮助和保护他人，为此，我们可以适当示弱来让对方伸出援助之手。我们可以用商量的口吻向对方说出自己要办的事，可以装作自己没有任何把握，将建议与请求等慢慢表达出来，给对方和自己留下一条退路。比如，你可以说：“这件事我办起来很困难，我听说您在这方面很擅长，你试试如何？”

我们在说服他人时，如果能激发对方的英雄情结，让其喜不自胜，在此基础上，你再提出自己的请求，对方自然就会爽快地答应下来。

第十一章

分析性格：面对不同人选择不同说服技巧

生活中，我们都知道一点，不同的人有不同的性格，也就有着不同的处事和说话方式。有的人沉默寡言，有的人大大咧咧，有的人暴躁易怒……而我们每个人都不可避免地要与各种性格的人打交道，为了获得他们的信任与合作，我们更要说服他们。这就需要我们运用不同的说服技巧，懂得学会调整状态，适当改变交流方式，才能扫除沟通中的障碍，从而收到有效的沟通效果，达到我们最终的说服目的。

沉默性格的人，如何打开他的口

在人际交往中，在众多的说服对象中，有这样一类人，他们让人感到苦恼：无论我们说什么，他似乎总是把自己和我们隔离开来，对我们的热情视而不见；无论何时总是保持沉默，让我们找不到交谈的“突破口”，更别说说服他们了。然而，人都是有好奇的天性的，一旦有了疑虑，非得探明究竟不可，即便那些沉默型的人也是如此。因此，我们在与这一类型的人沟通时，可以适当激发其强烈的兴趣和好奇心，在适当的时候解开悬念，使对方的好奇心得到满足。

一个衣着朴素的老人走进一家工艺品商店，他的年纪大概有七十来岁，在一个漂亮的音乐盒面前停了下来，看了又看。

销售员：“老爷爷，您想买点什么啊？”

客户：“……”

销售员：“您是喜欢这个音乐盒吗？”

客户：“嗯，喜欢。”

销售员：“喜欢就买回去吧。”

客户：“……”（走到另一副工艺品面前驻足）

销售员：“这个也很漂亮。您想选一个礼物对吗？”

客户：“嗯……”

销售员：“想送给谁呢？”

客户：“想送给老伴儿，明天是我们结婚五十周年纪念日。”

销售员：“是吗？您老伴儿真是幸福，有这么贴心的丈夫，真是让人羡慕。您刚才看的那个八音盒就很适合啊。您看，它打开之后是爱神丘比特。如果您送给老伴儿，她一定非常喜欢。我还可以免费给您做一个漂亮的包装，您看好吗？”

客户：“真的适合吗？”

销售员：“这里还有您更加喜欢的是吗？没关系，您选择任何一个都可以免费给您做漂亮的包装。”

客户：“我还是喜欢那个音乐盒。”

销售员：“我也看它最合适了，那么我们就把它包装起来，好吗？”

客户：“嗯。”

情景中的老年人是比较沉默的，他想给老伴儿买礼物，可能由于性格关系，他不怎么爱说话，但销售员依然将产品卖出去了。销售员之所以能做到，是由于她具备良好的观察能力和思考能力，抓住了老年人的购买心理。

有些人说，人际交往中最难的就是和沉默寡言型的人打交道，的确，这些人性格内敛，不善言谈，我们很难获知对方的信息，也就很难说服他们。然而此时，如果我们能利用人们的猎奇心理，那么对方是愿意打开心扉的。具体来说，我们需要做到：

1. 先从情感上关心对方，打消他的抵触心理

我们在和对方交谈之初，先不要提及我们想要说服的目的，而应先与其寻找共同感兴趣的话题。在只是聊天的情况下，更易发掘出双方心灵的交通之处，博得相互之间的认同，只要对方认可你，自然就愿意听你诉说了。

日本著名的保险销售能人山田正皓接受一家杂志的访问时曾说：“与客户接触时，一走进门，要让客户感觉舒服，而不要让其感觉到压力，他们就会和你建立长期的业务关系，他们会逐渐喜欢上你、信任你……”山田正皓在销售过程中总是竭尽全力地鼓励和关心客户，使客户感到温暖，把他当成知心的朋友，这对他的销售工作发挥了积极的作用。20多年来，他因业务关系结识的朋友超过数千人，而且大部分都保持着联系，这又为他的销售工作产生了不可估量的推动作用。

2. 认真倾听，鼓励对方多说

要想让沉默性格的人对我们掏心掏肺确实难度很大，但是我们依然可以鼓励其多说，进而从其零星的话语中找出其心理诉求，这就需要我们懂得如何倾听：倾听时绝不可左顾右盼、心不在焉；倾听时要懂得反馈，向对方表明你对其情感的理解；可以适当地重复对方的话，这表明你正在认真听。

3.制造悬念

一般情况下，我们对于生活中的很多事情、很多现象已经是司空见惯了，但如果有一天你被告知完全不是如此的时候，你会不会感到好奇呢？当然会，你一定想知道问题出在哪里。比如赵本山的小品《卖拐》，就是一句你的腿有问题，吸引了范伟的好奇心，结果成功地忽悠了范伟。当别人的注意力集中在你的身上的时候，只要你自圆其说，找一套说辞安在对方的身上就可以了。当然，这样做的目的是要对方对你的话感兴趣，所以，无论怎么说，最终要和你要说服的主题联系到一起。

4.只提供部分的信息，吊对方的胃口

有时候，你对别人说了上半句话，对方也许会觉得自己下半句；但是，如果你突然停住不说了，那么对方就会被激起很强的好奇心，想知道后半句到底是什么。这就是好奇心作祟的结果。我们在与沉默性格的人交谈时，也可以留一部分，给对方制造一种想要了解的好奇心。当这种好奇心在对方的心里不断地翻起来的时候，对方也许就会接纳你的建议。他们这样做或许只是为了知道后半部分的详细消息。

可见，对于那些总是不言不语的沉默型的人，如果我们能巧设悬念，利用对方的好奇心理，是能让对方开口的，并且，成功说服对方也不在话下！

面对爱挑刺的人，我们要顺从忍耐

在与人沟通的过程中，我们会遇到这一类人：无论我们提出什么论据，对方总是能挑出毛病和漏洞，似乎总是与我们对着干，也总是想压制我们的意见。此时，我们要明白，与对方争论谁对谁错没有意义，我们的目的是说服对方接受我们的意见，所以，只要我们达到我们的说服目的，我们就是赢家。在这样的心态指引下，其实我们是可以让一步的。因为面对这类专制挑刺的人，最好的办法就是忍耐和顺从。

一位小姐在一家化妆品专卖店选购粉底。左挑右选后，她终于选中了，并

且好像很满意的样子。

顾客："我可以试用一下这款粉底吗？"

销售员拿出试用装："来，我帮您擦。"

顾客："这粉底多少钱？"

销售员："120元。"

顾客："那么贵，能少一点吗？"这时，她开始以挑剔的眼光打量着脸上的试用装。

销售员："我们专卖店的每一款产品都不打折。"

顾客："粉色是不是有点暗了？而且粉质那么粗，一点也不细。"

销售员："不会，这颜色很适合小姐的肤色。如果您觉得有点粗，我给您拿一款更细的。这是我们这儿最好的一款粉，粉质特别细，您再试试吧！"

顾客开始试用："怎么粉和粉扑都没有分开啊？这很不卫生的，而且包装也很难看。"

销售员："小姐的意见提得真好，我们也向厂家反映过这个问题，但重新换包装需要时间，而且很多人都用习惯了。要不您看看其他几款分开的，粉质也挺细的。"

顾客："我还是觉得粉质有点粗。"

销售员："小姐如果喜欢的话就拿一盒吧！它的粉质也非常好，是我们这儿较高档次的产品，又符合您的要求，外观也很漂亮。 而且我们这款产品销量一直都很好，很多像您这样的漂亮女孩都在使用这款产品。"

顾客："价格能再低点吗？"

销售员："价格方面是比其他产品贵了点，但一分钱一分货，而且，一盒粉就算您天天用，至少也能用半年，每天才不过两毛钱，算下来也不太贵。"

顾客："那好吧，我也不讲价了，就要这款了。"

这则销售案例中，这位顾客之所以对产品挑剔，其实是有原因的——她认为产品太贵。而这位销售人员无疑也是聪明的，她并没有花过多的时间与顾客周旋于产品价格，而是强调产品的效果，最终劝说成功，达成购买协议。

那么，在说服过程中，我们到底该怎样与这类挑剔专制的人交谈呢？

1. 保持良好的态度，不与之争论

无论对方提出多少反对意见，我们都要保持良好的态度，不必与之争吵，因为一旦彼此产生冲突，我们的说服工作就只能中断。

2. 找准对方挑剔的原因

对于这类本身个性就爱挑刺的人，需要我们有良好的分析能力，能够从对方的反对意见中找出关键问题加以重点解决。关键问题，也就是那些对对方来说最重要、本身最关心、与其关系最密切的问题。只要你真正弄清了对方担心的问题，并采取有效的方法加以解决，就真正打破了阻碍我们说服的障碍。如此一来，说服对方也就更加容易了。

3. 先肯定后否定

对于对方的挑刺行为，我们要礼貌应对，但这并不意味着我们要一味地顺从对方。此时，我们不妨用婉转或者先肯定后否定的方式，例如，当你想说服一位客户，而对方对你的服务或是产品产生误解时，你可以说："您说的没错，不过……"这样一来，既表达了自己的意思，又维护了相对良好的谈话氛围。最重要的是，你没有和对方产生语言上的冲突。

总之，对于那些爱"挑刺儿"的人，我们在与之交谈的时候，营造良好的沟通氛围是非常重要的。在此基础上，我们还需要想方设法地解决对方提出的问题，只有消除了对方的疑虑，说服工作才能真正顺利地进行下去。

"吃软"的人，说点甜言蜜语俘虏他

我们都知道，对于说服而言，最重要的是巧妙攻心，的确，只有把说服的话说到对方心坎上，才是真的说服。想要攻心，就必须做到到什么山，唱什么歌，我们要针对沟通对象的年龄、性别、职位等的不同，采取不同的沟通策略。我们发现，有这样一类人，他们看上去比较"强"，但很多时候是因为过度自卑，与这种人交往，你若"以硬对硬"，对方往往会觉得你不顾及面子。其实，在这种人面前，不如"示弱"，反倒能一举拿下。

清代以才智过人著称的纪晓岚，曾经就采用这一方法绕开了乾隆皇帝给他

出的难题。

有一次，乾隆皇帝闲来无事，想测试一下纪晓岚到底有多聪明。

于是，他将纪晓岚传进宫，然后对他说："纪晓岚！"

"臣在！"

"我问你，何为忠孝？"

纪晓岚说："君叫臣死，臣不得不死，为忠；父叫子亡，子不得不亡，为孝。合起来，就叫忠孝。"

"好！朕赐你一死。"纪晓岚一听，不知乾隆皇帝为什么会这么说，但他猜想，皇帝肯定是在开他玩笑，但君无戏言，也不能不遵命，于是，他只好谢主龙恩，三拜九叩，然后走了。

乾隆皇帝也傻了，这一个玩笑，不会真的要了纪晓岚的命吧？回来的话，就是欺君之罪，是死；不回来，也是一死，这么一个聪明的纪晓岚，死了该多可惜。他想，"我倒是要看看，你今天怎么逃脱！"

半柱香的时间过后，纪晓岚气喘吁吁、面带悲色地跑了进来，扑通一下就跪在了乾隆皇帝的面前。

看到此情此景，乾隆皇帝故作生气地说："大胆，好个纪晓岚！朕不是赐你一死吗？你为什么又回来了？"

纪晓岚说："皇上，微臣原本真的打算去死，正当我准备跳河时，屈原居然从河里跳出来了，他很生气地告诉我，纪晓岚，枉你还是个读书人，怎么这么糊涂！想当年我投汨罗江自杀的时候，是因为楚怀王昏庸无道；想当今皇上皇恩浩荡，贤明豁达，你怎么能死呢！我一听，就回来了。"

最后，乾隆皇帝不得不解嘲地说："好一个纪晓岚，你是真能言善辩啊！"

即使乾隆皇帝知道纪晓岚说的是恭维话，他也仍然按照纪晓岚的话在心中给自己定位了：一个贤明的君主。纪晓岚看似愚钝，执行了乾隆皇帝的"赐死"，其实利用了每个人都爱听恭维话的特点，为自己解了围。

很多时候，针锋相对只会加剧对方的反感和排斥心理，其实，只要我们能主动服软，就能化解争端。示弱是一种把优越感让给他人的表现。那么，我们该如何把优越感让给他人呢？

1. 扬人之长，揭己所短

使用这一说服术的重心在于不着痕迹地、不卑不亢地把心理优势让给对方，从而潜移默化地达到我们的目的。

从前，有个做皮革生意的精明的商人，他尤其擅长卖皮鞋，同一时间内，若别人卖一双，那他一定能卖好几双。同行的人都感到很诧异，想跟他学点经验，没想到他只说了五个字："要善于示弱。"

这五个字让大家丈二和尚摸不着头脑，于是，他解释说："你们发现没，有时候一些顾客来店里买鞋子，他们刚开始并不会找合适的鞋子上脚试，而是先东挑西捡，先对我们的鞋子评价一番，而这些评价多半都是不好的，好像他们才是设计师、专家。其实我们自己也清楚，他们只不过是希望在看到合适的鞋子的时候便于讨价还价，最终以便宜的价格买到产品。那么。我们就不能扫顾客的兴，而应该学会顺应他们的思路，多恭维他们，说他们很会选鞋、挑鞋，自己的皮鞋确实有不足之处等。比如，款式不够新颖，但绝对是经典款，鞋子底不能踩出响声，但很软和、很舒服等。也就是说，不能将自己的产品说得一无是处，找几点你认为的这双鞋子所具备的优点，也许这正是他们瞧中的地方，可以使他们动心。他们花这么多心思、费这么多唇舌不正是证明他们很们喜欢这双鞋吗？善于示弱，满足了对方的挑剔心理，一笔生意很快就能成功。"这就是他卖鞋的妙招。

这里，这位商人之所以能生意兴隆，主要是因为他抓住了客户爱挑剔的心理，懂得示弱。客户挑剔鞋子，实际上是满意鞋子存在的某些优点，如果我们面对客户的挑剔采取反驳的态度以证明产品的可靠，也许我们保住了产品的名誉，但同时也失去了一个客户。

同样，在说服中，如果我们死守自己的立场，不肯示弱，估计迎来的不是说服工作陷入僵局就是以失败告终。

2. 硬话软说，不卑不亢

其实，在这里，我们所说的示弱并不是真的在示弱，也并不是非得以眼泪搏得对方的同情，而是运用一种说话的技巧，以达到我们的说服目的。在生活中，我们常常会听老人们这样说："软刀子更扎人！"也就是说，我们在说服过程中，要硬活软说，同时，我们的态度要不卑不亢。

总之，如果我们所说服的对象是服软的人，那么，我们说话不可太强硬。要想让交谈结果朝着我们希望的方向发展，就需要学会适当示弱，激发起对方内心的同情心，令其放松警惕的心理。如此，我们就掌握了交谈的主动权，从而成功达到我们的说服目的。

暴躁易怒者，如何平息他的怒气

人际交往中，我们总会接触到不同性格的人。些人性格急躁、脾气火爆，在与人沟通的过程中，他们总是显得不耐烦、不够配合，很容易导致沟通时气氛紧张。说服这样的人，常常令我们感到头疼，毕竟脾气暴躁的人不易相处。但如果我们善用说服术，具备巧妙的沟通技巧，懂得选择适当的方式来平息对方的脾气，那么即便面对脾气再差的人，我们也能应付自如。我们先来看看下面的场景：

张菲是一家商场电子产品专区的销售员，服务态度一直很好。

一天，一位先生气冲冲地找到张菲，说起了前一天在张菲这里购买的mp3：

客户："你昨天卖给我的是什么mp3，根本就放不出声音嘛。你们卖的这是什么产品？质量也太差了。"

销售员："真是太抱歉了，本来买东西是一件很高兴的事情，没想到却给您的生活添了麻烦。真是对不起。请问产品哪里出现了问题？我可以帮您进一步地解决。"（连忙放下手头的工作）

客户："我下载了歌儿，可根本没有声音。"（态度稍有缓和）

销售员："是吗？那我们来现场操作一遍看看，和您一起找找原因。"

张菲让顾客在现场操作了一遍，结果他发现了问题，原来顾客的耳机根本没插好，自然听不到声音。

客户："这，真是不好意思。"（一脸歉意）

销售员："不，是我昨天没问您安装好，责任在我。如果您在使用过程中发现有什么不懂的地方或是什么问题，尽管来找我。"

第二天，这位顾客又来找张菲，不是为了别的，而是又买走了一个mp3。

在说服他人的过程中，如果我们交谈的对象是脾气暴躁者，那么，我们最忌讳的就是与对方对着干，言语上冲撞他，出言不逊。若我们只顾图一时之快，只会让说服难度加大。

生活中，可能我们有时候会刻意地避开脾气急躁的人，或者在他快要发作时及时刹车，但是我们可以和这样的人不打交道吗？当然不可能。我们生活在这个社会中，就是要和各种各样的人打交道，并且要学会说服各种各样的人，那么，我们该怎样说服性格暴躁的人呢？

1.用真诚换取真诚

要想表达真诚，最主要的还是在言辞上，要诚恳一些、热烈一些，用你内心迸发的热情来感染对方的情绪。其实，从心理学角度看，真正有效的沟通必须是潜意识层面的，因为它在沟通中所占的份额是绝大多数的，也就是说，只有真诚地与对方沟通，才能换取他的信任和支持。

2.双向交流

脾气暴躁型的人虽然喜欢操控，但他们并不是不讲理，因此，与他们交流，你应该做到“坚持”，在听取对方的意见后，你应该表示感谢，然后对于你不同的意见，你应该有理有据地进行反驳。如果你真的驳倒了对方，那么，他一般都会对你刮目相看。

3.避免争吵

任何交流，一旦转化为争吵，就会影响双方情绪，最终导致“双输”，另外，脾气急躁的人，一般自尊心都会比较强，他们不会承认自己是错误的。因此，你不妨大度一些，尽量避免争吵。

4.注意聆听

与人沟通时，不能一味地“说”，还要“听”，尤其是这类脾气急躁的人，他们更喜欢倾诉。当然，我们“听”时，也不只是简单地带着耳朵听，还需要把对方倾诉的内容、意思把握全面，只有这样，当你回馈对方的时候，才能与其想法一致；否则，如果你没有听清楚就急于表达自己的观点，那么，最终有可能无法达到深层次的共情。

5.肯定对方

性格急躁的人更希望自己被认同，当然，我们在肯定他们时，也不是简单

地对对方说“是的”“对”这些话，而是有技巧可言的。你可以通过重复对方话中的关键词来表达认同，也可以重复对方说过的话，这就表示你曾认真听对方说话，是一种尊重和重视的表现，相信对方会对你产生好感。

总之，我们要想说服那些性格暴躁的人，就一定要保持良好的态度，不要总是将问题归结到对方身上。即便是对方的做法欠妥，我们也要用始终如一的态度打动对方。

性格拘谨者，“秘密”交换法换取对方的信任

生活中，我们会遇到这样一类说服对象，他们性格内向、行为拘谨，因为交情不深，不愿与我们沟通，更别说接受我们的说服意见了。其实此时，我们可以主动泄露自己的一些私密小事儿，这样，当对方觉得我们对其掏心掏肺之后，也就愿意向我们透露心事。那么，彼此间的亲密感也就建立起来了。这一点并不难理解——我们每个人都会跟与自己拥有共同秘密的死党更亲近，也更信任他们。因此，用这样的方法打开性格拘谨者的内心、消除他们的防备之心，不失为一种好方法。

老王有个女儿叫夏夏，已经二十八岁了，虽说一直谈着个对象，但是从未带回过家。后来，在老王的“威逼利诱”下，夏夏只得把自己交了半年多的男朋友带回家。

这天，老王忙了一上午，好好备了一桌子菜。夏夏的男朋友是个很害羞的小伙子，在饭桌上，只顾自己吃饭，甚至不敢抬头看未来的岳父。看到年轻人这么拘谨，老王决定好好和这个小伙子谈谈，于是，他对夏夏和夏夏妈说：“厨房还炖着鸡汤呢，你们再去看看，别熬糊了。”

等二人离去后，老王对小伙子说：“小伙子，你别紧张，你就把这当自己的家。你现在的心情我也理解，当年，我在认识夏夏妈的时候，也去见了老丈人，当时心里也是七上八下的，生怕表现不好，惹了老丈人生气……”老王说到这里停住了。

小伙子接着问下去："那后来呢？"

"后来，夏夏他外公也说了同样的一番话给我听，我就不紧张了。因为这证明他老人家还是蛮喜欢我的。"老王说完这番话，小伙子和老王一起笑了起来。笑声引来了夏夏和夏夏妈亲，母女俩不知道发生了什么事，问他们也不肯说。

令人高兴的是，老王这一番话后，小伙子明显放松了，还主动向老王敬酒。一桌饭吃下来，老王笑呵呵地答应了把女儿交给这个小伙子。

案例中的老王是个很懂得与人拉近心理距离的人，面对拘谨的小伙子，他主动吐露了自己过去见未来岳父的经历，一番话消除了对方心里的紧张感，双方自然亲密起来。

那么，具体来说，我们应该怎样通过透露秘密来让性格拘谨者敞开心扉，与我们沟通呢？

1. 先多强调你们之间的共同爱好和兴趣，以拉近距离

这里，你首先要了解对方的兴趣爱好，然后，你可以故作不知地提及自己的兴趣爱好，当双方在这一方面找到共同点之后，你们便能轻而易举地拉近彼此间的距离。

我们要牢记，若与对方有共同点，就算再细微也要强调。人与人之间一旦有了共同点，就可以很快地消除彼此间的陌生感，产生亲近的感觉。这样不但可以使对方感到轻松，同时也具有使对方说出真心话的作用。

2. 在获得一定的认同感之后，再吐露你的一些"小秘密"

比如，当彼此聊及过去的事时，你可以一反常态，主动聊聊曾经失败的事，这比谈自己成功的事更易拉近彼此间的距离。你若老是炫耀自己成功的事情，容易让人产生反感，从面对你留下不好的印象。当我们首先在态度上已经示弱并表示了友好后，对方没有理由不接受。

3. 掌握一些语言上的技巧

使用"请教""帮我"等语气，较易获得对方的好感；常用"我们"这两个字可以拉近彼此间的距离。因为善于运用"我们"来制造彼此间的共同意识，对促进我们的人际关系将会有很大的帮助。

其实，不只是与此类性格拘谨者沟通需要消除陌生感，在说服过程中，无论与我们交谈的人个性如何，都需要我们先"炒热"气氛，这样，可以消除你

与他人之间的陌生感。能不能找到话题比会不会讲话更重要，而这话题，也就是交谈双方共同感兴趣的人和事。对此，我们可以主动地表露一些自己的小秘密，这样可以让对方感觉到你的主动、大方、友好亲切，当对方对你的兴趣产生心理认同感后，就会与你一拍即合，达到情感的共鸣，最终愿意接纳我们的建议。

真诚地给出建议，是最好的说服技巧

生活中，我们发现有这样一类人，他们总是被一大帮人围在周围，他们说话总是有很强的说服力，让人觉得既亲切又值得信赖。和他们做朋友，你总能收获不少。因为他们总是能给周围的人提出中肯、全面的意见，当我们感到迷茫、不知所措、伤心欲绝时，他们会给我们指出一条明路，对于这样的人，我们不免心生敬重。因此，反过来看，在说服他人的过程中，如果我们能以诚待人，当他人遇到困惑时给出中肯的建议，那么，你就能成为一个受人敬重且有威信的人，他人也会愿意接纳你的建议。

客户："我觉得那套棕色木质家具看起来比较大方，而且我一直比较喜欢木质的东西……"

销售员："请问您家的客厅有多少平方米？"

客户："我家客厅有30平方米，应该能放得下。"

销售员："您看一下这套家具的宽度，放在30平米的客厅里会不会让剩余的空间太狭窄了？其实主要是我们这个展厅比较大，很多人一进来就相中了这套家具。实际上那套小巧玲珑的家具更适合年轻人的特点，而且价格也比刚才那套实惠很多。"

客户："你说得对，我还是买那套小一点的吧。"

情景中的销售员就是个优秀的销售员，虽说给客户推荐贵的家具所获利润更多，但是从客户角度考虑，他还是为客户推荐了适合客户的较小的家具，实在难能可贵。这样的销售员不愁生意不好，因为他能为客户着想，客户感受到切身利益被人关心后，自然会把销售员当成死党，或许下次客户再来购买产品的时候，就直接找这位销售员了。

的确，那些说话有说服力的人总是贴心的、知冷知热的，同时也是眼光长远的、智慧的，当他们发现他人出现行为上或者观念上的失误时，他们总是能从对方角度出发，用最打动人心的话帮其指出不足，这样的人是有人格魅力的，也是有力量的、刚正不阿的，与他们交往，人们总是觉得获益匪浅。当然，即使为他人提供中肯的意见，也是需要注意一定的策略的，具体说来，我们需要注意：

1.用心倾听，重视对方的想法

在我们身边，每个人都是一个独特的世界，都是一道美丽的风景，要想真正了解他人的想法，只有先用心倾听。倾听别人，不是用耳朵，而是用心。心若不到，满耳都会是噪声。所以，我们在倾听他人想法时，一定要用心，这样，你才能获取更多的信息。同时，这也是对对方想法的一种重视，更有利于对方接受你的建议。

比如，在倾听的过程中，你可以适当重复对方的意见，“您刚才的意思或理解是……”这样能激励对方继续说下去。

当然，你还可以采取一些非语言反馈的形式，包括点头、微笑，在倾听过程中，适时的微笑与点头，会让对方感到你对他的谈话很有兴趣，从而令其愿意与你交谈并对你留下很好的印象。

2.要有认同的态度

如果你根本不认同对方的观点，那么，切不可虚伪作态。因为如果这样，那么你的一言一行都是假惺惺的，你自己都无法说服自己，又怎么能说服别人呢？

3.发现对方见解的独到性

很多人盲目地否定别人的意见，许多时候只是因为对别人的排斥。如果能够做到理解别人、体贴别人，那么就能少一分盲目。

4.要真正站在对方的角度给出建议

你只有让对方感受到你是为他好，他才可能接受你的建议，并感念你的恩惠。

总之，说服他人的过程中，无论我们说服的对象是谁，只要我们以诚待人，真正为他人考虑，当他人遇到困惑时，你能给出一个中肯的建议，必当能让他人真正敬重你！

第十二章 攻心为上：劝服的话要说到对方心里才能起到效用

我们都知道，说服的目的是为了让对方接受我们的意见、看法，并付诸行动，这才是有效的说服，然而，如何实现呢？人都是感情动物，古人云“士为知己者死”，这是情感的积极效应产生增力作用；反之，是消极效应产生减力作用。真正的说服是要贴合他人心理的，也只有说到对方心坎里，才有可能实现成功说服的目的。为此，你需要掌握一些说服他人的心理技巧。

比起口才，诚恳的态度更能赢取信任和好感

我们都知道，人们之间的交往离不开语言，沟通中要想达到预期的目的和结果，很大程度上需要我们运用语言的艺术。孔子说："文质彬彬，然后君子。"说话人人都会，但语言显然有文粗雅俗之分。具备现代文明修养的我们，要想成功说服他人，就要在语言交流中彰显自己的谈吐，表现自己谦和的态度；反之，那些说话夸夸其谈、目中无人者是令人讨厌的。为此，我们可以说，说话的态度比口才更重要。

某电话公司曾碰到一个凶狠的客户，这位客户对电话公司的有关工作人员破口大骂，威胁要拆毁电话。他拒绝付某种电信费用，他说那是不公正的。他写信给报社，还向消费者协会提出申诉，到处告电话公司的状。电话公司为了解决这一麻烦，派了一位最善于沟通的"调解员"去会见这位惹是生非的人。这位"调解员"静静地听着那位暴怒的客户大声的"申诉"，并对其表示同情，让他尽量把不满发泄出来。

3个小时过去了，调解员非常耐心地听着他的牢骚。此后，他还两次上门继续倾听他的不满和抱怨。当调解员再次上门去倾听他的牢骚时，那位息怒的顾客已经把这位调解员当作最好的朋友看待了，并自愿把所有的该付的费用都付清了。

这则故事中，为什么调解员能成功说服这位惹是生非的客户并与之成为好朋友呢？这是因为他动用了情感的力量，并利用了倾听的技巧，友善地疏导了暴怒顾客的不满，于是这位凶狠的客户也通情达理了，矛盾冲突就这样彻底解决了。

心理学研究表明：情感引导行动。积极的情感，比如谦和、大度等往往能产生理解、接纳、合作的行为效果；而消极的情感，如傲慢、无礼等，则会带来排斥和拒绝。所以，若是你想要人们相信你是对的、接纳你的说服，那么，

你首先要以礼待人，让对方感受到你积极的情感。

那么，我们该如何在言语间春风化雨，让对方感受到我们谦逊、诚恳的态度呢？

1. 让你的微笑活泼一点

实际上，生活中的每个人，生来都会微笑，但随着年龄的增长和生活压力的加剧，我们逐渐忘记了这一本能，似乎我们总是能找到让自己愁眉苦脸的理由，尤其在陌生的环境里，微笑最容易被我们遗忘。

事实上，如果你能笑一笑，并让你的微笑活泼一点，那么，别人就会被你的真诚和快乐所感染。因此，当你接受过别人的帮助后，你应该面带微笑地对他说声“谢谢”；清晨，当第一缕阳光照在你身上的时候，不妨对你的爱人说声“早安”；当你的同事升职后，你应该发自内心地祝福他，说声“恭喜你”。一旦你的言词能自然而然地渗入真诚的情感，你就拥有了引人注意的能力了。

2. 不可傲慢无礼

那些说话夸夸其谈、目中无人者是令人讨厌的，为此，我们要做到态度自然、和蔼。

3. 注意你声音的分贝

与人交谈时，不要认为高声谈笑就是真实自然的表现，声音分贝过大，不仅会影响到别人，让别人觉得刺耳，还是一种无礼的表现，因此，说话应轻声轻语，声音大小以令对方听清为宜。

4. 不要卖弄你的口才

即使遇到意见不合的问题，也不可高声辩论，不要当面指责，更不要冷嘲热讽，甚至恶语伤人，而应语气委婉，各抒己见，尽量说服对方或求同存异。

5. 不要顾此失彼

在和多人交谈对，千万不要只关注一个人而冷落了其他人。最好是用一个话题唤起大家的兴趣，让每个人都发表自己的意见。

6. 不要打断别人的谈话

别人讲话时，若话题突然被你打断，会让对方产生不满或怀疑的心理，认为你不识时务，水平低，见识浅；认为你讨厌、反感这类话题；认为你不尊重人，没有修养。

当然，语言谦和也要把握好度的问题，说话只是表达思想，说明事情，没有必要靠语言来乞讨怜悯或掠取威严。你不必唯恐别人不高兴，极力表现出毕恭毕敬的样子，唯唯诺诺、点头哈腰，堆砌一大套客套话，这只会被人瞧不起；而盛气凌人、出口伤人，摆出一副傲慢的姿态，会令人敬而远之，或觉得这人不知天高地厚，浅薄之极。正确的方法是不卑不亢、客气大方、讲究实在、有礼有节。

总之，劝服他人的过程中，若我们做到以诚待人，真诚帮助他人，可以使不认识的人对我们微笑，可以融化他人的疑虑、冷漠、拒绝，换取他人对我们的信任和好感。

说服他人重在把握心理，而不是口才

我们都知道，很多情况下，我们对某个问题的关键点的把握直接决定了我们对整个问题的处理。举几个很简单的例子，做好一道菜的关键在于各种食材佐料的搭配；唱好一首歌的关键在于把握歌曲的曲调曲风；写好一篇文章的关键在于确定文章的中心思想……把握事物的关键点，才能让成功离我们更近。说服也是如此。那么，说服他人的关键在哪？说服到底靠的是什么呢？有人说是口才——诚然，我们不能否定口才在这一过程中的重要性，但滔滔不绝地谈论自己的观点，未必能让对方心悦诚服地接受，我们更需要做的是把握对方的心理，有的放矢地劝说，才能收到事半功倍的效果。

佳佳是一名导游，她的工作一直被领导和游客们认同。在一次集体活动中，当大家风尘仆仆地赶到事先预定的旅馆时，却被告知因旅馆方面工作失误，原来订好的套房（有单独浴室）中竟没有热水。为了此事，佳佳约见了旅馆经理。

佳佳：“真不好意思，这么晚还给您打电话，但我们走了这么远的路，一身的汗，不洗澡怎么睡觉呢？请您谅解一下。”

经理：“这事我也没有办法。这么晚了，锅炉工也回家了。不过，这附近倒是有个集体浴室，我觉得你们可以去那里洗。”

佳佳："是的，我们可以自己掏钱去外面的集体浴室洗，但我必须声明一点的是，因为我们住的是带单独卫生间的套房，这个标准是每人五十元一晚上。假若我们去集体卫浴的话，那么，我们只会按照通铺标准——也就是一人15元付费了。"

经理："那怎么能行？"

佳佳："那只有请你们供应套房浴室热水了。"

经理："我没有办法。"

佳佳："您当然有办法！"

经理："你说有什么办法？"

佳佳："您有两个办法，一是把锅炉工叫来给我们烧热水；二是您亲自提热水"来为我们服务。当然，我们一定会保持耐心，我也会劝大家等您来的。"

这位经理并不笨，他当然会选择第一个方法，于是，40分钟后每间套房的浴室都有了热水。

案例中，导游佳佳之所以能说服经理，是因为她运用了"威胁"这一说服技巧。当然，整个说服过程虽然运用了心理策略，却丝毫没有恶意，这也是旅馆经理最后妥协的原因。

可见，真正有口才的人在说服他人时，是会将心理学运用其中的，他们能在三言两语间令对方心服口服。那么，我们该怎样做才能在较短的时间内抓住对方的心理诉求呢？以下是几点建议。

1. 学会倾听

而最重要的是，在倾听的过程中，我们能了解更多的信息，也就能更全方位地把握对方的心理诉求。

2. 养成揣摩别人心思的习惯

要了解别人的心理，最重要的还是要有敏锐的观察力，然而，这并不是一朝一夕就能获得的，这需要我们在日常生活中多思考，凡事多问几个为什么，并通过与对方的不断交流与沟通，来验证自己的揣摩。长此以往，当你再与人沟通时，也就能通过对方的一言一行、一举一动揣摩其心思了。

3. 养成换位思考的习惯

换位思考说起来简单，但是真正能做到的人并不多，这并不是因为我们没有这个能力，而是我们没有这个习惯。所谓换位思考，就是要求我们在观察处理问题、做思想工作的过程中，设身处地地从对方的角度思考和说话，真正了解对方所想的，这样，我们对别人的心理诉求的把握也就更准确、更全面，说出的话才能真正说到别人的心窝里。

总之，任何一个想练就高超的说服技巧的人都要明白一点，说服的关键点不在于“说”，而在于“服”，只有真正了解对方的心理，说对方想听的话，才能真正用语言俘虏对方。

了解他人需求，就能投其所好进行说服

我们都知道，在人与人交流中，说话投其所好是一种高超的表达技巧。要想和他人顺利交往，首先你要学会针对对方感兴趣的方面说话，用动听的语言打开对方的心房。一般而言，当人们的意见、观点一致时，彼此就会相互肯定、信任；反之，就会彼此否定，产生防备心理。所以，那些善于经营人际关系的人都懂得在与人沟通中先观察和了解对方的喜好，然后尽量投其所好地交谈。我们也发现，没有谁会对那些自己没有兴趣的话题投入过多的热情；反之，如果一方对话题有兴趣，则会主动积极地加入到话题讨论中。因此，我们在试图说服对方之前，也应先深刻地了解对方，了解他们的心理需求，从而实现进一步的交流，最终达到我们的说服目的。

小阳是一名汽车推销员，在一次汽车展会上，她结识了一位客户。通过对这位客户的言行举止的观察，小阳分析这位客户对越野型汽车十分感兴趣，而且其品位极高。后来，小阳几次试图约客户出来坐坐，想要和他就一些关于越野车的问题谈谈，但是客户总是以各种理由推托，一直说自己工作很忙，周末则要和朋友一起到郊外的射击场射击。

小阳终于发现，原来客户还喜欢射击，经过打听，果然如此，这位客户曾经还是一名射击冠军。于是，小阳上网查找了大量有关射击的资料。一个星期之后，小阳不仅对周边地区所有著名的射击场了解得十分深入，还掌握了一些

射击的基本功。再一次打电话时，小阳对销售汽车的事情只字不提，只是告诉客户自己“无意中发现了一家设施特别齐全、环境十分优美的射击场”。下一个周末，小阳很顺利地在那家射击场见到了客户。小阳对射击知识的了解让那位客户迅速对其刮目相看，他大叹自己“找到了知音”。

在返回市里的路上，客户主动表示自己喜欢驾驶装饰豪华的越野型汽车，并对一些造型别致、性能好的越野车都进行了一番阐述，小阳认真地倾听着。等客户提到“说实话，现在市场上的汽车在档次与品位上做得实在……”时，小阳立即接过话茬儿：“我们公司正好刚刚上市一款新型豪华型越野汽车，这是目前市场上最有个性且最能体现品位的汽车……”一场有着良好开端的销售沟通就这样形成了。

从案例中，我们可以看出，销售员小阳是精明的，当她发现直接从客户爱好的越野汽车入手难以见到成效时，就转换了一个角度——射击。当她与客户产生共鸣后，客户对她的戒备心也就消除了。此时，当客户谈及自己最喜欢的越野汽车并阐述自己的观点时，小阳能巧妙地接过客户的话茬儿，把话题转移到销售问题上，一场有着良好开端的销售沟通就这样形成了。

从这个故事中，我们可以看出说话迎合他人的心理需求的重要性。卡耐基也曾经说过，“如果想要和他人顺利沟通，并成功地获得他人的好感和认同，最好的方法就是和对方谈论他感兴趣的话题。”要把一句话说好是有技巧的，这并不是要我们巧舌如簧，而是要我们懂得把话说到对方心坎里去，这就是投其所好。对方高兴了，自然愿意听你的意见。而首先，我们必须要猜透对方的心理。

所谓猜透对方心理，无外乎两个原则：

1. 饰其所矜

那些他认为骄傲的、值得夸赞的地方，你一定要渲染一下，以提高他的谈话兴趣。

2. 减其所耻

他自认为不足的、过去所做过的亏心事等，你要会为其辩解，从而使其放心。

站在他人的立场上分析问题，能给对方一种我们在为他着想的感觉，这种投其所好的技巧常常具有极强的说服力。要做到这一点，“知己知彼”十分重要。唯先知彼，而后方能从对方立场上考虑问题。

此外，在交流过程中，我们还要学会通过对方的手势、姿势、表情以及当时的整个反应，去分析对方的感情变化，体会对方的话语意义。要知道，对方说话时的表现要比他的话语本身更重要。

总之，在说服他人的过程中，如果我们所谈论的话题迎合了对方的心理需求，他就会投入十二分的热情；但是如果他对所说的话题没有丝毫兴趣，即使场面再热闹，对方原本的热情再高涨，他也会顿时觉得寡淡无趣。心理学家表示：每个人由于所处的位置以及性格、年龄的差别，内心的需求是不一样的。所以，如果你想说服他人，你最需要做的还是彻底了解对方的心理需求，知己知彼，真正做到迎合对方，投其所好。

表达你的关爱，用温情打动对方

我们都知道，人与人之间相处，情是最能触动人心的，正所谓“欲晓之以理，必先动之以情”。通常我们会见到这样的场面，两个人初次打交道，其中一方欲与另一方打交道，于是，他百般客气谦逊，而另外一方却是无动于衷，依然一副冷漠的样子。这时，作为主动方，如果你能给予对方温情关怀，一点点加温，那么，即使对方心里有一座冰山，你的温情也能如烈火将其融化。毕竟正如人们所说“人心都是肉长的”，再铁石心肠的人也会被你坚持的温情感动。其实，说服他人何尝不是同样的道理呢？人都是情感的动物，想要说服他人，与其苦口婆心地劝说，倒不如用温情打动对方。用温情打动别人，首先需要我们做的就是表达关爱。

一说陶行知，在中国的教育界几乎无人不知。陶行知在育才学校的时候，有一个叫王友的学生，是学校中颇有名气的“孩子王”，经常惹是生非，屡生事端。一天，陶行知看见王友用土块砸一个同学，当即制止了他，并叫他放学后到校长室来。

放学后，陶行知来到校长室，王友已经等在门口准备挨训了。可一见面，

陶行知却掏出一块糖果送给他，并说：“这是给你的，因为你按时来到这里，而我却迟到了。”王友惊疑地接过糖果。随之，陶行知又掏出一块糖果放到他手里，说：“这块糖果也是奖给你的，因为我不让你再打人时，你立即就住手了，这说明你尊重我，我应该奖励你。”王友更惊疑了，他眼睛睁得大大的。陶行知又掏出第三块糖果塞到王友手里，说：“我调查过了，你用泥砸那些男生，是因为他们不守游戏规则，欺负女生；你砸他们，说明你很正直善良，有跟坏人作斗争的勇气，应该奖励你啊！”王友感动极了，他流着眼泪后悔地说道：“陶……陶校长，你……你打我两下吧！我错了，我砸的不是坏人，而是自己的同学呀！”

陶行知满意地笑了，他随即掏出第四块糖果递过去，说：“为你正确地认识错误，我再奖给你一块糖果，可惜我只有这一块糖果了，我的糖果用完了，我看我们的谈话也该完了吧！”说完陶行知就走出了校长室。

这就是陶行知与“四块糖”的故事。这小小的“四块糖”，折射出了陶行知高超的批评艺术。在整个过程中，陶行知自始至终没有直接提及王友的错误，而是将对他的关心、热爱与期望融入宽松和谐、幽默诙谐的情景之中，通过循序渐进、启发诱导、激励表扬的方式，让王友充分认识到自己的错误。整个批评过程自然流畅，“水到渠成”。陶行知的“四块糖”的确起到了“此时无声胜有声”的批评效果。

事实上，那些明事理、重情义的人，他们在说服他人的时候，总是能设身处地地充分考虑对方的切身利害、实际困难。因为，在此基础上进行说服，才称得上是真正的通情达理，也更令人心悦诚服。而如果丝毫不考虑对方的情感和需要，双方交谈就没有共同的语言，说服就无从谈起了。

那么，在具体的说服他人的过程中，我们该怎样表达我们的关爱呢？

1. 始终发挥微笑的力量

人们总是愿意与那些热情、开朗的人打交道，善于微笑的人，总是能给他人留下良好的第一印象。

2. 态度要诚恳、说话要亲切

在与他人沟通的过程中，要让对方感到你是诚实的，人们是不愿意和一个虚伪狡诈的人打交道的。另外，一定要把话说得亲切、和蔼，这样才能使对方感到愉快，从而对你产生信任，因此，说话一定要恰如其分，符合双方的身份，不然，就会引起对方的反感。

3. 说话饱含感情

比如，当我们想邀约别人时，如果能表达出对对方如约而至的渴望，对方必当觉得盛情难却。我们可以说："如果您今天晚上不来的话，那真是一件遗憾的事，我们的老领导都不在，整个晚宴肯定也会大为失色。"而相反，如果我们说话毫无感情："希望您届时参加我们的晚宴。"那么，对方感受不到你的热情，也就没有强烈的参加的欲望了。

4. 不要急于表露我们的说服目的

人都会受情感的左右，尤其是那些感性的人。所以，在刚开始接近对方的时候，我们不必急于表达自己要说服对方的目的，应先寻找与对方共同感兴趣的话题。

5. 重视对方的谈话，显出你的关心

人们参与人际交往，都有同样一个心理，那就是希望得到别人的理解和关心。因此，如果我们能满足对方的这一需求，就能赢得他的好感。当然，当我们向对方表示关心的时候，并不需要过分表现出来，通常，隐匿的关心更有效果。比如，我们可以重复对方说过的话："以前，你曾说过……"特别是当你说出了对方的兴趣或嗜好之时，对方会因你对他的重视而感到欣喜，马上打消对你的戒备，由此增进彼此间的关系。

6. 用行动来打动对方

我们不仅要用语言表达关爱，更要用行动来证明，比如，在对方最无助的时候及时出现、帮其解决某些生活中的难题、为其做些举手之劳的小事等，让对方真正感受到我们送去的温暖，如此，对方自然愿意对我们打开心扉！

总之，即便我们说服对方的目的是有益于我们自身的，我们与对方之间的关系也不是"赤裸裸"的利益关系，其中还包含着人与人之间的温暖和真情。因此，我们要想真正说服对方，还是要多关心对方的生活，关注他身边发生的事情。这样无形之中就会把关爱渗透到对方的心里去，进而真正形成友谊！

给足他人面子，他就会听从你的话

我们都知道，中国人最重视面子，面子就是尊严，伤什么不能伤面子。在很多人的心中，面子是尊严的代名词，生活中，也有很多人无论何时都要为自己做足面子：囊中羞涩却硬要做东，因为面子上过不去；生活困难也不求助，为爱面子；不愿作为却勉强为之，为给面子……面子，实在太重要了。在中国人看来，丢失了面子，就丢失了光荣，失去了光彩，矮了身份，感到脸上无光，心中无味。

其实，中国人爱面子是虚荣心的表现。爱面子固然不好，但我们可以利用人们的这一心理来从事对他人的说服工作。

然而，交际中，我们不难发现这样的人，表面上看，他们能说会道、口若悬河，但一说话，就让人感觉到他们很狂妄，因此别人很难接受他们的任何观点和建议。其实，这种人中的大多数都是为了表现自己，想让别人认为自己很有能力、看得起自己，结果却事与愿违。妄自尊大，高看自己、小看别人的人总是会引起别人的反感，最终在交往中使自己走到孤立无援的地步，失掉在朋友中的威信。

慈禧太后爱看京戏，看到高兴时常会赏赐艺人一些东西，这也是情理中的事。但是，有一次，艺人杨小楼却因此差点丧命，多亏太监李莲英的圆场。

那天，慈禧看完杨小楼的戏后，将他招到面前，指着满桌子的糕点说："这些都赐给你了，带回去吧。"杨小楼赶紧叩头谢恩，可是他不想要糕点，于是壮着胆子说："叩谢老佛爷，这些尊贵之物，小民受用不起，请老佛爷……另外赏赐点……"

"那你想要什么？"慈禧当时心情好，并没有发怒。

杨小楼马上叩头说道："老佛爷洪福齐天，不知可否赐一个'福'字给小民？"

慈禧听了，一时高兴，马上让太监捧来笔墨纸砚，举笔一挥，就写了一个“福”字。

站在一旁的小王爷看到了慈禧写的字，悄悄说：“福字是‘示’字旁，不是‘衣’字旁！”杨小楼一看，确是如此，这字写错了！如果拿回去，必定会遭人非议；可不拿也不好，慈禧一生气可能就要了自己的脑袋。他要也不是，不要也不是，尴尬至极。慈禧此时也觉得挺不好意思，既不想让杨小楼拿走，又不好意思说不给。

这个时候，旁边的大太监李莲英灵机一动，笑呵呵地说：“老佛爷的福气，比世上任何人都要多出一‘点’啊！”杨小楼一听，脑筋立即转过来了，连忙叩头，说：“老佛爷福多，这万人之上的福，奴才怎敢领呀！”

慈禧太后正为下不来台尴尬呢，听两个人这么一说，马上顺水推舟，说道：“好吧，改天再赐你吧。”就这样，李莲英让二人都摆脱了尴尬。

李莲英之所以能一直受慈禧的恩宠，恐怕与其过人的嘴上功夫是分不开的。在这种情况下，换成其他人，恐怕只能胆颤心惊、语无伦次地等待慈禧大发雷霆了；可是，他却能巧妙圆场，为慈禧铺了台阶，维护了其面子，其恭维的功夫真的可谓是炉火纯青！

因此，无论你劝服的对象是你的朋友、同事还是陌生人，都不要想着表现得要比他们优越，因为他们可能会形成一种自卑感，以致对你产生嫉妒心理；反之，如果我们学会示弱，把光彩让给他们，他们就有一种被重视的感觉。正如法国哲学家罗西法古所说：“如果你要得到仇人，就表现得比你的朋友优越吧；如果你要得到朋友，就要让你的朋友表现得比你优越。”

在交往中，任何人都希望能得到别人的肯定性评价，都在不自觉地强烈地维护着自己的形象和尊严，如果你的谈话过分地显示出高人一等的优越感，那么无形之中就变成了对他人自尊和自信的一种挑战与轻视。而聪明人则会让自己“低人一等”，给足对方面子，这样，在获得对方认可的情况下，他们再提出自己的要求，对方也会顺其自然地接受。

那么，我们该如何给足他人面子呢？

1.放下架子，不可趾高气扬

这一点，在与比自己身份低的人说话时尤为重要。偶尔说一说“我不明

白”“我不太清楚”“我没有理解您的意思”“请再说一遍”之类的语言，会使对方觉得你富有人情味，没有架子。相反，趾高气扬、高谈阔论、锋芒毕露、咄咄逼人，容易挫伤别人的自尊心，引起反感，以致对方筑起防范的城墙，从而导致自己的被动。

2. 重视对方的意见

那些说话妄自尊大，小看别人的人总会引起别人的反感，最终使自己在交往中走到孤立无援的地步。与人沟通，目的在于交流意见、达成共识，只有重视对方说的每一句话，才能赢得尊重。

3. 当对方遇到尴尬时巧妙维护其面子

毕竟，每个人都有强烈的自尊心和虚荣心，都会注意自己社交形象的塑造，没有人愿意当着众人的面出丑。因此，如果你能在他人处于尴尬境地时为其遮掩、打圆场，不仅能赢得当事人的感激，还能让人觉得你是个善解人意的人。

总之，我们要明白的是，虚荣心是人性的弱点。因此，如果我们能在说服他人的过程中，多抬高他人，放低自己，那么，对方心中必会产生一种莫大的优越感和满足感，自然也就会高高兴兴地听从你的建议，从而从心里接受你。

适度沉默，说服并不是说得越多越好

我们都知道，任何沟通都是双向的。赢得人心需要一个好口才，但决不可卖弄口才。有些人总希望用出色的口才让对方产生信任感，让对方认可我们的观点，进而达成我们的说服目的，却忽略了一点，那就是人们通常会以为那些巧舌如簧、太能说的人是不值得信任的。这大概就是一些人感慨为什么很多事情说得越没用的原因。因而，我们在与他人交谈时不仅要有“度”的表现，还需要有巧妙的沉默。

前面，我们已经分析过，说服的关键在于心理的把握，我们要想成功说服对方，就必须让对方摸不清虚实，为此，说服中，你一定要小心谨慎，泰山崩于前而面不改色。

张先生是一家工厂的老板。最近，他的生意做得不错，在为自己购置了新的房产的同时，他还准备买一台新车，于是，他就必须把自己那部旧的老爷车处理掉。他在心中打定主意，在出售这部旧车的时候，卖价一定不能低于3万元。之后，有一个买主前来看车，在双方谈判交易金额时，买主便针对这部旧车的各种问题滔滔不绝地讲了很多，但是张先生始终一言不发，任凭买家不停地发言。

结果到了最后，买主终于停止了批评，并且突然说了一句话："这部旧车我最多只能出价5万元，再多的话，我就不要了。"于是，张先生很幸运地多赚了整整2万元。

案例中，张先生为什么能幸运地多赚取整整2万元？人们常说"沉默是金"，谈判中，他保持沉默，始终一言不发，那么，无论买家怎么贬低这部旧车，也摸不着他的底细。可以说，他的冷静起到了决定性作用。

我们总是不愿意在接受别人批评的时候保持沉默，譬如面对一个难以说服的客户。然而，有时候，"此时无声胜有声"，沉默才能堵住对方的嘴，沉默可以给对方和自己都留余地，沉默甚至可以使局面发生翻天覆地的变化。

可见，适当沉默是沟通中无声的"武器"，它会让你在与人沟通的过程中畅通无阻！当然，要真正运用好沉默的艺术，我们还需要明白几点：

1.控制自己的情绪，不让情绪出卖你

很多时候，我们保持沉默是为了让对方产生信任感，虽然任何人都是有情绪的，但你千万不能因为自己的情绪而暴露自己。

2.细心观察，了解对方

说服他人，最重要的是对对方心理的把握，这就需要我们具备一定的观察能力。只有这样，你才能处于沟通中的主要地位，当然，说服过程中的观察，无外乎针对对方的眼神、动作以及语言等。

3.说话保持客观公正的态度，尽量隐藏好自己的目的和动机

我们强调说服过程中的沉默，并不是说三缄其口、从不说话，而是少说。一般来说，我们若想说服成功，就必须要探知对手的内心世界，从而攻破对方的心理堡垒，但无论使用什么方法，一定不要让他知道你的企图。为此，在说话时，你要保持公正客观的态度。如果让对方发现你说话时带有某些情绪色

彩，那么，你就很容易被对方识破。

当然，说服的主要途径依然是说，沉默固然能起到有效的掌控局势的作用，但到了该你说话的时候，众目所瞩，等你表态，等你提议，你三缄其口，必然会引起大家不满的。所以到了非说不可的时候，还是要大胆开口，当然也要讲究艺术，小心用辞。

总之，你若希望自己在人际交往中能做到语言有震慑力，能攻破他人心防，那么，你最好在日常生活中锻炼自己的说话能力，要做到说精练的话，少说话，只有这样，才能让对方产生信任感，才能在三言两语中就掌控对方的心理，达到我们的说服目的。

第十三章 步步引导，让对方在不知不觉间接受你的说服

现代社会中，说服的能力在人际交往中的重要性已经毋庸置疑，然而，在说服工作中，你若平铺直叙地表达你的观点，对方出于逆反心理，未必能接受，说服也难以达到理想的效果。如果我们能选择恰当的思维角度，出奇制胜，往往能取得事半功倍的效果。

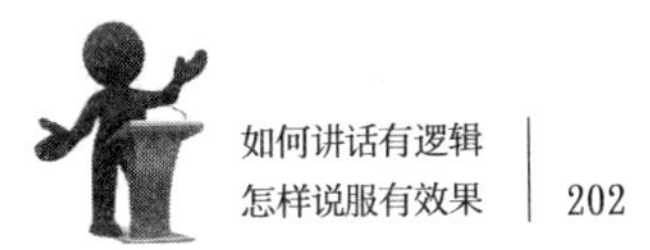

层层推进，让对方接受我们的意见

生活中，与人谈话时，我们若希望达到说服的目的，不光要有说的技巧，还要有引导对方思维的能力，一味地说，未必能让对方心服口服，而巧妙引导对方，以思维为核心，经过层层推进，是能让对方接受我们的意见的。

丽丽与小许初中毕业后就一起来到城里的一家餐馆打工，她们关系很好，可谓是无话不谈的朋友。但两人的做人、行事作风却有点差异。

一次，丽丽在收拾餐桌的时候，发现了一个手机，肯定是客人落下的，丽丽早就渴望有一部手机，于是，她想悄悄地据为己有。不巧的是，这被小许看见了，小许让她上交，可丽丽说："什么呀，我没拿什么手机啊？"

小许说："丽丽，你知道什么叫'不劳而获'吗？"

"不知道！"丽丽嘟着嘴回答。

小许说："你看，'不劳而获'是不经过劳动而占有劳动果实。说得确切点是占有别人的劳动果实！"

"我可不懂那么多。"丽丽有点不耐烦了。

小许耐心地问："你说，抢别人的东西是不是'不劳而获'"？

"是的。"

"你说，偷别人的东西是不是'不劳而获'"？

"当然是的。"

"那么，拾到别人的东西据为己有是不是'不劳而获'呢"？

"这，这……当然……"丽丽这时不知道说什么好了，吞吞吐吐地回答着。

看到丽丽已经同意了自己的观点，小许顺势说："其实，拾到别人的东西据为己有和偷、抢来的东西，在'不劳而获'这一点上是相通的，除了国家法律，我们还应遵守社会公德。再说，我们来的时候，老板都为我们念了店里工作守则的，其中就有一项'拾到顾客遗失的物品要交还'，我们还想在这家店长干下去呢，可不能因为这点蝇头小利丢了工作啊！咱自己想要手机，就要靠自己的能力挣钱买，那样用得才理直气壮哩！”

最后，丽丽主动把手机上交了。

案例中的小许就是个会说话的人，在她发现好朋友丽丽准备将捡来的手机据为己有的时候，并没有直接追问，让对方承认这是一种错误的行为，而是采用“敲边鼓”的方法，先提出一个看似与“捡手机事件”无关的“不劳而获”的结论，让丽丽明白什么是不劳而获，从而逐渐由大及小，步步推进，最后才切入实质性问题：拾到东西据为己有，同偷、抢一样是“不劳而获”。最后，聪明的小许又把问题归结到丽丽想把手机据为己有的想法是不正确的，并劝说丽丽可以自己努力工作去买一部手机。小许的说服可谓是有理有据，丽丽自然也能接受。

我们发现，很多人误以为在说服别人时，应毫不让步，让对方毫无拒绝的余地。但事实证明，有时候，我们越是想让别人接受我们的意见，越是事与愿违。而假若我们能让对方跟着我们的思维想象，最终自己得出结论，那么，说服起来就会更容易，这也是说服的最高境界。

1945年，富兰克林·罗斯福第四次连任美国总统。《先驱论坛报》的一位记者去采访他，请他谈谈连任的感想。罗斯福没有立即回答，而是请这位记者吃三明治。记者觉得这是殊荣，便十分高兴地吃下了第一块三明治。接着总统又请他吃第二块。他觉得盛情难却，又吃下去。不料总统又请他吃第三块。虽然已吃得很饱，但记者还是勉强吃下去了。哪知罗斯福总统又说：“请再吃一块吧！”记者一听，哭笑不得，他实在吃不下去了。罗斯福看出他的心思，微笑着说：“现在你不需要再问我对于第四次连任的感想了吧！”

罗斯福采用诱导的方法，使记者无法提问，从而达到拒绝的目的。诱导式劝服的心理策略，就是不直接答复，而是先讲明条件、说明理由，诱使对方得出结论的方法。该方法的特点是“不战而屈人之兵”，让对方自动认同。

那么，我们如何运用这一策略呢？

1. 明确最终的说服目的

这就要求我们在说服别人前，要明确自己的立场。否则，我们的思维很容易被对方掌控，导致中途“倒戈”。

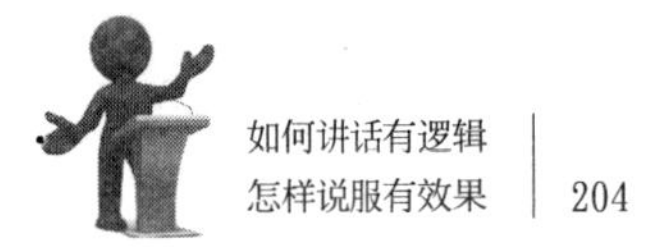

2.保证轻松的谈话氛围

大部分成功的说服都要在彼此和谐的气氛下进行才可能达成。如果我们不注意说话态度，即使完美无缺的说服策略，也会因对方生疑而不攻自破。

3.站在对方角度说话，步步为营地引导

这就需要我们运用语言的智慧引诱他人进入自己的圈套，于无形之中将他人的内心防线攻破。这就等于在两个人的角逐中取得先机，如此便能在不知不觉中灭了对方的锐气。

总之，高超的说服不是一味地向对方灌输自己的观点，而是“不战而屈人之兵”，通过语言的诱导，让对方在不知不觉中认可我们的观点，接纳我们的想法。

转换思维，从对方能接受的角度入手

现代社会，人与人之间的交往空前频繁。无论是讲演还是谈判，都是想通过“说”来征服对手。而要想成功说服对方，首先得辨析对方的心性，了解其内心世界。然后，要针对对方心理“对症下药”，找到说服对方的有效途径、方法。如果从正面不能说服的话，不妨转换一下思维，从对方能接受的角度入手，然后再根据对方的需要，提出你的新主张，从而让对方放弃自己的旧主张，达到说服对方的目的。

一天，老王来到一家餐馆就餐，发现汤里有一只苍蝇，这令他很倒胃口，于是，他找来服务员，并质问他，可没想到服务员却全然不理，好像没听见他的抱怨一样。

后来，气愤中的他亲自找到餐馆老板，提出抗议：“这一碗汤究竟是给苍蝇的还是给我的，请解释。”

那老板一听，把责任全推在服务员身上，于是，只顾训斥服务员，却全然不理睬老王的抗议。

老王只得暗示老板：“对不起，请您告诉我，我该怎样对这只苍蝇的侵权行为进行起诉呢？”

那老板这才意识到自己的错误，忙换来一碗汤，谦恭地说："你是我们这里最珍贵的客人！"

说完，大家一起笑了。

我们不得不佩服老王的气度，很多人在这种情况下，势必会大发雷霆，而这样做对事情的解决毫无帮助。而老王虽然是有理的一方，却没有颐指气使，也没有对老板和服务员纠缠不休，而是借用所谓苍蝇侵权的比喻暗示对方："只要诚心道歉，我不会追究。"这样老板也就明白了他的话，"苍蝇事件"自然也就在十分幽默风趣又十分得体的氛围中化解了，避免了双方的尴尬和窘迫，可见，心理暗示的作用是多么的重要。

心理学家研究表明：人内心中对自己非常忠诚，对于反对和批评会产生强烈的抵触和对抗，并认为批评者并不了解他。如果你能设身处地说出对方的担忧，表达你的同情和理解，别人心里就会感觉到温暖，抵触的情绪也会减弱。基于人们的这种心理，在表达批评的时候，不妨动之以情，设身处地为他人着想，说出对方内心的担忧。

其实，人际交往中，说服别人时如能从被说服对象的心理角度入手，往往能取得事半功倍的效果；而如果对倾听者不加分析，交往就会遇到重重阻力。在生活中，这样的例子非常多。比如，有一位先生，请一位室内设计师为他的居所布置一些窗帘。当账单送来时，他大吃一惊，意识到在价钱上吃了很大的亏。过了几天，一位朋友来看他，问起那些窗帘时，说："什么？太过分了。我看他占了你的便宜。"这位先生却不肯承认自己做了一桩错误的交易，他辩解说："一分钱一分货，贵有贵的价值，你不可能用便宜的价钱买到高品质又有艺术品味的东西……"结果，他们为此事争论了一个下午，最后不欢而散。可见，即使一个人犯了错误，也不愿意被别人贴上标签。与其说"你错了"，倒不如换个角度，寻找迂回一点的说服方法。

那么，我们该怎样做呢？

1. 切莫让对方先入为主

如果在开始说话前，对方就已经对你树立起了警戒或者对立的态度，那么说服的难度自然就会加大，所以我们应当一面巧妙地疏导和松懈对方的戒心，一面小心地辅以适当的劝服，这样对方就比较容易接受。

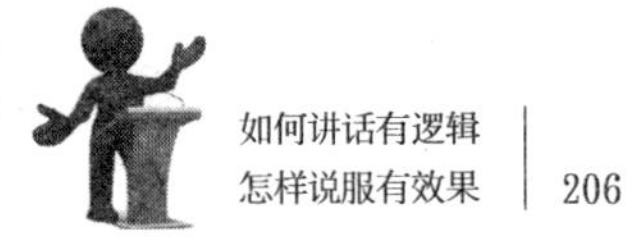

2. 掌握火候，别在一开始就讨论双方的分歧点

如果我们一开始就反对对方，那么，对方只会产生逆反心理；而反过来，如果我们站在对方的角度说话，先肯定他，或者讲些对方愿意听的话，那么，共同点找到后，你再表达自己的观点，对方会更容易接受。

3. 注意自己说话的态度，说服忌批评

假若你劈头盖脸地批评对方，那么无疑是火上浇油，这会使对方迁怒于你。所以劝服别人时一定要注意自己说话的态度，真诚恳切而又平心静气地向对方陈述，使对方信任你，如此才有可能说服对方。

总之，我们要对对方进行一番了解，当正面说服容易使对方产生对立情绪时，不妨采用迂回方法——或退一步，或从侧面，或步步为营，总之，要从对方可以接受的角度入手，从而让对方在不知不觉中接受你的意见。

意见不一致时不妨先绕个弯子

生活中，人与人交往难免有意见不合的时候，此时，我们若不希望彼此之间产生心理隔阂而影响彼此关系，就不能针尖对麦芒地与之争辩。毕竟没有人喜欢咄咄逼人的人。如果你在人际交往中凡事都要与人针锋相对，那么，在长时间的矛盾积累中，对方只会离你而去。对此，你很可能会产生疑问——观点不一致或者出现矛盾时该怎么做呢？其实，你完全可以采取转移对方视线，巧妙应战的方法。

比如，有一对夫妻就是这样对话的：

妻子准备为丈夫买一件衣服，但是又怕丈夫不同意，就对丈夫说："咱们的女儿就快要举行开学典礼了，可是孩子的衣服大部分都旧了，是不是应该去服装店里买上几件呀？"

丈夫听了之后，觉得妻子的话讲得句句在理，就很爽快地答应了，说："开学典礼不是一件小事，咱们应该好好对待。孩子穿什么样的衣服由你决定好了。"

妻子又说："你还是没有听明白我的意思，我说的并不仅是孩子的问题。"

“不就是女儿参加开学典礼的衣服吗？这个事你自己决定不就行了吗？”

“我知道。但是，孩子的开学典礼我也必须参加，我总该为自己准备一件衣服吧？你还是帮我参考一下吧！”

丈夫显得有些不耐烦了：“你自己穿什么衣服还用问我吗，自己决定不就行了？”

妻子解释说：“我整天在家里待着，都几乎忘记了怎样选择衣服了。你还是帮我去看看哪一件合身吧！”

“哎，真拿你没办法，好吧！”丈夫不情愿地陪妻子来到衣橱前。

妻子一边挑选一边说：“哪一件好看呢？虽然衣服不少，但好像全部都过时了，你不觉得这些衣服的样式都太老气了吗？”

“是吗？我怎么不觉得？”丈夫敷衍着说。

“你看嘛，这件虽然是去年才买的，而且颜色、式样都不错，但现在已没人穿这种衣服了。再说这一件吧，这是去年秋天买的，但现在已经不流行这种款式了！难道你没有发觉吗？”妻子问道。

“嗯，听你这么一说，我也觉得好像过时了。”

“那么，在给孩子买衣服的时候也该给我置办一件了，你说是吗？”

“真拿你没办法，你自己决定好了。”丈夫表示同意。

妻子就乘胜追击，对丈夫说：“其实你也该打扮打扮了，经常穿着一件衣服，显得很没面子。这次我还是帮你买一件衬衫吧！”

在日常生活中，总有一些不好直接提出来的话题，在这个时候我们就需要暂时地抛开这些让人心里有些不舒服的话题，从另外的角度谈起，在双方进行交谈的时候，想办法一步步地朝着你想要的内容去过渡。有了一个“缓冲带”之后，对方就会比较容易接受一些平时比较敏感的话题，和你进行愉快的交谈。

反之，如果我们在说服他人时与之针锋相对，只会加剧对方的反感和排斥的心理，反而不如巧妙地转移对方的视线，从另外一个角度强有力地说明事实真相。由此可见，看上去需要我们花费精力的迂回道路实际上却是最短的途径。在说服他人的过程中，假如遇到正面的阻碍，最好的办法就是绕而言之，曲径通幽。

对此，我们可以从以下两个方面努力：

1. 先认可对方

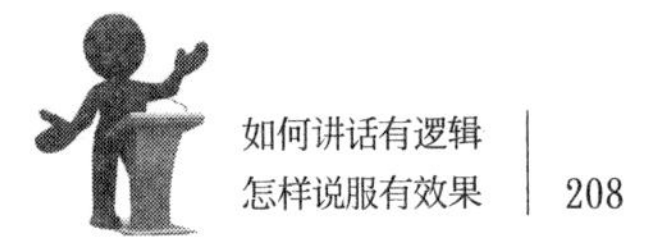

我们来看看卡耐基是怎么做的：

卡耐基租用了某旅馆大礼堂讲课。一天，他突然接到通知，租金要提高3倍。卡耐基前去与经理交涉。他说："我接到通知，有点震惊，不过这不怪你。如果我是你，我也会这么做，因为你是旅馆的经理，你的职责是使旅馆尽可能赢利。"紧接着，卡耐基为他算了一笔账，将礼堂用于办舞会、晚会，当然会获大利，"但你撵走了我，也等于撵走了成千上万有文化的中层管理人员，而他们光顾贵旅社，是你花再多的钱也买不到的'活广告'。那么，哪样更有利呢？"经理被他说服了。

在这里，卡耐基不断提到"如果我是你，我也会这样做"，其实就是对对方的言行进行认同，意思是"我也是站在你这个角度的"。一旦有人对自己的想法或行为表示了认同，那我们就会降低心理防备。于是，在这样的情况下，聪明的卡耐基正是看中了这一点，他先是认同了经理的看法，然后表达出自己的见解，最后使经理心甘情愿地将情感的天平倾向了自己这一边。

2. 逐步渗透，影响对方

这并不是消极地耗费时间，也不是硬和人家要无赖，而是善于采取积极的行动影响对方、感化对方，促进事态向好的方向转化。当然，这就要考验我们的口才了。我们要善解人意，抓住问题的症结，巧用语言攻心。

实际上，在交际中，让对方认同自己的绝妙途径是先认同对方。如果你首先就对其想法和行为进行否定，或者拒绝倾听其说话，那对方的逆反心理就会涌现出来，他会故意与你作对，根本不愿意按照你的思维方式进行思考。但如果你先是对其表示认可，比如说"你的话有一定的道理""你这件事做得不错"，通过语言分析强化对方想法的正确性，致力于站在对方的角度，然后进行积极引导，这样是可以成功地将对方争取到自己这边来的。

留点悬念，话只说三分能吊足对方胃口

人际交往的核心部分，一是合作，二是沟通。而沟通的一个主要目的就是

为了说服对方。不少人认为，说服需要的是良好的沟通能力和积极的心态，所以，日常交往活动中，我们要主动与他人交往，不要消极回避，要敢于接触，并敢于表达自己——但这并不意味着表达越多，人际关系就越好。有时候，沉默是金，以静制动反而能使自己占据沟通中的主动地位。话说三分，对方会在联想里追随你。

心理学中有个“空白效应”，它的含义是，吊吊对方的胃口、适当留点悬念，会给对方留下更多想象的空间，对方想进一步了解的愿望也会被你调动起来。而假设你和盘托出、不留一点空白的话，那么，对方的大脑活性会被压制，这大概就是古人常说“此时无声胜有声”的原因。

生活中，我们与人交流的时候，不妨也利用“空白效应”原理来提升自己的语言艺术，比如，上课为学生留点悬念，讲授前先卖个关子；给他人提意见时，说个引子就打住，让对方自己反省，印象可能会更加深刻。

有时候，别人对于你说的上半句话，就像已经知道下半句似的，没什么兴趣；但是如果你突然停住不说了，那么对方就会产生很强的好奇心，想知道后半句到底是什么。这就是一种好奇心。我们在表达观点的时候，也可以留一部分，给对方制造一种想要了解的好奇心。当这种好奇心在对方的心里不断地翻起时，对方就会产生主动了解的欲望了，此时，你再适时表明，对方一定会记住你的话。

一个科学会议的主持人在对现场在座的科学家们说：“上级领导同意这次我们提出的方案，并赠给大家十六个字：严肃认真，周到细致，稳妥可靠，万无一失。”

听完主持人的话，在场的科学家一下子觉得压力很大，有的人甚至还倒吸了一口气。

目光敏锐的主持人已经觉察到了科学家们的心思，便立即解释道：“什么叫作‘万无一失’？就是把想到的、发现的问题都解决掉，就叫万无一失。没有发现的、解决不了的，是‘吃一堑长一智’的问题。开枪还有卡壳的时候呢，更别说这个小问题了。放心吧，只要大家认真做了，出了什么问题，由领导负责，由我负责！”

主持人的一席话，完全解除了科学家们思想上的沉重包袱。

从主持人一番话中，我们可以看出，有以下几点值得推敲。首先，主持人一开始就切中要害，抓住科学家们担心的问题，也就是“万无一失”。接着，他并由此设问，以问题引路，自问自答，引出一段解释，从而彻底地消除了听者的疑问。

人有时要说话，有时要沉默；要学会说话，也要学会沉默；要善于说话，也要善于沉默。正如一位哲人所言：“沉默是金，说话是银”。如果你能把沉默这“金”和说话这“银”打造成合金，那么你将无往而不胜，无坚不可催。

当然，谈话中并不是留下任何空白都能起到效应的。也就是说，留“空白”是一种心理策略，是一门艺术，不是一件简单、随意的事。那么，我们该怎么留空白、适时沉默呢？

1. 要掌握火候

也就是说，沉默要把握时机。比如尽量在对方心存疑念、渴望得到答案时沉默，这样，能很好地起到吊胃口的作用。

2. 要精心设计

我们要学会找到“引”与“发”的必然联系，当问题产生后，可以适当点拨对方，使对方有联想，然后以“发问”“设疑”等方式激起对方的思维，让其自己获悉答案，以此填补思维的空白点，获取预期的效果。

当然，最重要的是，在运用这一方法说服他人时，我们要把握整个谈话的进程，恰到好处地把握时间的长短，才能真正引导对方逐步接受我们的观点。

总之，适当沉默是你处理人际关系的无声“武器”，它会让你在与人沟通的过程中畅通无阻！

巧妙诱导，让对方自行认识到错误

心理学家做过这样一个心理学实验：让两个老师分别去指导学生改正作业中的错误。第一个老师对学生说：“你这样做是错误的，你应该……”尽管老师讲得很认真，可是最终学生还是没有学会。第二个老师则没有这么做，而是

从根本上分析了学生为什么做错了，但是从来没有说学生的做法是错误的。结果，学生很快就学会了。同样是帮助学生改正错误，两个老师采用的方式方法不一样，结果也完全不一样。这究竟是为什么呢？

在这里，心理学专家作出了解释：在每个人的心里都有虚荣心，都不愿意自己被否定。否定往往会激起人们内心的逆反心理，令其本能地产生抵触情绪，这种潜意识的抵触会阻挠接受。相反，巧妙地诱导，让别人自己去认识错误，因为没有被否定，对方心中自然不会抵触，接受起来也就更容易了。基于人们的这种心理，在批评教育的时候，我不要轻易去否定别人，而要巧妙地进行诱导，让对方自己认识到错误，这样，才能更好地实现教育的目的。

在生活中，这样的例子非常多。我们来看下面一个例子：

一天早上，在上班高峰期，一辆公交车上挤满了人。突然，一个急刹车，一个老先生一不小心踩了站在旁边的一个姑娘的脚。年轻人脾气大，姑娘立即说了一句："你个老不死的！"

车上的人都看着姑娘，也都想看看老人怎么回答，没想到老人一点也不生气，反而笑着说："谢谢！谢谢！"

老先生为什么这么回答？车上的人都糊涂了。人家骂他"老不死的"，他不但不生气，反而乐着说"谢谢"，想必是老人已经老糊涂了。

此时，就有一人问老先生："人家骂你，你还谢人家，这是为何呢？"

老先生说："她哪里骂我了？她这是祝福我呢，她说，第一我老了，第二我不会死，这不是给我祝福吗，我不应该感谢她吗？"听到此话，周围的人都笑起来了，而姑娘也惭愧地低下了头。

事实上，老先生的做法是对的，他运用的就是正话反说的语言暗示法，面对年轻姑娘的无礼，他心中肯定不满，却没有当即用语言反击，而是采用一种语言转移暗示法，将不利于自己的话转移为有利于自己的话，让姑娘认识到自己的失礼。

不得不说，说话的技巧已经影响到我们的人际关系、事业和前途等方面，在指出别人错误的沟通中，我们要学会的就是找机会诱导别人说话，让其自行认识并承认自己的错误，这样才有利于说服目的的实现。

那么，究竟如何巧妙诱导，让对方自行说出错误呢？

1. 做正确的范例来衬托对方的错误

人都不愿意承认自己比别人弱，即使是自己真的做错了，也不希望别人说。这时候做个正确的范例，让对方在看到正确的做法的同时，意识到自己的错误和不足。如此，便不用你再多说什么，对方自然会在比较中清楚地看到差别，你的做法是对的，那么他的做法就是错的。这远比直接指出对方的错误要高明得多，同时也不会引起别人的不满和抱怨。

2. 表现淡漠，暗示其自我反省

在人际交往中，如果对对方有不满情绪，那么不妨表现得冷漠些，使得对方意识到问题的存在，从而更好地在自己的身上找到毛病使其在你的暗示下主动进行自我反省，改正自己的缺点和毛病。当然，并不是任何关系之间都能用冷淡来表达不满，一般情况下，这种方式在亲人或者是亲密关系之间比较合适，因为他们更能感受到你的情绪，感受到你的热忱和冷淡。

当然，我们在让对方肯定、接受我们的观点和想法时，最好能有十足的把握，不能让对方抓住把柄。

其实，我们每个人的内心都认为自己是最优秀的，当被别人否定了之后，便会奋起反抗，试图证明自己，同时也会对别人产生抵触和抗拒。反之，如果你不去否定别人，而是巧妙地诱导，让对方自己意识到错误、自行说出来，才能从根子上实现说服和改变的目的。

总之，真正口才好的人在说话中绝不会让自己被对方牵着鼻子走，相反，他们把自己当成谈话的主人，并能灵活运用各种合理方式与口才技巧为自己赢得最终的胜利。

故意犯错，擒住对方

关于说服他人，可能不少人会认为，要想让对方接受我们的建议，我们就要向对方传达正确的信息。的确，正确的信息能让对方放弃错误的观点和立场，但如果我们直接向对方灌输，对方出于逆反心理，可能认为我们别有居

心，反而未必接受；反之，如果我们能在言谈中施以巧计，故意犯错，假装不小心说漏了嘴，对方便会毫无怀疑地接纳。我们先来看下面的故事：

美国一家大航空公司要在纽约城建立大的航空站，想要求爱迪生电力公司优惠电价，但遭到电力公司的拒绝，电力公司推托说是公共服务委员会不批准，因此谈判陷入僵局。

后来航空公司索性不谈判了，并通过公关部门向外透露一些信息——声称自己建立发电厂更划算，不想再依靠电力公司，因此决定自己建发电厂。电力公司听到这一消息，立即改变了态度，请求公共服务委员会从中说情，表示愿意给予这类用户优惠价格。

这个谈判开始时，谈判的主动权掌握在电力公司一方，因为航空公司有求于电力公司。当要求被拒绝后，航空公司便耍了一个花招，给电力公司施加压力，因为若失去给这家航空公司供电，就意味着电力公司会损失一大笔金钱，所以电力公司急忙改变原来的态度，表示愿意以优惠的价格供电。这时，谈判的主动权又转移到航空公司一方了，航空公司又迫使电力公司再次降低供电价格。这样，航空公司先退一步，然后前进两步，生意反而谈成了。

我们可以发现，在说服他人的过程中，即使他人的内心是封闭的，是不愿意接纳我们的想法的，但我们依然能找到说服的方法，只要我们主动采取一些攻心技巧。既然正面灌输相关信息可能导致对方否认甚至排斥，那么我们不妨从其他方面入手，如用说漏嘴的方式将正确的信息传达出来，如此，对方的内在的纠错意识必定会被激发出来，从而接纳我们的意见，帮助我们回答出正确的答案，此时，我们的目的也就达到了。

当然，要通过这一方法达到目的，我们还需要做到：

1. 洞悉对方的底牌

以商业谈判为例，如果你是销售方，那么，要想让销售结果利于自己，就必须首先洞悉客户的底牌，只有这样，才能在与客户交谈的时候更好地把握“纵”与“退让”的“度”。当然，这并非易事，需要我们做足准备工作，通过各种途径来获知。

2. 制造假象

我们知道，我们故意透露信息的根本目的在于说服对方，因此，在使用这一方法时，我们最好事先规划，设计好谈话脚本，否则，临时抱佛脚的我们在说话时很容易出错；一旦让对方看出我们的真实意图，那么，这一方法就毫无作用了，甚至会弄巧成拙。为此，我们必须要注意以下两点：

首先，要注意自己的态度。

你最好保持不紧不慢、不温不火的态度，也即是说，我们只有隐藏好自己的情绪，才能真正擒住对方。例如，在与对方交涉的日程安排上就不可急切。

其次，通过非正常渠道把信息透露给对方。

因为人们通常有一种心理：越是偷偷得来的信息，其真实性越不容置疑。除了我们自己故意说漏嘴之外，我们当然还可以借他人之口传达你要表达的信息，这样，对于对方来说，显得更真实。

总之，在整个说服过程中，我们都要藏好自己，别让对方看出破绽，因为这一策略最关键部分就是要在不经意间流露出正确的信息，而假若让对方看出我们是在故意犯错那么，只会惹恼他，事情的难度自然会加大，一不小心还会弄僵人际关系，使之前所做的一切前功尽弃。因为没有人是喜欢被人欺骗和耍弄的。

第十四章 巧妙提问，让对方在你的引导下说“是”

我们都知道，说话的方式有很多种，有单刀直入，有拐弯抹角，有平铺直叙，有提问反问等。我们在与他人谈话、表达自己观点并最终说服他人的时候，为了让自己的话更深入人心，我们可以变化一下陈述问题的方式——由直接陈述变为提问式，这样，沟通的结论就不是由我们传达给对方的，而是对方自己得出的，如此，说服对方也就变得容易很多。

一开始就要获得对方的认可和赞同

生活中，我们在说服他人的过程中，如果直截了当地告诉对方我们的观点和想法，对方未必能心悦诚服地接受；而如果从提问开始，引导对方的思路，让他自己得出结论，会比我们苦口婆心地劝说要容易得多。那些口才出色的人在提问他人时更懂得一点，即我们提出的第一个问题就要得到对方的认可，让对方说“是”，这是为接下来的说服工作作好铺垫。如果一开始就就让对方否定我们，那么，再想让对方转变观点接受我们，难度就大得多了。

我们先来看下面的销售故事：

小李是一家电子产品公司的销售员，这天，他前来拜访一位客户，在沟通过程中，他们产生了分歧。

客户：“到现在为止，所有厂商的报价都太高了。”

销售员：“所有的报价都太高了？真的是这样吗？”

客户：“是的。”

销售员：“不过，我想您应该不会反对我与您进一步展开合作吧？”

客户：“反对倒还不至于。”

销售员：“那么如果我们有机会再次合作，难道您不觉得我们可以帮助您建立更广泛的客户群吗？”

客户：“嗯，很有可能。”

销售员：“您想，我们平时买质量优质的手机和传真机，都是为了拥有更好的通话质量，对吗？如果我们的产品通过与您的合作被更多人所使用，那么那些受益者第一个想到的就是贵公司的名字对吗？”

客户：“嗯，那倒是这么回事。”

销售员：“所以您不反对我们通过和你的合作可以帮助更多人建立起一套更实用的电话系统，是吗？”

客户：“是。”

很明显，小李与客户实现成交的方式就是通过一步步的反问，然后将主题引到销售上来。让客户一直未对产品说一个“不”字的好处是有利于掌握谈话的主动权，控制整个销售进程，进而可以将整个销售工作引到自己所希望的情况上来。对于销售中的说服工作而言，如果销售员在销售开始时就把产品的卖点亮出来，让客户主动说“是”，认可我们的产品，那么，产品存在的某些无关紧要的小缺点，对于客户来说也就无所谓了。

其实，人的心理在这方面表现得尤为明显，当他的语言中发出了“不”这个单词后，那么，他会做出一系列否定的动作。他整个的身体——腺体、神经、肌肉——就会一起把他包裹起来进入一种抵抗的状态中。通常来说，他在身体上会出现稍微的后退，或者准备后退，有些情况下可能还会表现得十分明显。也就是说，他所有的神经包括肢体都会进入一种戒备状态。反过来，当他说“是”的时候，是没有这种戒备状态的，他的整个身体是处于前进的、开放的、接纳的、放松的状态的。所以，如果我们在演说一开始时就能获得更多的“是”，那么，我们能成功地被听众接纳的可能性就更大，更能为我们成功说服铺路搭桥。

其实，要获得“是”的赞同态度并不难，然而更多时候人们却忽视了。在不少人看来，如果自己一开始不表现出敌对的态度，就不能引起对方的重视。于是，对于那些激进的人而言，开会还不到一刻钟，他们就已经火冒三丈了——可能连他们自己也没有看到这样做到底能得到什么好处。如果你为了找点乐趣，倒是情有可原；但是如果是为了真正让听众信服，那么，这样的做法简直是太可笑了。

假如你在一开始就让你的学生、孩子、或是顾客等持反对意见，与你唱反调，那么，后面你再想把这种负面影响扳正的话，估计不是那么容易了。

那么，到底怎样才能一开口就获得对方的认可呢？也许林肯能告诉你答案：“我展开并赢得一场议论的方式，是先找到一个共同的赞同点。”

同样，这一策略可以运用到其他任何情况的说服中。那么，我们该怎样做才能让对方在一开始就说“是”呢？

1.先提出一个对方必定会认可的问题

比如，你可以对客户说：“XX先生，您应该知道我们的产品向来都比A公司的产品价位低一些吧？”当然，我们在提问前，一定要对所叙述的问题有十足的把握，不能让对方抓住把柄。

2.循循善诱，强化对方对你的认可

也就是说，在接下来的提问中，我们所提问的也必须是答案为“是”的问题，当然，这些问题还必须是与我们要说服的主题息息相关的，不然会让对方摸不着头脑。

3.巧妙过渡到我们要说服的话题上

这是提问的目的。当我们已经得到了对方的认同，对方毫无否定、质疑时，再提及我们要说的关键问题，对方自然心甘情愿地接受。

总之，我们在说服他人的过程中，最具说服力的劝服技巧无非是让对方自己承认，让其在拒绝之前先说“是”，这样才能有效地将对方的拒绝遏制住。

妙用“提问法”化解沟通障碍

我们都知道，在说服他人的过程中，只有让对方产生愉快的情绪，才有可能使其接纳我们的观点。然而，很多时候，在沟通开始时，我们经常会因为各种原因，导致对方对我们有抵抗情绪或者对我们有误会。对于产生障碍的原因，我们并不了解，因为并不是所有人都会将自己的内心敞开，此时，我们不妨通过提问的方式，不断探出对方问题的症结，最终消除障碍，开展说服工作。

小张在向某公司的领导推销电脑时，很好地充当了顾问的角色。

“您觉得，现在购买电脑，最需要注意的问题是什么呢？”

“我觉得最需要注意的是电脑的使用年限，现在的电子产品更新换代实在太快了。”

“的确是这样，这几年，我的电脑配置也一直在更新。几年前，我的电脑是256MHz的主频，64MB的内存，40GB的硬盘。3年下来，我已经将硬盘升级到了160GB，内存升级到了1GB。”

“是啊，这也是我购买电脑最担心的问题。那么，你能给我点建议吗？”

“我认为，您应该在CPU的主频和硬盘方面的选择高一些的配置，因为主板的设计造成CPU不能用市面上的CPU来升级，而内存的升级最容易而且价格下降较多，内存只要现在够用就行了，以后可以很方便地升级。另外，屏幕技术发展比较稳定，没有必要升级。您可以购买19英寸的显示屏，这样在几年之内都会是顶级配置。整体看来，您的电脑使用时间也就会长些。”

“嗯，说得很有道理，那么，你觉得，以现在的市场情况，购买什么样的配置比较合适呢？”

“现在生产的电脑CPU有酷睿双核、弈龙和一些四核高端产品。奔四马上就要停产了，而且Intel的CPU最近会降阶，我建议您采用E5300的CPU。您使用的数据量很大，考虑到以后升级硬盘时要淘汰现有的硬盘，所以我建议您这次的硬盘配到1TB。内存使用2GB的就可以了，屏幕选择19英寸的屏幕。”

“有道理。”

小张在推销电脑的时候，就是运用提问的方式逐步了解到客户的需求的。销售员在推销产品的过程中，一定要掌握一些提问的技巧，同时，确保自己对客户所讲内容有清晰的认知，这样才能避免提问中出现不必要的误解。

我们都知道，在说服他人的过程中，提问的好处多多，可以帮助我们挖掘出对方内心的真实想法；然而，提问也并非一件易事，因为只有我们的提问发挥积极的作用，对方才愿意回答。这就要求我们掌握提问的技巧，这样才能逐渐消除对方的戒心，并乐于回答我们的问题。

具体来说，我们可以这样提问：

1.快速熟悉对方，消除陌生感，为提问作铺垫

如果你没有先对对方谈你自己的情况就开口向他问这问那，一般情况下，他可能并不乐意回答你的问题。而如果我们懂得消除陌生感，是可以令对方合作的。

事实上，对陌生人提问，最大的困难就在于不了解对方，因此我同陌生人交谈时首先要解决好的问题便是尽快熟悉对方，消除陌生感。你可以先行自我介绍，再去请教对方的姓名、职业，然后试探性地引出彼此都感兴趣的话题。待双方彼此熟悉、消除心理障碍之后，你再去问一些问题，只要无伤大雅，对方都乐于回答。

2. 应注意提问的内容，不要问对方难以应对的问题

如超出对方知识水平的学问、技术问题等；也不应寻问人们难于启齿的隐私，以及大家都忌讳的问题等。

3. 注意发问的方式

别像查户口一样问询对方，这只会让对方觉得窒息。

在提问之前，你可以事先设计一个脚本，比如，你的家中来了一位亲戚，亲戚第一次到北京，如果你问“你是海南人吧”“你刚到北京吧”“海南这时候天气很热吧”等，此时，对方能给出的答案大概只有“是”了。这不能怪你的客人不善言谈，怪只怪你所提出的问题让对方只能给出这样的答案。假如你能换一个提问的方式，如“第一次到北京有什么感觉”“你们海南的椰子除了当水果还有什么其他用处吗”等，这样的话，不但能让对方为你讲述一些你所不了解的事，还能使交谈的氛围因为对方的畅所欲言而更轻松愉快。

此外，如果你提的问题对方一时回答不上来，或不愿回答，不宜生硬地追问或跳跃式地乱问，要善于调换话题。如果对方仅仅是因为羞怯而不爱谈话，你就应先问点无关的事，比如问问他工作的情况或学习的情况，等紧张的气氛缓和了，再把话题引入正轨。

开放性问题能营造良好的说服氛围

我们都知道，人与人之间的沟通是相互的，即便是说服他人，我们也不能唱“独角戏”。不少人感叹自己缺乏说服能力，其中一个重要的原因是与被说服的人话不投机。那些交际的高手似乎总是能营造出愉快的说服氛围，其实，这是因为他们善于用提问来挖掘谈资，沟通双方一旦找到了沟通的兴趣所在，便会在一来二往之间增进彼此的感情。然而，提问也并非一件易事，因为只有我们的提问发挥积极的作用，对方才愿意回答，这就要求我们多提积极的、开放的问题。因为通常来说，只有开放性的问题才能让双方交谈的范围越来越广，双方才更有谈资，产生积极的沟通效果。

一个刚来到澳大利亚的中国留学生遇到了这样的一件事。

一天，他在街上闲逛，这时，走过来一个金发小姐，并对他说：“您是中国人？”

“嗯。”他下意识地回答了一声。

“那么，我能问您几个问题吗？”

“但是我的英语很差。”他打着手势，装作并不懂的样子。

“请放心吧，只是四个问题。”金发小姐对他微笑了一下，然后问了一连串的问题：“您是学生还是工作了？您最想做的事是什么？将来想从事什么工作？对未来有何打算？”

听到金发小姐这些问题，留学生所有的疑虑都打消了，他心想，在这样陌生的一个城市中，竟然还有人关心他，关心他的工作、生活，甚至未来等，于是，他也很诚恳地回答了金发小姐的问题：“我还是学生，但我同时也在打工，每天，我都感到很压抑，我没有朋友，因此，我希望和别人交往。在未来嘛，我当然希望从事我喜欢的工作并取得一定的成就。”

“您渴望交朋友、渴望让自己的生活丰富起来，也渴望成功，那么，您想过没，您可以选择一个媒介去帮您实现，关于这一点，我可以告诉您。”

他感到十分惊奇：“她怎样帮助我实现？”于是，他在金发小姐的带领下，来到了她的办公室。接下来，金发小姐告诉他，她的工作是帮助那些有困难的人，根据他们的具体情况，为他们推荐他们需要的书籍，并且，这里的书籍还可以享受九折优惠，于是，这位留学生在最后不得不买了金发小姐推荐的一本书。

在这个案例中，金发小姐之所以能成功推销出自己的书，就是因为她善于提问，她先提出一连串的问题，而这些问题，是丝毫没有涉及推销的，并且是从关心留学生的角度出发的，因此，很快便使留学生消除了心理障碍。然后，她再适时地引入销售问题，让留学生产生一种想继续听下去的愿望，随后，金发小姐推销成功也就成了一个事实。

的确，因为开放性的问题具有很大的回答空间，所以能激发对方的谈话欲望，让对方自然而然地畅所欲言，从而帮助我们获得更多有效的信息。在对方感受到轻松、自由的谈话氛围后，他们通常会感到放松和愉快，这显然有助于双方的进一步沟通。通常来说，开放性的提问方式，有一些典型的问法，比如，“为什么……”“……怎（么）样”或者“如何……”“什么……”“哪些……”等。具体的问法就像案例中一样，需要我们认真琢磨和多实践才能运用自如。

当然，在提开放性问题的时候，我们还需要注意以下几点：

1. 以轻松的问题发问

以轻松的话题开头，最好不要涉及我们的说服目的，这样，能打消对方的戒心和顾虑，使对方乐于与你交谈。当对方显露出需求时，你再主动出击，将问题转变得较明确。例如：

“您好，王总。我是XX公司的小陈，您最近很忙吧？”

“是呀。”

“王总，端午节就快到了，不准备庆祝一下吗？”

“当然了，我们正在安排呢。”

“那我先预祝您节日快乐.”

“谢谢，您有什么事啊？”

“我们给您发过一份传真，说明了一下我们公司的业务内容，不知道您收到了没有。”

当然，以这种问法开头，要求我们在交谈中掌握主动地位，这样问的目的在于一步步引导对方，在对方肯定了我们所有的问题后，自然会得出积极的结论。

2. 不要轻易否定别人的回答

说服他人的过程中，当你提出某个开放性问题后，即便对方的回答你不认同，甚至于你特别想说服对方接受你的观点，你也最好不要一上来就否定对方的观点，因为谁也不喜欢被人否定。你要机智、委婉地说出你的观点，然后将对方引导到其他话题上去，从而让他们忘记自己原来的观点，这才是能将话题继续下去的明智之举。

3. 提问不要涉及对方的忌讳

每个人都有一些不愿别人提及的忌讳，我们在提开放性问题的时候，最好避开这类话题，把握分寸，不要伤害到别人的自尊心。

总之，我们能不能成功说服对方，关键在于沟通氛围如何，我们多提开放性的问题，能使双方在你来我往的沟通中加深感情，从而逐步改变对方，使其接受我们的观点，何乐而不为呢？

封闭式提问，潜入对方的思维

在法庭上，法官似乎都有一套自己的问话策略。他会这样问犯罪嫌疑人：“你是否已经停止殴打被害人了？”此时，如果犯罪嫌疑人犯回答“是”，则表示他曾经殴打过受害者；如果他回答“没有”，就表明他还在对被害人进行人身伤害。而事实上，这位犯罪嫌疑人并不一定真的伤害过别人，但面对法官的这种问话方式，他只好“不打自招”，因为法官的提问中已经设置了一个前提，那就是“你曾经殴打过受害者”，无论怎样回答，这名犯罪嫌疑人都会被法官误导，进而接受法官的问话。而这种提问方式，就是封闭式提问。

所谓封闭式提问，是指提出答案有唯一性，范围较小，有限制的问题，对回答的内容有一定限制；提问时，给对方一个框架，让对方在可选的几个答案中进行选择。我们在说服他人的过程中，对其进行封闭式提问，能逐步引导对方，让对方接受我们的建议，最终实现说服目的。

同样，在日常生活中，我们在与人谈话、说服他人的时候，不妨也运用这一技巧，只要我们能善加利用，就能收到满意的效果。

销售员：“那么，你同意获得利润最重要的是靠经营管理有方了？”

顾客：“对。”

销售员：“专家的建议是否也有助于企业获得利润呢？”

顾客：“那是毫无疑问的。”

销售员：“过去我们的建议对你们有帮助吗？”

顾客：“有帮助。”

销售员：“考虑到目前的生产情况，技术改革是否有利于生产一些畅销商品呢？”

顾客：“应该说是有利的。”

销售员："如果把产品的最后加工再做得精细一点，那是否有利于你们在市场上销售呢？"

顾客："是的。"

销售员："如果在适当的时间，以合理的价格推销质量好的产品，你们公司是不是会得到更多的订单？"

顾客："是的。"

销售员："如果你们按照我们的方法进行试验，并且对试验结果感到满意，你们是不是下一步就准备采用我们的方法？"

顾客："对。"

销售员："那么我们现在可以先签个协议吗？"

顾客："可以。"

在这个案例中，销售员就是通过封闭式的提问，将客户的思维逐步引导到自己所希望的轨道上来，从而最终说服客户购买的。

那么，说服他人的过程中，我们该怎样进行封闭式提问呢？以下是几点建议：

1.建议式提问

采用建议式提问，虽然我们是在提问，但最终的决定权还在对方手里，对方会有一种被尊重的感觉。

比如，销售中，我们可以这样问：

"您看您是年付还是季付？"

"您看您是亲自过来取还是我给您把保单送过去呢？"

在交谈中，应避免用下面的方式：

"您看怎么办？"

"您看，还是尽快将字签了吧？"

2.二选一的提问方式

聪明的发问者总是预先埋下伏笔，让对方在不知不觉中失误陷入语言的陷阱。

一位保险销售员去拜访客户，见到客户他说："保险金您是喜欢按月缴，还是喜欢按季缴？"

“按季缴好了。”

“那么受益者怎么填？除了您本人外，是填您妻子还是儿子呢？”

“妻子。”

“那么您的保险金额是20万元呢，还是10万元呢？”

“10万元。”

二选一的提问方式，会让销售员在无形中替客户作了购买的决定。在推销的过程中，当发现客户有购买意向，却又犹豫不决拿不定主意时，销售员应立即抓住时机，采用这样的提问方式，销售员不必询问客户买不买，而是在假设他买的前提下，问客户一个选择性的问题。聪明的发问者总是预先埋下伏笔，让对方在不知不觉中失误，陷入语言的陷阱。因为这是一种使用“是”或“不是”就可回答的问题，所以如果你前两个阶段完成得不错，那么在这个阶段就将得到“是”的答案。

事实上，在销售活动中，销售员经常会这样向客户发问。销售人员应该事先将产品可能引起的异议进行分类，然后让客户自己从中选择一个或几个。

例如，推销员可以问客户：“您好，我们的产品有哪些问题让您觉得不太符合您的需要呢？是样式、体积、重量还是口味……”

用这种策略发问时，我们需要注意的是，不是所有人都会掉进我们设置的“语言陷阱中，”我们要注意对方的年龄和身份以及文化修养与性格特征，有人为人热情爽快，有人性格内向，有人马马虎虎，有人谨慎小心。每个人的性格不同气质必然相异，如果没有考虑这些条件而随便发问，便会有意外的状况发生。

3.提答案为“是”或“否”的问句

要确定对方的需要，你应该将这一点涵括在提问当中（运用反映需要的言辞），引出“是”或“否”的回答。

例如：

客户：“我们现在用的笔记本电脑，它的电池使用时间太短，好几次在紧要关头没电了。”

推销员：“所以您希望电池的使用时间长些，对吗？”（用选择式询问确定需要）

客户："是。"

因此，在说服他人的过程中，如果我们能恰当提问，便可以顺利把对方带进自己的谈话模式中，变被动为主动；而如果我们不懂得如何提问，将无法带动谈话氛围，达成我们的说服目的。

掌握提问的技巧，让对方自行得出答案

与人沟通时，我们通常都希望能说服对方，但实际沟通过程中，经常是我们费尽唇舌表达自己的观点，对方却未认同。其实，如果我们改变策略，不直接表达观点，而采取提问的方法，让对方自己得出结论，那么，说服工作就简单得多。有这样一则故事：

在周末的一个早上，托尼准备为每一个为家庭卫生和清洁苦恼的主妇们送上"福音"。他来到第一家。

门铃响了，一个干净的男人出来开门，这个男人比较木讷，愣了半天不知道如何开口。托尼就主动开口了："家里有高级的吸尘器吗？"男主人怔住了。这突然的一问使主人不知怎样回答才好。这时，女主人满手油污地从厨房出来，回答："我们家有一个吸尘器，不过不是特别高级的。"听到这一回答，托尼马上回答说："我这里有一个高级的。"说着，他从车子的后备箱里拿出一个吸尘器，然后三下五除二地为女主人解除了周末早上的苦恼，满屋子一尘不染。

结果，这对夫妇接受了他的推销。假如这个推销员改一下说话方式，一开口就说："我是X公司的推销员，我来是想问一下您们是否愿意购买一个新型吸尘器。"你想一想，这种方式的推销效果会如何呢？

一般来说，和顾客打交道时，提问要比讲述好，但是想提出有分量的问题并不容易。而案例中的推销员是聪明的，面对相对内向和腼腆的夫妇，他采用的方式就是单刀直入的提问方法，以这种极富杀伤力的方"俘获"了客户。

同样，与人交谈的过程中，我们采用这种方法，也比直截了当地告诉对方

我们的观点来得更有效。那么，在沟通中，我们该如何提问呢？又该问哪些问题呢？

1. 多问“为什么”

“我想您这样说，必定是有原因的，为什么呢？”“为什么您的销售业绩总比我们好呢？”

这样提问的好处是，对方有足够的时间和机会来回答，并且，因为这种问题是开放式的，对方的回答一般也是发散的，你可以获得更多的信息。因此，当你遇到任何不明白的问题时，你都可以问“为什么”。当然，你一定需要注意自己的态度和语气，不要让对方觉得你是在质问他。

2. 问“你的意思是……”的问题

“你的意思是……”这样问时，你可以配合一定的肢体动作，另外，你需要注意的是，当你说完这五个字以后，就不要再说话了，让对方来接你的话，效果会好很多。

3. 问“除……之外”的问题

“我已经清楚了你的意思了，那么，除了这点外，你觉得还有什么比较重要呢？”“我很同意您说的这点，那您还有什么其他的想法吗？”

同样，在问这类问题的时候，我们也应该注意自己的语气。只要做到这点，对方一般都是乐意向我们和盘托出的。

例如，你是某公司的销售主管，而你发现最近一段时间内公司的销售业绩一直不是很好，你知道问题出现在销售人员身上，但你也不好直接批评他们。当他们把原因归结为前半个月是促销期后，你可以继续问：“对，前半个月是促销期，那么除了这个原因之外，你认为还有没有其他的原因呢？”导购说：“其他，我感觉好像这几天没有以前那么有信心了。”此时，你就应该继续抓住机会问：“是什么原因导致你信心下降呢？”

只要你能坦诚地用心与对方交流，沟通其实并不会很难。

总之，用引导的方式提问，也是冷读术的精髓，善于提问，你几乎可以得到任何你想要的结果。

把控时机，选择易于说服对方的时间

在具体的说服过程中，不少人有这样的苦恼：为什么我们苦口婆心，对方就是不接受我们的意见呢？为什么理据充分，对方却不接受呢？为什么无论作出了多大努力，就是无法获得对方的支持呢？此时，不知道你是否曾考虑到一个问题：你说服的时机是否正确？时机不对，无论你费了多大唇舌，依然会无功而返，那么，何时才是说服的最佳时机呢？

看准时机，关键时刻再阐明观点

中国有句俗语："最后的赢家才是真正的赢家，要笑就要笑到最后。"这句话一点也不假。同样，与人沟通时，要想真正说服对方，就要懂得看时机，在关键时刻阐明观点，才能出奇制胜，让对方心服口服。

孔子在《论语·季氏》里说："言未及之而言谓之躁，言及之而不言谓之隐，不见颜色而言谓之瞽。"这句话包含三层含义：第一指的是在不该说话的时候管不住自己的嘴；第二指的是在该说话的时候却低头不语；第三指的是不看具体的语言环境乱说话。

以上三种说话的毛病都是人们在沟通中经常出现的，归根结底都是因为人们没有重现说话的时机、没有注意说话的对象和说话的技巧。为什么需要注意这些呢？因为沟通不是单方面的活动，而是互相的，我们不能只考虑到自己而忽视对方。如果该说的时候不说，那么，你很可能立即失去说话的机会；如果你不注意对方的心情，那么，你可能会说错话；如果你抢着说，那么，对方会认为你不尊重他，甚至会引发对方的反感。

我们先来看看下面的一段销售对白：

销售员："您好，李小姐，我是平安保险的高级顾问，您的奖品需要投保吗？不知道您周末可有时间，我给您送保单过去好吗？"

客户："你是谁？我的奖品？你怎么知道我的电话？"

销售员："您的电话是我们公司内部数据库中的。我知道您很忙，我只需要耽误您 两分钟的时间就行，您看可以吗？"

客户："什么奖品啊，到底是谁给你的电话？对不起，我很忙！"李小姐就这样挂断了电话。

案例中销售员犯的一大错误就是直入主题而没有创造机会，这会给对方一种感觉，"我凭什么跟你做生意？我凭什么信任你！"客户会觉得有疑问，

“为什么要给你两分钟？陌生人打我电话有什么好的事情？”好的开场白就是成功的一半，客户心理有困惑，这样成功的一半就没有了；不能取得客户的信任，销售根本无法进行下去。电话销售人员若太快切入谈话正题，会冒犯客户，为此，一定要选择合适的时机。

同样，生活中，我们在与人交谈的时候，也要选择合适的阐述观点的时机，只要阐述观点时，有理有据，那么也能起到成功交谈的效果。对此，你需要做到：

1. 让事实说话

若你希望对方接受你的观点、意见，就要让事实说话，事实充分能使你言重如山。“百闻不如一见”，事实胜于雄辩。使你的观点深入人心，要善于运用事实造势。这种方法最根本的一点就是唯实、唯事，尊重客观事实，用事实说话。运用事实进行说服最能打动人心，最能使人信服。如果从心理学的角度来分析，人们的心理趋向是求真、求实。只有真实的东西，才是人们最可信的。

2. 把握时机，到事情顺风顺水的时候亮出你的观点

以打牌为例，在含有技术成分的牌局中，当你的运气很差时，对手往往会察觉到并且玩得更好。他们不再把你视为一个威胁，你已经输了气势。在这些时候，你应该更加保守，不到关键时刻，不要亮出最有分量的牌。因为牌局随时会停止，不要太早把手里所有的牌都亮出来，因为对方也随时会出新的牌。

同样，陈述观点也是如此，在关键时刻亮出你的观点，才能让人印象深刻。

3. 选择对方心情愉悦的时候表达观点

无论是给人提建议还是批评指正，很重要的一个方面就是一定要注意时机和场合，以便使对方更能用心领会你的意见，并不会导致他对你产生反感。

有见识的下属，大都会与上司随意交流，甚至在休闲娱乐时逐步启发、诱导领导，使自己的种种想法得以实现，并使自己成为领导者不可或缺的“宠幸”之人，发挥着巨大的甚至是无可替代的影响力。

现代心理学证明：人在情绪不佳、心有忧惧等低落状态下，较之平常更容易悲观失望、思维迟钝且惰于思考，情感波动大并易产生过激行为。因此，千万不要在对方情绪不佳时说服；同时，这也启示我们，在对方心绪高涨、比较兴奋时提出建议会取得更好的效果。

当然，要想做到让对方接受你的观点，在谈话过程中，我们还应该适时地卖卖关子，为此，你必须谨记：

1. 隐藏好自己的情绪

你要让自己的声音和身体语言，听起来客观一点，不要带有太多情绪。在亮出观点前作好准备，锻炼自己的心志。

2. 话不能太多

当一个人滔滔不绝时，就等于给了旁人评量他的机会。长篇大论的报告，会让对方清楚你的立论根据，更容易找出你的弱点。

要想把话说得恰到好处，让对方接受，最重要的一点就是把握住说话的时机。这个过程需要我们拥有足够的耐心，也需要我们积极进行准备，等待条件成熟。

场合不同，说服的方式也不同

我们都知道，语言是人际交往最常用的媒介。与人交往，自然就少不了要说话，在很多时候，说话的目的是为了说服对方。我们发现，那些交际高手都掌握着套智慧的说服他人的策略，其中，最重要的一条就是看场合说话。

人们常说“说者无心，听者有意”，不注意场合的说话，随心所欲，信口开河，想到什么说什么，这是“不会说话”人的一种拙劣表现，会给交往对方留下不良印象。人，总是在一定的时间、一定的地点、一定的条件下生活的，在不同的场合，面对着不同的人，不同的事，从不同的目的出发，就应该说不同的话，这样才能收到理想的言谈效果。

在说服他人的过程中，很多人都曾因说话行为与说话时境失去统一、和谐而产生过这样的懊悔：“在那种情况下我不该那么说。”说话行为与说话时境必须保持统一，这是一条不可违背的规律。

某法院正在审理一起事态严重的盗窃案，这起案件已经审理了很长时间，而被告在被审问时，对其作案时间始终交代不清。为了能核实具体的情况，审

判长决定传被告之妻到庭作证。由于过分着急，审判长脱口而出："把他老婆带上来！"

法庭顿时哗然，严肃的气氛被冲淡了。

审判长的这句话，很明显说得不适宜。在当时，审判长应该运用法庭用语，宣布"传证人某某某到庭"。由于他以日常用语取代了法庭用语，故而闹出了笑话。

语言是很丰富的词汇，只有依据不同的场合，选取最恰当的词语，才能准确地表达自己的思想感情。

我们再来看相反的一例：

英国女王维多利亚，与其丈夫阿尔伯特相亲相爱，感情和谐。妻子是一国之君，整天忙于公务和应酬，而丈夫却不太关心政治，对社交缺乏兴趣。有一天，女王忙完公事，已经深夜了，她回到卧室，见房门紧闭，就敲起门来。

问："谁？"

答："我是女王。"门未开，再敲。

问："谁？"

答："维多利亚。"门未开，再敲。

问："谁？"

答："你的妻子。"门开了，维多利亚走了进去。

女王回到家里，场合改变了，她就不再是女王，而是一位妻子。

在宫廷上对着王公贵族说话是一种情形，回家说话应该是另一种情形；工作时是女王，回家后是妻子，这一身份和说话情形的变化是维多利亚女王和丈夫幸福生活和家庭和谐的基础。

曾有某家公司的总经理查尔斯先生说过："所以要讲究说话的技巧，是因为许多人常常不假思索就信口开河，因而导致种种不良后果。"

不论什么时候，什么场合，说话时都要注意说话的分寸。没有考虑周到的话，最好不说。说话注意分寸，要做到慎言、忌口，同时还要注意说话的场合、地点和说话的对象，不要不管三七二十一乱说一通，同时还要注意说话的内容和形式，做到该说的说，不该说半个字也不说。

说服他人看场合，常见的有以下几种区分：

1．根据场合的庄重与否说服

举个很简单的例子，“我特地来看你”，显得很庄重；而“我顺便来看你”，则有点随随便便看你来了的意思，可以减轻对方负担。所以，我们要视庄重与否说话，在庄重的场合不能说“我顺便来看你”，这样就显得不够认真、严肃，会给听话者心里蒙上一层阴影；而若明明是“顺便”做某事，却说“特地”，难免有小题大做之嫌，会让对方增加心理负担。

2．根据场合的正式与否说服

在非正式场合下，说话不要文诌诌的，而应适当随便一些，像聊家常一样，便于感情交流，谈深谈透；在正式场合说话应引起重视，事先作好准备，不可语言俗不可耐，不能乱扯一气。

3．根据交往关系的亲疏说服

人与人之间的关系，通常是亲疏不一的，有“自己人”，也有“外人”，这也就决定了我们说话要注意场合。对外人，要本着“逢人只说三分话，未可全抛一片心”原则；而对自己人，可以“关起门来谈话”，可以无话不谈。

4．根据场合气氛说服

一般来说，言辞应与场合中的气氛相协调。在别人办喜事时，千万不要说悲伤的话；在人家悲痛时，不要说逗乐的话，更不能哼歌唱曲，否则别人就会说你这人太不懂事了。

“说话要注意场合”，“到什么山上唱什么歌”，这是告诫我们说话时要注意所处的时间、地点和周围的情况，要知道，说出的话就如泼出去的水，想要再收回是不可能的事情，所以说话时注意场合就成为非常需要关注的事情，要尽量做到“三思而言”。

看准对方的情绪，该出手时再出手

生活中，我们每个人都希望自己拥有能说服他人的好口才。说服能力强有个重要的标准，那就是说出对人胃口的话，包括什么时候开口，什么时候闭

口，开口该说什么，不该说什么等。可见，口才不在于说“多少”，而在于是否说得“巧”。那些口才好的人最大的特点就在于善于察言观色，并懂得见缝插针，能看准对的情绪，说出让对方乐于接受的话。

陈丽是一名刚毕业的市场营销专业的大学生，在不到半年的工作中，她已经积累了不少销售经验。她所在的是一家化妆品公司。

有一次，店内来了一位中年女士。客户进店后，陈丽并没有跟在对方后面不停地介绍，而是把主动权交给了客户，自己站在一旁观看。后来，客户终于停下了脚步，对柜台上的某件产品很感兴趣，拿着一套化妆品翻来覆去地看。陈丽非常高兴，觉得眼前这位小姐一定是个准客户。但她还是不动声色，在一旁观看客户的脸色和神情。

果然，过了几秒后，顾客抬起头，好像在寻找销售人员的帮助。此时，陈丽才走过去，为客户介绍化妆品的优势和特点。

“这个产品我用过，很不错，帮我包起来吧。”这是这位女士的结论。最终，她买下了这套化妆品。

事后，同事问陈丽：“店里来了客人，我看你也并不热心，怎么就这么轻松地搞定客人了呢？”

“一般来说，这般年纪的女士，对化妆品都很了解，我不必喋喋不休地介绍，这样，反倒招致客户的反感，你们也听见了，她说她用过那款产品。另外，我站在一旁，并不是不关心客户，而是在观察，客户由低头审视产品到抬头，说明她已经产生了心理的变化，她在寻求帮助，我这时候再出现，不是恰逢时机吗？”听完陈丽的这番陈述，同事们一个个佩服得五体投地。

案例中的化妆品销售员陈丽是个精明的人，她并没有花费过多的精力，就轻松地搞定了客户，这是因为她懂得观察和见缝插针，在关键时刻才站出来为客户解说产品。与之相对的，一些销售员无时不刻不在发挥自己的口才，但似乎并没有多好的成绩。这是因为他们只顾从自己的角度介绍产品、发挥自己的口才，而没有观察客户，说出客户真正想听的话。拿化妆品来说，即使你的产品再好，即使你说得天花乱坠，如果不能解决客户存在的皮肤问题，那么，也不能说服客户购买。可见，如果一个销售员懂得有的放矢地说话，即使辞藻不多，也能说得客户心服口服。

同样，说服过程中，精于口才者，最擅长察言观色。很会说话的人，无论是在自己说话的时候，还是对方在说话的时候，他们的眼睛总是随时地留意着对方的面部表情、眼神、姿态以及身体各部分的细节变动，随时判断谈话的状态，对方的心态，表达的意思等，然后再将自己的观点、看法得体地说出来。

为此，你需要把握两点原则：

1．选对说服的时机

在社交场合或工作联系时，说服应选择适当的时间，当对方无兴趣、无要求、心情不好，或正在休息、用餐、忙于处理事务时，切忌去打扰，以免尴尬。

2．把握交往对象的心境和现场气氛

你的说服不可太过冗长，有时候只需要一两句简短的话，因为吸引别人的也许正是开篇的某个亮点。同时，我们在说服的时候，要避免谈论会让人讨厌的话题，不要自己一直在那里发表高见，也要倾听别人说话。学会解读现场的气氛，看准时机再发言。

总之，说服是一门学问。说服他人的每一句话都要说到对方心里去，如此才能散发出你的交际品质，让对方觉得你是一个有个人风格的人，对你产生良好的印象，从而成功达到说服的目的。

别太心急，听完再说

生活中，我们强调口才与语言在说服过程中的重要作用，但要想达到良好的说服效果，单凭滔滔不绝地表明自己的观点和立场是不够的，因为真正的沟通是双向的，这不仅需要我们表达，还需要我们懂得倾听，这个看似无关紧要的细节问题，却能体现我们的涵养高低，也能表明我们诚心与否。

正如没人认为自己不会说话一样，几乎没有人认为自己不会听话。可事实上，大多数人并不懂得有效倾听。在某种意义上，交流有效与否往往更取决于听者而非说者，反过来说，失败的交流往往源自于听者的疏忽。

小飞是一名保险推销员。最近，他通过调查，发现某大公司董事长张先生在市郊购买了一套别墅，还没有上保险。这天，小飞来张先生家推销保险。可是，却遇到了这样的事情：

张先生有个七岁的儿子，很调皮，父母出门后，让他在家看电视，可是回来的时候，却发现小家伙不见了，这可吓坏了张先生和他太太，于是开始分头去寻找，并还报了警。郊区本来就很大，找个小孩更是很难，但还好，警察和周围的一些居民也开始帮忙寻找。

小飞看到这一幕，认为这正是推销人身和财产保险的时候，于是他凑到张先生跟前，开始推销他的保险，当时张先生很生气，没好气地说："拜托，等我把儿子找到再说好吗？"

谁知，小飞很不识时务，不但没有帮助张先生找孩子，反倒继续喋喋不休地大谈保险的种种好处。这下可把张先生气坏了，他太太更是生气，张先生忍无可忍地对小飞大吼："你如果肯帮忙把我儿子找回来，那么保险业务的事情咱们日后找个时间再谈。但是，我警告你，你现在要是再跟我提什么见鬼的保险业务，就请你先滚出去！"推销员小飞被客户张先生说得面红耳赤，夹着公文包灰溜溜地走了。

事后找到儿子的张先生越想越生气，甚至开始痛恨这个根本不关心别人安危、只知道推销保险的小飞。当他打听到小飞的底细后，依仗自己在商界的名声，他跟很多经理和老板打了招呼，绝不买小飞推销的保险，这下小飞的业务前景就可想而知了。

情景中的保险推销员小飞在销售行业有如此结果，是因为他太急于求成：即便在错误的时机下，他依然喋喋不休地推销自己的保险产品。如果销售员小飞能先不着急开口，而是帮客户找到小孩，那么，客户一定会心存感激，事后再商量保险的事，结果会大为不同。

同样，说服他人时，我们也要把话语权交给对方，因为沟通是双向的。我们不能单纯地向别人灌输自己的思想，还应该学会积极地倾听。倾听的能力是一种艺术，也是一种技巧。倾听需要专心，每个人都可以通过耐心和练习来发展这项能力。倾听是了解别人的重要途径，为了获得良好的效果，我们有必要了解一下倾听的艺术。

1. 要有耐心

人们在表达的时候，可能会出现两种情况：首先，因为别人的言谈在通常情况下都是与心情有关的事情，所以一般可能会比较零散或混乱，观点不够突出或逻辑性不太强，此时，只要我们鼓励对方把话说完，自然就能听懂全部的意思了。否则，我们很容易自以为是地去理解，去发表意见，产生更加不好的效果。其次是别人对事物的观点和看法有可能是你无法接受的，而且伤害了你的某些感情，对此，你可以不同意，但应试着去理解别人的心情和情绪。所以说，我们一定要耐心把话听完，才能达到倾听的目的。

2. 要表示出诚意

真正的倾听不仅是带着一双耳朵，还需要用心去听。也就是说，如果你真的没有时间和精力，你可以客气地向对方提出来，这比你勉强去听或装着去听而表现出来的开小差的状态给人的感觉要好得多。听就要真心真意地听，这对我们自己和对他人都是很有好处的，安排好自己的时间而去听他人谈话是一件很值得的事情。

3. 要避免不良习惯

开小差，随意打断别人的谈话，或借机把谈话主题引到自己的事情上，一心二用，任意地加入自己的观点作出评论和表态等，都是很不尊重对方的表现，比不听别人谈话产生的效果更加恶劣，一定要避免。

总之，口才决不是只凭两片嘴皮子翻飞，而是一种综合能力的体现。一个说服能力强的人，必须具有敏锐的观察力，能深刻地认识事物。只有这样，说出话来才能一针见血，对准他人的胃口，达到成功说服的目的。

适时阐明观点，让对方心服口服

中国有句俗语：“最后的赢家才是真正的赢家，要笑就要笑到最后。”这句话一点也不假。我们在与对手交涉的过程中，只有手握底牌，在关键时刻阐明观点，才能出奇制胜，让对手心服口服。

秦末汉初农民起义中，张耳占据赵地后，号称武信君，张耳委托蒯通去范阳说服范阳令徐公投降。

蒯通在见到徐公后直接说："我蒯通乃一介草民。根据我对当前形势的分析，我认为徐公命不久矣，所以此次我是来给你吊唁的。不过，我也为你想出了一条生路，当然，前提是你要按照我说的做，从这一点看，我这次也是来恭贺你的。"

徐公就说："为何你说我命不久矣呢？"

蒯通说："徐公你在范阳为官十年，为了帮助秦国治理此地，你杀人父母，让孩子成为孤儿，断人手足，比这残忍的事你也做了不少。而这些人肯定也是恨你入骨，却没有杀死你，就是因为他们忌惮于秦国的法律。你再看看现如今，已是天下大乱，秦国的法律已经不起作用了，那些慈父孝子正在争着用利刃把你杀死。一来要化解他们对你的怨恨，二来杀你也可以得到名利。所以我蒯通知道你活不长了，因此才提前来给你吊唁。"

徐公又问："那你为何又说我有条活路呢？"

蒯通说："虽说我是一介草民，但是武信君却重用我，并采纳我的战争建议，我告诉他说，'打了胜仗才能得到土地，攻取之后才能得到城池，这已经是落后的战法了。不战而得地，不攻而得城，一纸公文就能搞定千里，这样的谋略你们愿意听听吗？'他们的将领都很感兴趣。我就说，'以范阳令徐公为例，他可以整顿士卒坚守城池。但是，人都是害怕死亡贪图富贵的，战到不行的时候他必要投降。但那时士卒都有了怨气，很可能把范阳令也给杀了。而这件事必然会传出去。其他地方的官员知道范阳令先投降却仍被杀害了，必然要固守。这样，其他城池就不好攻打了。现在不如以隆重的礼仪迎接范阳令徐公，一直把他迎接到燕赵接壤的地方，使其他城池的官员都知道，范阳令投降得到了富贵。这样，他就会争着来投降。这就是我说的一纸公文可以搞定千里。'现在你要是听我的话投降武信君，不但可以生存，而且可以继续享受富贵。"结果蒯通说通了范阳令徐公。

我们不得不佩服蒯通的口才，他之所以能成功说服徐公，在于他从正反两方面阐述了事情的利弊得失，让徐公心服口服。

其实，说服他人，就是让对方接受我们的意见。如果你也能和故事中的蒯通一样，在阐述观点的时候有理有据，那么，同样也能达到谈判成功的目的。

当然，要想做到让对手心服口服，我们在说服的过程中，还必须做好保密工作。现实生活中，一些经验尚浅的说服者总是重复着这种愚蠢的做法，他们不重视保密工作，随随便便地分享个人信息。要知道，有些信息此刻看似无关紧要，但它的泄露在将来可能成为一个致命的错误。为此，我们也必须谨记：

1．细心观察，了解对方

你需要具备一定的观察能力，只有这样，你才能发现对手是否在试探你。如果不注意观察，只怕直到输给了别人你还蒙在鼓里。当然，说服过程中的观察，无外乎针对对方的眼神、动作以及语言！

2．说话保持客观公正的态度，尽量隐藏好自己的目的和动机

一般来说，我们要成功说服对方，必须要探知对手的内心世界，从而攻破对方的心理堡垒。但无论你使用什么方法，一定不要让他知道你的企图。为此，在说话时，你要保持公正客观的态度。如果对方发现你说话时带有某些情绪色彩，那么，你就很容易被对方识破。因为一般来说，你探知对方的企图越明显，他越会觉得你“图谋不轨”，你要刻意影响他；相反，如果你无意中说一句话，假装不在意地提问，他反而会没有心理阻抗，也不会认真地琢磨你说的话，因为他觉得你没有操纵他的意图，这时，如果他的想法被你猜中，那么，他将会“中招”，将自己的真实意图脱口而出。

当然，你还应该在最后说话的时候尽力最大化你的优势，先观察对方的动作，尽量让对方先表态，然后根据对方的心理变化适时地调整自己的策略，并在最后的时候一举亮出自己的王牌，让对方心服口服。

融化顾虑：解除对方内心疑虑，甘愿被说服

在我们对他人进行说服的过程中，作为被说服者，对方似乎总是有着这样那样的顾虑，而这正是阻碍我们成功说服他人的最大障碍之一。面对对方的顾虑，我们不可强制对方接受我们的意见，因为从心理学的角度看，人们更愿意相信自己推理得出的结论，而对于他人强行灌输的意见，则会加深疑虑。此时，我们可以以退为进，在一开始接触对方的时候，从一些简单的认同开始，慢慢地侵蚀对方的防备心理，进而逐步开展我们的说服工作。

先人一步，主动说出对方心里的疑虑

我们都知道，很多时候，我们的说服工作之所以出现障碍，是因为对方心存不安，对我们的话有疑虑，如果不采取积极的措施打消对方的不安感，那么，对方最终会拒绝我们。事实上，对方出现疑虑是源自一种十分正常的自我保护与防卫心理，也是因为很多情况下他们听到的都是“报喜不报忧”的正面信息，比如说，一些销售人员为了说服客户购买，会吹嘘产品的功效，并不会提及产品的不足等。其实，我们应该主动说出对方心里的疑虑，从而显露出我们的真诚；只有打消对方的戒备心，我们与对方的谈话才能有进展。

小齐是一名供暖设备的推销员。一次，他要将一批供暖设备推销给某假日酒店，客户对他的产品很感兴趣，但到最后，却并没有如预料中那样顺利地成交。小齐知道问题出在了价格上，于是，他主动提出：“王总，我明白，可能您觉得我们的产品贵了些，这一点，我也承认，但在刚才我给您演示产品的过程中，您也看到了，我们的设备完全是一套节能环保设备，甚至可以变废为宝，这是其他任何供暖设备都不能做到的，这也能为贵酒店带来很多可观的收益……”小齐说完后，对方连连点头，最后顺利签约。

销售员小齐之所以能成功说服客户购买，就在于他能在客户提出价格异议前，主动告诉客户产品“贵”的原因。客户打消了“购买产品会吃亏”的疑虑，自然会选择购买。

在现实销售中，我们可能经常对一些销售前辈们的做法感到不解：为什么他们会主动向客户透露一些产品的缺点？这样做不等于赶走生意吗？其实，这些销售前辈们的做法是正确的。因为，任何一个客户都明白，没有产品是完美无缺的，如果我们只知一味地提产品的优势，而掩盖产品的不足，反而会引起客户更多的疑虑甚至反感。这种情况下，“不打自招”则会打消客户的疑虑。

所以，每一个销售员都应该明白：诚信是维持友好客户关系的根本，只有

以诚实的态度和恳切的心情去与客户打交道，才能拥有更多的客户，销售工作才能更好地进行下去。

那么对于说服过程，我们该怎样先人一步，先说出对方内心的忧虑呢？

1. 理解对方的不安感，表达同理心

同理心就是要站在对方的立场，从对方的角度出发来考虑问题。表达同理心是非常重要的，表达同理心能让对方意识到你跟他是始终站在一起的，无形之中就有效地拉近了双方的距离。表达同理心的方法有以下几种：

同意对方的需求是正确的；

陈述该需求对其他人一样重要；

表明该需求未能满足所带来的后果；

表明你能体会到对方目前的感受。

当然，说服过程中，我们在表达同理心时注意：不要太急于表达，更重要的是一定要站在对方的立场上去表达同理心，以免让对方以为你是在故意讨好他。

2. 主动向对方提供自己的、积极正面的信息，打消其顾虑

我们要想消除对方的戒备心，让其最终接受我们的意见，最有效的方法是说“实话”，但我们一定要用恰当的方式把有利于自己的信息传递给对方，让对方觉得听从你的意见是一个正确的决定，这样，可谓一举两得。

当然，整个说服过程中，当对方存有戒备心时，我们一定要有耐心，要用真心话拉近与对方之间的距离，如此对方才会逐步信任你。

尽情为对方描述接受说服后带来的益处

现实生活中，人们参与社交活动，多半都是有一定的目的的，也就是为了一定的利益。即使两个人的友谊再深，也不可能完全脱离利益而存在，比如，对方想结交某个名人，而你若能为其提供结交的机会，那么，对方就会主动先与你结交。因此，我们要想说服他人，也可以根据人们的这一心理，巧妙说出对方在接受说服后带来的益处，对方一定会主动接纳我们的意见。

一天，推销大师乔·吉拉德所在的汽车展厅又迎来了一位客户。经过沟通和了解，乔·吉拉德向她推荐了一款合适的车型。那位客户看着崭新的汽车，左转转右转转，好像非常欣赏。

“夫人，如果您不介意，可以坐上去试试。”

“是吗？你们对面的福特车行，每款车上都写着‘请勿触摸’的字，你们的可以试试吗？”

“当然可以！”

这位女士坐在驾驶座上，握住方向盘，触摸操作一番。从车里出来后，那位女士说：

“不错，新车的味道真好！”

“那您决定买这辆车吗？”

“哦，我再考虑考虑，好吗？”

“亲爱的夫人，您可能还不知道这辆车驾驶起来有多么舒服。您愿意把它开回家体验一下吗？”

“真得吗？”这位女士感到不可思议。

“当然，没有任何问题！”

后来，这位女士决定购买乔·吉拉德的车，因为她把车开回家之后，丈夫、孩子和邻居都赞不绝口，这让她感到很满足，于是马上决定购买。

可以说，乔·吉拉德可以成功推销这辆车，并不是因为他巧言推销，而是因为他善于暗示，引导客户接受产品的体验，进而主动购买。

从乔·吉拉德的推销经验中，我们也可以获得一些说服技巧上的启示，人们之所以不愿意接受别人的说服，要么是“没有看到自己即将失去的”，要么是“没有看到自己可能得到的”，关于后者，如果我们能通过语言描述法，让对方看到接受说服后带来的益处，他一定毫不犹豫地答应。

可以说，当今社会，任何人都逃不出利的引诱，暗示利益的存在，能让对方上钩，我们的说服目的也就在无形中达到了。具体来说，我们可以这样说服对方：

1.开发对方的想象力

人的想象力是惊人的，对于同一个事物，不同的人会得出不同的看法。

因此，如果我们在说服他人的过程中能充分调动对方的想象力，为对方描绘未

来美好的蓝图，将会对你说服他人有很大的促进作用。因为从心理学的角度看，一旦人们的内心世界已经形成一种美好的愿望，那么，他们是极其愿意接受实现这种愿望的途径的。下面这段话正展现了一个销售人员是如何劝说客户购买产品的：

“夫人，您想想看，如果您能买下这所房子，那么，您的孩子每次回家的时间就能减少半个小时，每次当他吃晚饭时，还能听到对面音乐厅里最悠扬的钢琴声。不失为一种美啊！”

这是一段具有强烈对比性的想象，想象之所以为想象，是国为它毕竟不是真实的，但客户听到这段话后，是不会产生异议的，因为，这只是对产品的一种自信。

2. 让对方参与，体验互动

人们常说“耳听为虚，眼见为实”，相比你所说的，人们更愿意相信自己的眼睛，更愿意看见真实的幸福生活。因此，如果你能调动起对方的视觉、嗅觉、味觉、触觉等感觉，那么，一旦他们对你的话产生了信心，是很愿意相信你的。

3. 要找到对方最想看到的“利益”问题，进行“利诱”

不同的人，关心的问题不同，能对其起作用的点也就不同。也就是说，我们利诱对方，要分清对象，比如，销售过程中，有些客户比较爱贪便宜，那么，你可以暗示他会有某些小礼品赠送；请客吃饭中，一些人比较看重可能会结识哪样的人，为此，你可以告诉对方饭局上会有某个名人、权威人士或者对方一直想认识的人……

4. 你所应允的“好处”应当属实

对方答应我们的请求，是因为我们加以利诱，而若他发现我们的承诺并不属实，自然会心生不悦。这样，我们说服的目的也就难以达到了。

总之，聪明的人在劝服他人的过程中，都会巧妙攻心，他们并不会苦口婆心地劝说，而是常使用“未来憧憬法”加快对方接受意见的脚步，一旦对方感受到你所描述的蓝图是美好的，那么，他们会毫不犹豫地选择听从你的意见。

设身处地为对方着想，让对方对你信任有加

我们都知道，我们若想说服他人，第一步要做的就是让对方信任我们，建

立良好稳固的关系，没有信任就没有说服，而要实现这一步，我们就要做到最基本的一点：从对方的角度出发，了解对方心里想什么、顾虑什么，说能打动对方的话，只有这样，对方才能真正放下戒备心，愿意接受你的建议。

在《战国策》中，《触龙说赵太后》一文生动记载了赵国左师触龙的高超对话艺术。

公元前266年，赵惠文王去世，新君年幼，由他的母亲赵太后摄政。秦国趁赵国新君登基不久，国内动荡之际，派大军大举进攻。为了挽救危机，赵太后决定向齐国求救。齐国答应了赵国的请求，但是前提条件是要赵太后最喜欢的儿子长安君为人质。赵太后不肯答应，大臣们苦口婆心地劝谏都无效。

事关国家安危，触龙决定再劝赵太后一次。太后怒气冲冲地等着他。触龙见状，就绝口不提长安君的事，而是和她大谈健康养生之类的话题，赵太后这才缓和了些颜色。

触龙请求赵太后给他的儿子舒祺在御林军中安排一个职务，赵太后爽快地答应了，又不解地问：“你们男人也心疼自己的小儿子吗？”

触龙说：“是的，比女人还有过之而无不及。”

太后却反驳说：“在这方面你们男人是远远比不过女人的。”

触龙说：“未必如此。其实男人和女人对孩子的爱还是不同的。女人只是一味地溺爱，而男人却总能为孩子的将来作打算。”又说：“我觉得，您疼爱燕后的程度远远超过了疼爱长安君。”

赵太后不认同他的观点，但是示意他继续说下去。

触龙说：“燕后出嫁以后，您每天都在想念着她。但是在您祭祀的时候，却一遍遍地向上苍祈祷不要让她回来。原因不就是为了让她在燕国长期待下去，希望她的儿孙一代代地做燕国的国君吗？”

太后说：“是这样。”

触龙又说：“在赵国，您赐给了长安君很多肥沃的土地，也给了他不少象征国家权力的礼器，我认为这不过是一种溺爱罢了，对长安君的将来并没有任何好处。您看，现在先王的子孙们还有几个保住荣华富贵的？真正疼爱自己的儿子，就要给他建功立业的机会，只有这样才能让他在国内站得住脚。试想，在您百年之后，身无寸功的长安君还能在赵国继续享受荣华富贵吗？我认为您

为长安君打算得太短了，因此，我认为您疼爱他不如疼爱燕后。”

太后听了，认为他说的话很在理，就说：“好吧，任凭您指派他吧！”

触龙利用父母喜欢疼爱孩子这一点，告诉赵太后疼爱并不等于溺爱的道理。他告诉赵太后，无端地赐予孩子高官厚禄，只能给他带来杀神之祸。只有让孩子为国家做出一定的贡献，才能让他有资格在赵国站得住脚。触龙用晓之以理、动之以情的形式最终说服了赵太后，令她同意将长安君作为赴齐国的人质，解除了赵国的危机。

其实，从这一案例中，我们还能获得启示，在说服他人时，我们要想消除对方的顾虑，就要学会换位思考，真正说为对方着想的话，对对方提出最真诚的建议，如此才会获得对方的信任，让对方把你当成死党，最终愿意采纳你的建议。

具体来说，在说服之前，我们可以这样做：

1. 提供真诚的建议

说服别人，在很大程度上可以说是情感的征服。任何说服的言辞，也只有建立在真诚的基础上，才能真正说服别人。

因此，即便我们希望对方认可和接受我们的说服，也不要为了说服而说服，要考虑到对方的需求，在沟通中认真加以分析，然后提出最符合对方需求的建议。

2. 认同对方顾虑的合理性

说服过程中，如果我们能认同对方的顾虑，表达同理心，会让对方觉得你是在为他考虑，就能争取到对方的心理支持，继而会拉近彼此的距离，从而为我们接下来的说服工作奠定基础。

3. 给出证据，打消对方的顾虑

客户：“我觉得你们的产品还是比较符合我们的要求的，但我还是比较担心产品问题，以这样质量的产品，应该不值这个价吧？”

销售方：“我知道您的顾虑，但您大可以放心，国家质检部门已经作过多次检验了，我们所有的产品的合格率都在95%以上，而且这型号的设备质量比其他的都好，它的合格率达到了98%，而其他公司的产品合格率才85%。”

客户：“你说的是真的？”

销售方：“是的，您看，这是我们产品的合格证、质检部门的检测报告……”

客户：“是这样啊。”

销售方："目前这款产品的销售情况非常好，全国一百多个城市都有我们的销售点，而最重要的是直到现在我们仍然没有接到任何关于这款设备的退货要求。所以，您大可放心。"

这里，销售方的谈判者是抓住了客户担心产品质量的心理，从事实出发，从而打消了客户的这种想法，最终让客户觉得购买该产品物有所值。

4.帮对方认识立即作定的好处

以销售为例，比如，我们可以对某位女客户说："其实，这不仅仅是一件产品，更是一种心意，是一种爱，不管它怎样，只要是您买的，您老公都会喜欢的。再说啦，如果他真有什么不满意的地方，只要不影响再次销售，我们特别允许您在三天内都可以拿回来调换，您看这样成吗？"

总之，说服过程中，聪明的人并不会从正面劝说，而是运用语言的艺术，并设身处地地为对方着想，合理铺垫，让对方自己得出结论。

巧妙过渡，别在一开始就表明你的说服目的

我们都知道，人都是精明的，很多时候，我们的目的是说服别人，但对方也会心存一定的 防备，若我们直截了当、一开始就表明我们的说服目的，对方很可能拒绝我们。因此，要想攻破这层堡垒，我们可以先不提自己的说服主题，先从家常式的谈话开始，层层剥离，让对方在不知不觉中接受和认同我们的价值体系和理念。

一位太太马上就要过生日了，往年，她的丈夫都会送她鲜花、巧克力或者香水等，但今年她希望丈夫能给自己送一枚钻戒。

这天，等丈夫回家后，她直接对丈夫说："过几天就是我生日了，我想要一枚钻戒，你送我行吗？"

"什么？"丈夫很吃惊地问她。

接着，这位太太说："每年的礼物都是那些花啊、巧克力啊什么的，很快就没了，我就想要一枚钻戒，钻戒是永恒的呀！"

"鲜花和巧克力才浪漫嘛，而钻戒，什么时候买都可以。"

“可是，我现在就想要一枚钻戒，你看我朋友张太太、邻居吴太太手上都戴了钻戒，就是我没有，就我没人爱……”最后，夫妻俩因为一个小小的生日礼物而吵了起来。

还有一个与之相似的故事，可以与上面那个故事形成鲜明的对比：

一位太太第二天就要过生日了，她对下班后回来的丈夫说：“亲爱的，今年我过生日就别再送我礼物了，好不好？”

丈夫很吃惊地问她：“为什么？肯定要送的。”

她没有说具体原因，反而继续说：“明年也不要送了。”

听完这话，丈夫更奇怪了。那位太太接着说：“我想把每年你送我礼物的钱存起来，一次存一点，积少成多，然后存到后年。”然后这位太太羞怯地对丈夫说，“我想让你送我一枚小钻戒……”

丈夫说：“噢！原来是这样啊！”最后的结果呢？她的丈夫还是在她的生日当天给她买了一颗大大的钻戒。

不难看出，在以上两个例子中，第二太太更懂如何让爱人答应自己的要求。

我们先来看第一位妻子，她着实不大懂得说话，一开始，她就否定了丈夫之前送的礼物，谁也不想被否定，不难想象，她的丈夫肯定会为此而感到不悦。接着，她又拿自己与其他人比较，称自己“没人爱”，这不但大大地伤害了她丈夫的自尊心，更否定了彼此的爱。当然，即使最后她的丈夫在一气之下给她买了钻戒，这样硬讨来的礼物，就算拿到，又有什么意思？她已经给丈夫留下了不好的印象！

至于第二例中的那位太太，同样是希望得到一枚钻戒，但她的做法就聪明多了。她没有直接提出自己的目的，而是反着来，先说不要礼物，最后才把真正的目的说出来。她称自己现在不要礼物是为了存钱，希望到后年拥有钻戒这一礼物，这样，她的丈夫当然会提前满足自己太太的愿望，这是多么美妙的事。这可谓是高超的说服之术。

其实，生活中很多情况下，我们在表明自己的说服目的之后，都会被对方拒绝，而如果我们能“曲线救国”，先从一些简单的认同开始，当对方消除防备心之后，再让对方一点点认可你的观点，如此行事的话，效果可能完全不一样。为此，我们可以这样做：

1. 得体的形象能让对方对你留下良好的第一印象

在和对方正式见面前，穿着一定要整齐干净，交流的时候不要太强势，要有很好的亲和力。让对方在轻松自如的环境中和你交流。也许对方会抵触你的说服话题，但不要让他抵触和你交流，所以，给对方留下良好的第一印象是我们成功说服对方的前提。

2. 先不提说服目的，向对方提出一个令其无法拒绝的要求

这里，我们还是以销售为例，很多客户对销售人员有很强的戒备心理，所以当他们看到销售员的时候，态度非常冷漠，甚至是敌视。这时候，聪明的你不妨先抛弃销售员这一身份，以一个普通人的身份提出一个人性化的要求。比如上个厕所，或者是喝杯水，要么问个地址。这些最起码的人性化的要求，一般人都不会拒绝，你的客户自然也不会拒绝你这类简单的要求。因为对方觉得即使满足你这样的要求，也不会影响到他，再说了，这些连陌生人都能满足的要求，销售员专门来拜访你，要是还不能满足，未免有些太不近人情了。客户满足了这些人性化的要求的时候，销售员要抓紧机会和客户套近乎，从而提出更高一些的要求。

3. 淡化利益观念

我们可以不和对方提说服的目的，只是聊家常，这样，当对方认可你这个人之后，自然愿意主动接纳你的观点。在消除芥蒂和化解误会后，双方之间的观点达成一致也就是水到渠成的事。

4. 层层递进，让对方接纳你的观点

也许你做了很多工作后，对方还是不接纳你的观点，此时你不可焦躁、把自己的观点强加到对方身上，你要层层递进，慢慢地接触对方的内心，不要急于求成，避免引起对方的反感，和对方发生对抗。

所以，我们要明白一点，任何一次说服工作都不是一蹴而就的，这需要我们作足心理准备、逐步打消对方的顾虑，进而认可和接纳我们。

善于观察，找到对方的顾虑并巧妙解决

现代社会，无论是寻找合作伙伴，还是业务洽谈，我们都免不了要说服他

人，我们需要说服的对象也是形形色色。有的人在参与这些活动时，有着明确的目的，可以说是直奔主题，这对于我们来说，倒也是很轻松，但大多数人却是疑虑重重，比如，有的客户在购买产品时，存在着怕贵、怕假、怕不适合、怕“花钱不识字”的心理；还有一些合作者，总是怕被骗，怕损失等，这些情况该如何解决？这就需要我们善于观察，找到对方的顾虑，并用正确的、积极的信息代替其内心的顾虑，最终达成说服目的。

推销员敲开某住户的门，与女主人对话，当他说明来意后，对方的回答是：

“我们现在不需要。”

“没关系的，您现在很忙吗？看得出来，您虽然很忙，但脸上一直洋溢着幸福的笑容，您的家庭一定很幸福吧！”实际上，女主人并没有笑，但听到销售员这么说，女主人果然笑了。

“噢，谢谢！我的确挺幸福的。”

“您丈夫对您一定也非常好吧，我看到屋内挂的全家福了。我知道您先生是一位事业成功、在业界有影响力的优秀人士。那句话说得没错，‘每一个成功的男人背后都有一个伟大的女人。’”

“呵呵，哪里！我也没有对他的事业帮到什么忙，只是每次他回到家里，能吃到热气腾腾、可口的饭菜，能换上干净的衬衣，能看到可爱的孩子。”

“是啊，这就是一种幸福啊……”聊着聊着，女主人已经沉浸在幸福里了。

“其实，我们对你的产品还是挺感兴趣的，等我丈夫回来后，我们一块儿去你那里看看产品。”女主人居然主动提到产品的事。

“好，谢谢！这是我的名片。”

案例中，这位销售员在被女主人拒绝后，仍然保持良好的态度，并对客户说了一些“动情”的话，从而试探出客户是一个感性的人；接下来，他便从情感的话题入手，谈到女主人的丈夫、家庭，从而获得了客户的认可，挽救了销售局面。

同样，在我们说服的工作中，对方心中也会存在不少顾虑，需要我们采取多种方式获得，具体来说，我们可以这样做：

1. 善于观察对方的一举一动

在面对我们的谈话对象时，我们要善于观察对方的一举一动，通过对对方举手投足所折射出来的心理活动，大致猜测出对方的顾虑。

2.巧妙提问，找到对方产生顾虑的原因

一位销售人员试图将一台新复印机推荐给客户。客户看起来也很有兴趣，但是他说要考虑一下。

“好极了！想考虑一下就表示您有兴趣，对不对呢？”

客户：“你说得对，我们确实有兴趣，我们会考虑一下的。”

销售员：“先生，既然您真的有兴趣，那么我可以假设您会很认真地考虑我们的产品，对吗？”

此处，销售员的这种问法能问清楚客户疑虑的原因，销售员还可以尝试着这样继续问下去：“先生，有没有可能会是钱的问题呢？”如果对方确定真的是钱的问题，销售人员已经打破了“我会考虑一下”定律。而此时如果销售人员能处理得很好，就能把生意做成。

3.积极发问确定对方的顾虑

在猜测到了对方的疑虑后，我们可以采取发问的方式来对问题进行确定，只有这样，才能抓住时机，步步深入，逐步打消对方的顾虑。

然而，初次沟通的时候，出于防备心理，我们的说服对象会有意无意隐瞒一些信息，而这些方面，都对我们的说服工作起着至关重要的作用。所以，我们在发问时，一定要注意方式，最好以温婉探问的方式，尽量在悄声无息中了解，否则很容易引起对方的反感，以致弄巧成拙。

总之，我们在说服他人前，只要善于观察、巧妙探寻、积极提问，便能了解对方的某些隐秘信息和顾虑。同时，我们一定要注意自己的言行，太过直接、明朗会引起对方的负面情绪！

第十七章 巧言说服上司，让你职场一路畅通

生活中，无论任何人来到职场，都要学会与人打交道，而这些交际对象中就包括我们的领导。事实上，我们几乎每天都要和上级领导沟通，很多时候的沟通是为了说服领导接纳我们的意见，进而更顺利地开展工作。我们发现，那些在职场如鱼得水的人，在说话时绝不会意气用事、违逆领导的意思，因为他们懂得揣摩领导的心思，随时为领导鞍前马后，维护其面子，表达忠心，说“顺耳”的忠言。如果你也能深谙说服领导的艺术，你自然能获得领导的接纳和支持，进而在职场一路畅通！

委婉谏言，让领导对你钦佩有加

在工作中，由于受到一些认识方面的局限等原因，即使是领导，也未必能作出正确的决策。这些决策，有些是不切实际的，有些对公司整体的利益发展并无益处，有些甚至是完全错误的。因此，作为下属的我们为了避免一些不正确决策的产生，关键时刻不可唯唯诺诺，你有责任也有义务对领导提出意见。然而，可能很多人会对此抱怨：我做了很多前期工作，花费了很多时间和经历，但到了真正劝谏的时候，却发现原来领导并没有听进去，更别说采纳我的意见了。

其实，这主要是方法和技巧的问题，只有掌握正确的、领导可以接受的方式和技巧，你的言语才会奏效。中国人素来很爱面子，尤其是做领导的，掌管了一定的权力，自然有一定的权威和尊严。古人有“君无戏言”的说法，古今中外的君王中，明知犯错却不知悔改的大有人在，其实也是这个道理，毕竟承认自己的错误也就等于失去了权威和面子。因此，作为下属的你，在谏言的时候，如果能够委婉一点，采取“曲线救国”的方法，那么，不仅能防止领导作出错误的决策，还能体现出你工作能力，更能因为保住了领导的面子，而获得领导的赏识。

在我国《后汉书》中，曾记载了这样一个故事：

有这样一个年轻的媳妇，他的丈夫叫乐羊子，乐羊子外出求学，长达七年。家中没有男人，日子逐渐艰难，甚至吃不上荤，乐羊子的母亲犯了馋，看到别人家的鸡误闯了她家的院子，就偷偷宰了吃了。

乐羊子的妻子知道后，不但没有跟婆婆一起享用美食，反而躲到一边偷偷抹眼泪。

婆婆就问她为什么。她回答说：“自伤居贫，使食有它肉。”意思是说，怪我自家穷，没有能力把婆婆侍奉好，因而使饭桌上有了别人家里的肉。

在封建社会里，儿媳对婆婆是不能直截了当地批评的，乐羊子的妻子以自责的方式委婉地提出批评，诱发婆婆的廉耻之心，结果使婆婆惭愧得无地自容，只好端着煮好的鸡到失主家认错赔礼。

其实，这个故事也可以应用到职场，那么，聪明的你们，是否也懂得如何向领导谏言呢？

我们在向领导谏言的时候，一定要明白彼此的身份，委婉表达，照顾到领导的面子，“曲线救国”更易达到目的。

对此，在进谏的时候，应该掌握以下技巧：

1．知己知彼，方能百战百胜

在说服领导前，对于领导的脾气、性格和处事方式等，你都要作个全方位的了解，如果领导是个开明的人，你就不必浪费时间、大费周章，你大可以直接说明，这样的领导一般都对直言进谏的下属有好感。而如果领导比较固执，你最好准备几套方案，此套不行施彼套；同时，一定切记不能与之正面对决，迂回处理，他更能接受。

2．注意说话态度，要注意分寸

与领导沟通，你需要注意说话的态度和敬语的运用，恰到好处地表达出你的意思。鉴于你的坦率和诚意，即使对方不完全赞同你的观点，也不会影响到他对你个人的看法。

3．领导需要的是建议而不是意见

你在对领导提意见的时候，不要只说“不行”，要多说“怎么做”。只有你先对领导提出更好的解决方案，他才会放弃自己原有的想法。

4．不要否定你的领导

很多领导不愿意接受下属的意见，是因为他觉得一旦接受，就意味着自己的智慧不如下属。抓住领导的这一心理，你在提出意见前，一定要肯定领导，这样，他接受起来也就容易多了。

5．有些意见可以私下提及

比如，如果我们提出的建议可能威胁到其他同事或领导的建议，那么，我们最好不要在诸如公司例会这样的重要场合提出来。因为此时提出来，即使你的领导觉得你的建议很有见地，也不一定敢于接受，因为领导也不愿意得罪很多人。另外，如果你的建议是针对领导个人的某些决策或者失误，你也最好不要在公开场合提出来，因为任何领导都不希望在公共场合失面子。对于这些建议，我们都可以在私下里以邮件、手机短信等方式提出。

总之，向领导谏言能体现下属对领导的忠心，但并不是所有领导都愿意听下属的直言进谏，直接的反对言辞会让他感受到自己的威严受到了威胁和质疑，因此，聪明的下属在向领导表达不同意见时，会采取曲线救国的方法，这样不仅能让领导更易接受，还能让领导看到自己的能力与忠心。

有技巧地汇报工作，让领导更信任你

身处职场，我们都明白一个道理：任何一个领导，都不喜欢下属跳出自己的视线之外，更不希望下属玩小动作，他们都希望全程掌握下属的工作状况；但“日理万机”的他们，不可能做到事无巨细。此时，哪个下属能主动做到向领导汇报工作，谁就能与领导混个面熟。另外，经常性地向领导汇报工作，还可以表现出自己对工作的责任心、工作的努力程度，并可以获得领导的指正，不断修正方向，减少失误。

因此，作为一个下属，你若想要赢得上司的信任，就必须学会主动、巧妙地汇报工作，以此给上司吃一颗“定心丸”。

小薇从大学毕业以后就在现在这家民营企业工作，转眼已经三年了，她也从一名部门职员升职为客户经理。小薇之所以升职如此快，是因为她一直很懂得与领导沟通工作，而最近，由于事情多、很忙，她就忘记了对领导汇报工作。

有一天，她在开会时批评下属说：“你们现在好像整天都很忙啊，好像都不汇报工作了。”可是，会后，她听见员工们说：“何总光会说我们，她自己好像也有十天半个月没有去总经理办公室了吧！”这话倒提醒了小薇，她想，这段时间，工作是很忙，但是也没有忙到没时间去向上司汇报工作情况的程度，怪不得总经理这些天好像对自己有意见似的。如果自己能每天、哪怕是每两天抽出一个小时的时间走进上司的办公室向他汇报自己的工作，可能就不会是这样的情况了！

想到这里，小薇立即安排秘书为自己作工作详细记录，第二天她走进上司的办公室，对老总说："总经理，这是我近来的工作进度，请您审查。"上司对她流露出微笑，说道："有进步啊！"小薇也报以微笑。

从案例中，我们发现，在与领导沟通时，主动的态度十分重要。主动汇报工作，与领导及时交流，不仅能及时更正我们的错误或不当的工作方法，还能让领导放心。

然而，我们也看到，一些职场人士要么害怕见到领导，不敢主动汇报工作，要么在汇报时不得要领，失去了展示才华的机会，更重要的是，也失去了上司的信任。

可见，向领导汇报工作一定要对味，对于不同的领导，汇报的详尽程度是不同的：对那些只重结果的上司，只须强调工作成果，切忌喋喋不休地详述过程；而对那些看操作细节的领导，你则最好事无巨细都报告清楚，方能精准得分。

那么，在向领导汇报工作的时候，该注意些什么呢？

1. 表达服从

古往今来，上下级之间，下级服从下级，这是天经地义的事，虽然也有很多下级冲撞上级，但他们都为此付出了代价，当今职场，这一规则更是不可动摇。因此，在汇报工作的时候，我们一定要注意这一点。也就是说，汇报工作，我们要尽量把焦点放在"汇报"上，而不能越权，更不能说越位的话。

2. 汇报要有重点

工作中，你可能会遇到多件事需要一起汇报的情况，此时，你对每件事都应考虑周全，突出重点，在表达时不可啰唆絮叨，要力求简洁，毕竟领导的时间是宝贵的，另外，简洁有力的表达会让领导对你产生好感。

3. 条理要清晰

给领导汇报前，不妨先做个文字整理工作，用一、二、三、四、五来列点，言简意赅，层次分明，用最精练的语言，较准确地表达自己的汇报意图。

4. 了解领导的想法

我们在汇报工作前应懂得揣摩领导意图，领悟到领导更倾向于哪一种解决方案。因此，你也可以先把某一种方法放在前面说，然后再把其他建议也一并给领导汇报，供领导决策参考。

5.多提解决的方法

在汇报工作中，最重要的部分是提出问题的解决方法，而不是单单提出问题。

作为下属，我们的工作不是问询领导该如何解决问题，而是要提出方案并获得领导批准。如果什么都让领导来处理，就不需要下属了。

当然，在我们准备解决方案时，要多预留几套方案，这样，即使领导否定了其中一种，我们还有其他的方案。

6.关键地方多请示

我们还要善于在关键处多向领导请示，征求他的意见和看法，把领导的意志融入进专注的事情。

总之，任何一个职场人士，都应该学会揣摩领导的心思，主动向上司汇报工作，并掌握一定的汇报技巧，如此，才能让上司满意你的表现。

表露成绩，职场晋升是需要争取的

生活中，我们常听到这样一句话："会哭的孩子有奶吃。"这句话是要告诉我们要懂得表现自己，同样，身处职场也是如此。不少人认为只要埋头苦干，做好自己的分内工作，自己就是"先进工作者"了。实际上，这种想法是错误的，你这样做，只会给人留下老实、踏实的印象，一旦时间久了，你就会被领导忽略，如升职、加薪等好事自然也与你无关。任何一个领导，都喜欢充满激情、富有创新、敢说敢想的员工，这样的员工通常都会得到重用。

小秦毕业于一所不太知名的大学，在面试的时候，没有任何一家大公司愿意向他伸出橄榄枝，于是，他来到了现在这家小公司。

这家公司成立时间不长，客户管理基础比较薄弱。一次和信息部开会时，他提出尽快做一个CRM——客户关系管理系统这一建议，得到不少销售经理的支持。但信息部的经理却以工作忙、项目多为由拒绝了。公司老板也觉得人手少、开发成本高，没有表态。

事后，小秦继续和信息部门的一些员工沟通说："请你们给我三个月的时间，我一定会让你们看到成绩。"信息部也觉得客户数据管理太乱，万一数据外泄，他们也得担责任。于是，小秦继续和信息部门的人合作，并给出了很多合理化建议，最终，在几方的努力下，公司的CRM顺利出炉了，整个公司的销售业绩也有了很大改观。为此，信息部的经理在老板面前还夸小秦"多面手"。

经过这次后，公司新员工小秦在其他同事尤其是老板心中，留下了很好的印象，后来，老板还连续把一些重大项目的开发工作交给了小秦。

小秦这种表现自己工作能力的方式可谓是"曲线救国"了，以一种间接、自然的方式，让领导接受了自己的意见，表彰了自己的功劳。当然，要向领导表达我们与众不同的见解，除了要像小秦一样敢说以外，还必须要注意，我们的见解一定是要能奏效的，否则，非但不能让领导对我们刮目相看，反而等于给自己制造了一个负面形象。

可能很多人会很困惑，工作业绩不就说明了一切吗，难道还需要"自吹自擂"吗？其实，自我表扬并不是一种自吹自擂，也不是办公室政治游戏，而是一种提高能见度的方式。 事实上，老板最容易患"近视"，让上司了解到你的努力是非常重要的。

当然，怎样表露成绩也考验到我们的口才，我们只有选择合适的时机、用巧妙的方法才能让领导接受，具体来说，我们可以这样做：

1.汇报工作要对准领导口味

定期做工作报表、抄送重要的工作邮件等，都是不错的汇报方式，但我们需要注意的是，我们的工作汇报一定要对味，对于不同的领导，汇报的详尽程度是不同的：对那些只重结果的上司，只强调工作成果，切忌喋喋不休地详述过程；而对那些看操作细节的领导，你则最好事无巨细都报告清楚，就能精准得分。

2.找准时机，为自己邀功

身处职场，我们与领导抬头不见低头见，例如电梯里的照面、茶水间的闲聊或餐厅里前后排队。一些下属认为与领导碰面是一件尴尬的事，所以，他们多半都会装作鸵鸟——假装没看见领导，或是紧张兮兮地说些言不由衷的话。而事实上，这正是我们向领导展示自己功劳、自我表扬的好机会。因为，当没有其他人士在场时，领导对你的关注度会增加很多。

比如，我们可以随口说："张总，上周末我参加一个朋友的婚礼，遇到一位老总，跟他介绍了我们的业务，对方很有兴趣，并表示愿意给我们时间拜访，这周二我打算去登门拜访，详谈合作。"这样，你的领导就会觉得，即使在他看不到的地方，你也在利用一切机会为公司争取资源。如此一来，他怎能不对你心生好感？

3. 为自己找个"代言人"

这也就是人们说的借助他人之口表扬自己。如果你觉得实在做不到开口"表扬"自己，尤其是向自己的上司表扬自己，那么，你还可以尝试这样一招：找一个赏识你的人做个形象代言。借他之口，来为你间接公关。例如，在某些会议上，当领导要求发言时，他可以为你打头阵："这个案子从刚开始就是小张跟进的，他贡献不小，我们不妨听听他的看法。"或在私下场合三不五时地提及你的"成绩"，这样的侧面表扬更加显得客观有力。

总之，我们应该学会巧妙地将自己的成绩传达给领导。毕竟，当今社会已经是一个信息化时代，光会做事不够，还要会说出来，更重要的是要掌握方法，才能得到认可。一味地工作，并不能让上司看到，即使你累得半死，也与升职、加薪无缘！

赞美有新意，"拍领导马屁"并非易事

前面，我们已经提及了赞美的好处和威力。每个人都长着爱听赞美之言的耳朵，而我们的领导也是人，也有这一弱点，因此，不懂得如何赞美领导，你就永远别想走近他的身边。不要吝惜你的赞美，因为它不会让你有所损失；而一旦你忘记了赞美，你却有可能付出代价。为什么要这么说呢？道理很简单。不赞美、不祝贺领导的成功，或者说领导感到快乐的时候你却感到不快乐，这

必然会引起领导的怀疑：他为什么对我不高兴？难道有什么事使他对我怀恨在心？他竟敢公开表示对我的不满意！由疑而怨，由怨而恨，势必使领导感到不快，进而影响你们彼此之间的感情。但赞美领导，“拍马屁”也要讲艺术，循规蹈矩、墨守陈规的赞美只会让对方感到毫无新意可言，起不到赞美真正的作用。而假若我们善于观察和挖掘，找到别人未发现的优点，这样说出来的赞美之言就会更显新意和诚意，更会给被夸赞的人留下既美好又深刻的印象。

明朝刚刚建立不久，朱元璋坐稳江山，意气奋发。一天，他突然雅兴大发，叫来了宫廷画师周玄素，命令他在大殿的墙壁上绘制巨幅“天下江山图”，以彰显自己的丰功伟业。周玄素赶紧上前谢罪，说：“微臣才疏学浅，又没有走遍九州，斗胆恳请陛下启动御笔，勾勒本图规模，臣再润色。”朱元璋听完之后，提起御笔，嗖嗖几下，就在墙壁上画出了一幅“天下江山图”的大致轮廓。随后，对周玄素说：“朕已构建了草图，你加以润色吧！” 周玄素奏道：“陛下江山已定，岂可再有改动！” 朱元璋听了哈哈大笑，随即赞扬了周玄素，作画的事也便就此作罢了。

周玄素是个绝顶聪明的人，他抓住机会利用“江山已定自己不敢再改动”之辞，不但推卸掉作画的“苦差事”，而且把赞美的话巧妙地说到了点子上，说到了朱元璋的心坎里，让朱元璋如饮甘霖，舒心之极。心理学家研究表明：人内心的期许受到外界因素的影响很大，同样一句赞美的话，表达的时机不一样，表达的程度不一样，对方的接受程度也是不一样的。

中国几千年的传统观念认为，道德高尚的人是刚正不阿的，绝不会做讨好他人、说好话之事，似乎只有不善言语的人才是君子，而那些能言善辩的人就被认为是谄媚之人。正是因为这样的错误观念沿袭至今，才导致很多人认为与领导沟通就有奉承之嫌，对于领导避之唯恐不及，生怕同事间传出闲言碎语；久而久之，似乎只有远离领导，孤立领导，才是自己“无欲则刚”的良好道德的体现。但实际情况并非如此，那些溢美之辞有一种让人难以抗拒的魔力，而如何说话，却又是一门学问。“马屁”拍得好，是建立职场沟通渠道的有效方式之一。具体来说，我们在赞美领导身上的闪光点的时候，需要做到：

1. 真诚

赞美，只是与领导相处时的一种说话方式而已，并不是我们的主要工作，如果一个人整天为了拍领导马屁而费尽心思、处心积虑，那么，这就真的让人心生厌恶了。另外，如果你不欣赏领导，也不喜欢领导，认为他并不值得赞美，就不必假惺惺地去赞美，虚伪的赞美只会让领导觉得你是在嘲讽他，而不是夸赞他。

2. 知己知彼，马屁要拍对

一些职场中人，本想恭维一下领导，却对领导的一些性格、性情等方面不了解，只顾说一些好话，遇到刚正不阿的领导，本也喜欢一些溢美之词，却由于那些恭维话说得毫无新意，全是客套话，并心生厌恶，这就是马屁没拍好。只有针对领导具体的嗜好、优点等方面进行赞美，才能收到展示自我、迎合领导意图的最佳效果。

3. 背后赞美效果更佳

当着领导的面夸赞领导，很容易招致同事的轻蔑、排斥甚至是排挤。为了恭维领导而得罪同事，这并不值得，毕竟与我们共事较多的还是同事，而且，这种正面歌功颂德的方式能够产生的效果并不大，甚至会有负效果。

4. 注意赞美的“度”和“量”

赞美领导，固然是好，可是不能不注意“度”和“量”。太多赞美言辞，领导会听烦；赞美之词过于虚假，言过其实，也会让领导感觉你耍嘴皮子，不可靠。所以，赞美一定要注意一定的“度”和“量”，方显真诚。

总之，职场需要赞美，作为下属，为了让工作顺利开展，我们必须和领导搞好关系。让领导知道你发现了他身上的闪光点，这往往会让领导很受用。“高帽”要戴好，也是有技巧可循的，要不落俗套，才能让对方受用。循规蹈矩、墨守陈规的赞美只会让对方感到毫无新意可言，起不到赞美真正的作用。

说话要始终维护领导的面子，体现出你的贴心

身处职场，我们每天都要与周围的同事、领导沟通，因此，学会如何说话很重要。职场中，领导必须面对各种人际关系，他们处理各种人际关系的时

候，也会因经验或能力的不足而面临尴尬的局面，或与客户争吵，或被他的上司批评，或被同级嘲笑……上司都是爱面子的，很多时候，他们即使遇到一些自己无法控制的局面，也不会向下属开口，此时，聪明的你应该自觉地帮领导寻找一个台阶，替领导“打圆场”，以尽快让领导摆脱难堪的局面。这样，你的领导一定会心存感激。与领导站在了同一条战线，你也就成了领导的心腹。相反，如果领导遇到困境而你熟视无睹，一副与己无关的样子，那么他自然会找借口发泄对你的怨气。

众所周知，窦文涛是香港中文台的名嘴，一次，他到重庆，说错了一句话，他把“重庆人”说成了“四川人”，惹得重庆人不高兴。他的秘书用委婉的语气给他纠正，并拿“北京人”与“河北人”的关系打比方，窦先生不但不生气，反而豁然开朗，对秘书倍加感激，他们之间的关系更默契了。

一个贴心的下属就应该像这位秘书一样，始终站在领导的角度考虑问题，当领导陷入尴尬境地时，第一个站出来为其解围，这样，不仅能保住领导的尊严，还加深了与领导的关系。

的确，作为下属，辅助领导完成工作任务是天经地义的事，但要想让工作开展得更顺利和愉快，我们还要学会和领导搞好关系。当领导陷入尴尬境地的时候，我们要帮领导寻找到“台阶”，这样不仅能让领导尽快恢复正常工作的状态，而且能缓和气氛，最重要的是，领导会因此感激你，把你视为贴心的工作搭档。

我们也发现，不少职场人士总是那么细心周到，无论什么场合，他们都作好了随时为领导补台的准备，当领导做了不该做的事、说了不该说的话而陷入尴尬境地时，他们也总是能巧妙地为领导找到台阶，让领导对他们心生感激。的确，又有哪个领导不喜欢这样的下属呢？

想学会帮领导找台阶、维护其面子，你需要做到以下几点：

1. 揣摩领导的心思，了解领导的意图

很多时候，领导即使需要帮助，也不会直白地表达出来，需要下属细心揣摩。原因有很多，但最普遍的情况是，领导碍于面子，不便随意表态。但倾向性意见不难猜测，这时你应该揣摩，不能强迫领导明确表态；与领导相处，最为重要的是那份“心领神会”，形成默契。有些事领导还没说，你就已经做好了，领导当然会对你赞赏有加。凡事等领导发话你才做，便为时已晚，他已经在心里给你打了低分。

2.审时度势，学会打圆场

工作中，如果你在领导身边工作，更要学会见机行事，当领导陷入尴尬境地需要有人圆场时，切不可置之不理，毕竟很多场合领导不方便开口求助。

3．维护上司的形象

当上司与第三者谈话时，作为下属，如果你在场的话，要对对方的言语随时保持警觉，当上司处境不利时，马上给予应和，拥有这样的部属，是上司最感骄傲和值得炫耀的。当你给上司这样的印象时，他当然是会给你相当高的评价的。

4.给领导台阶，切记要保住领导的面子

对于领导来说，面子是最重要的，给领导找台阶，也就是为了此目的，切不可本末倒置。

第十八章 说服谈判对手的策略：在心理较量中争取最大利益

现代社会，无论是在生活还是工作中，我们都免不了要与人交涉、谈判，通过谈判，我们能获得权力和利益。而假若你参与过谈判，你就深知谈判过程中最为重要的就是赢得谈判主动权，谁能掌控好情势，谁就会是最后的赢家！而“谈”判，最主要的部分自然是“谈”。但如何“谈”得成功，还需要你掌握一些说服技巧，只有这样，才能建立心理优势，从而使谈判结果有利于我们。

把握主动，始终引领对方的思维

现代社会，人们在很多领域都需要通过谈判来解决问题。但成功谈判并不是一件易事，首先要求我们在谈判中把握主动权。的确，任何谈判从实质上来说都是打心理战，谁先丧失主动权，谁就先偃旗息鼓而败退，要想克敌制胜，就必须始终引领对方的思维。

曾经有个商人听说卖沉香很赚钱，就到外地买了一车沉香，然后去市集卖。谁知道，因为沉香价格比较昂贵，所以很少有人会买。令他沮丧的是，旁边一个卖木炭的小贩，居然不到半天就把一车木炭卖光了。商人心想，这不是办法，于是，他绞尽脑汁，想到一个办法，并且，他为自己的智慧感到很骄傲。

原来，商人的办法就是将沉香焚烧成木炭，果然，他一把火将一车名贵的沉香烧了，当然，他的新货也一下子被抢光了。对此，他并未觉得有何不妥，还高兴地数着自己赚到的钱。

看完这则故事，我们不禁会想，这个商人真是愚蠢之极，他虽然卖出去了商品，却失去了更多。

谈判中，我们发现有一些谈判者也是如此，他们的性子太急，做事总是匆匆忙忙的，尤其是在成交阶段，在说服对方成交的过程中，他们不仅没有掌控对方的思维，反而被对方牵着鼻子走，最终在谈判中失利。为了避免这一点，我们在谈判中必须要学会以下技巧：

1.巧妙利用冷场

谈判过程中，选择恰当的时机沉默，可以起到带动对方情绪的作用。这里的时机，可以选在以下三个阶段：

第一，在讲话的开头。在谈话开始后就沉默，能让对方主动开口。而这种沉默的方式还可以继续分为两种：一种是吊胃口，也就是你说一段话，然后保持沉默，此时，对方会接下你的话茬儿。比如，你是某领导，你的下属在工作中出现了问题，你想找他谈谈，但他就是不说话，于是，你可以这样说："小李，我知道你不知道说什么，那么，就让我先说，等一下我说的时候，如果你发现我有说得不对的地方，你一定要指出来。"接下来，你就对这一问题开始讲，当你讲着讲着，对方肯定会跳出来指出你说得不对的地方，一来二往之间，两人就把话说开了。这是第一种冷场的方式。还有第二种方式，那就是真正意义上的冷场，即在开头就冷场，假若对方是个急性子，那么，他一定受不了会这种冷场而主动说话的。

第二，是在讲话的中间冷场。这样做的目的是为了转移方向。举个简单的例子，你原本想和对方谈论孩子教育的问题但不知道为什么谈着谈着就谈到了服饰的问题了，为了把话题拉回来，你可以冷场几分钟。对此，你可以说："刚才我们谈到孩子的教育问题。"然后冷场，一秒、两秒、三秒，前面的话题就回来了。

第三个冷场就是在谈话即将结束的时候。这时候使用冷场的妙处在于表达了你已经耐心听完了对方的谈话，一般来说，谈判结束后，停十几秒再答话比较好，这样能给自己一点思考的时间。

总的来说，冷场并不代表我们语塞，而是一种谈话技巧。这就相当于一种机关，这个机关可以设在谈话的开场、中间，也可以是结束。

2. 声东击西

在谈判中，声东击西其实就是转方向。比如说，你和客户在交货时间与价钱上都有分歧，客户的要求是价钱要降低，但交货时间须提前。为此，你不妨先在一个方面妥协一点，比如你可以把交货时间提前一个星期，但价格绝不能下降。此时，客户在你答应一个条件后，自然还会在另一个问题上和你软磨硬泡，对此，你可以这样说："好啦！我价钱也让给你一点点。"客户肯定很高兴，以为自己两方面都争取到了，但他可能没有发现，你真正要守的就是时间。这里，先从时间上入手，故意称不讲价，此时对方的注意力就会被吸引到价格上，而过了一阵子以后，你再为他降价，对方自然满意，而你在时间这一关上便守住了。

3. 喊停

谈判过程中的暂停常常是给自己一些空间和时间，例如客户的话题跑得很远，这时就得喊停了。喊停后重新回到谈判桌上，理论上是谁叫停，谁就先讲话，也就是叫停的人取得下一回的发言权。

4.加议题

加议题有两种：

一种是把人变多。比如，原本客户只是和你在谈，但客户认为你的产品太贵，此时，你不妨再为自己找个行业内的伙伴，进行策略联盟，让他们把自己的产品也晾出来，这样，客户需要考虑的就不只是你的产品了，他会进行比较，最终他会发现，虽然你的产品稍贵一些，但在各个方面都比其他产品优秀。最终，他在权衡之下，当然会接受你的意见。可见，把人变多这种加议题的方式能分散客户的注意力，最终让其调整谈判意见。

另一种加议题的方式是转移话题。还以价格问题为例，若客户希望你降价，那么，你就可以直白地告诉他，如果想降价，那么在售后和质量上就没有保证了。此时，对方必然会担心质量和售后问题，并且会询问，这两方面怎么会有问题呢？此时，你就会发现，谈判的中心已经不是价格了，而是质量和售后。这就等于开始了另一场谈判，主题就是唯有价钱合理，才有质量保证，相信到最后客户会放弃降价的要求。

但在把握客户谈判思维的时候，我们一定要注意：

（1）保持冷场的时候，一定要把握度和掌握好对方的性格，有些人不喜欢冷场。

（2）要细心。这是任何一个谈判者必须要具备的品质。

（3）要耐心，不要急功近利。行事冲动，极易导致推销失败。尤其是在促成阶段，对方所作出的任何一个决定，那都不是一时冲动，他们需要权衡各种客观因素，同时还可能受到主观因素的影响，如心情好坏等。因此，作出决策是一个极其复杂的过程，并不是一蹴而就的。在这个时候，我们应该给对方一定的考虑时间，并耐心等待对方作出决定。

以退一小步、进一大步的说服技巧取胜

相信任何一个经验丰富的谈判者都知道，从利益的角度看，双方都希望获

得一种公平公正的协议方式，但事实上，在谈判桌上，面对一些棘手的利益冲突问题，双方常常会就某个问题争执不下，不肯妥协。例如，在国际贸易中的交货期长短问题，最终的价格条款的谈判问题等。此时，作为一方利益的代表者，如果你死守自己的立场，不肯退步的话，那么，你迎来的不是谈判的失败就是僵局。

一般来说，参与谈判的人都身兼重任，因此，很多时候他们不太敢用退出来要挟对方，生怕谈崩了弄得鸡飞蛋打。而谈判老手都会“不择手段”地揣摩对方的真实意图，一旦摸清了底牌，就掌握了谈判的主动权，这时再以什么方式取胜，便是技术问题了。以退要挟达到进的目的，就是常用的一种。

春秋时候，晋献公因为听信谗言，杀了太子申生，又派人捉拿申生的异母兄长重耳。重耳事先知晓此消息，就逃出晋国，在外流亡十几年。后来，经过一番跋山涉水，他来到了楚过，楚成王是个有远见卓识的君王，他认为重耳日后必定大有作为，在听闻重耳来到楚国后，便以国君之礼相迎，待他如上宾。

一天，楚王设宴招待重耳，两人饮酒叙话，气氛十分融洽。

忽然楚王问重耳：“你若有一天回晋国当上国君，该怎么报答我呢？”

重耳略一思索说：“美女侍从、珍宝丝绸，大王您有的是；珍禽羽毛、象牙兽皮，更是楚地的盛产。晋国哪有什么珍奇物品献给大王呢？”

楚王说：“公子过谦了，话虽然这么说，可总该对我有所表示吧？”

重耳笑笑回答道：“要是托您的福，果真能回国当政的话，我愿与贵国友好。假如有一天，晋楚国之间发生战争，我一定命令军队先退避三舍（一舍等于三十里），如果还不能得到您的原谅，我再与您交战。”

四年后，重耳真的回到晋国当了国君，即历史上有名的晋文公。晋国在他的治理下日益强大。

公元前633年，楚国和晋国的军队在作战时相遇。晋文公为了兑现他许下的诺言，下令军队后退九十里，驻扎在城濮。楚军见晋军后退，以为对方害怕了，马上追击。晋军利用楚军骄傲轻敌的弱点，集中兵力，大破楚军，取得了城濮之战的胜利。

这就是“退避三舍”的故事，以退为进，先让对方三分，让对方放松警惕，此时再一举进攻，便能一举攻破对方的弱点，获得最后的成功。

同样，我们在谈判的过程中，也要善于变通，不要一条道走到底，这并不利于成交。我们要学会先退一步，缓解紧张的谈判氛围，减小损失，以便日后获得最大的利益。

一位营销专家曾经说过：“谈判并非是一条直线，而是一个圆，销售员处于这个圆上的某一点，我们的目标是到达圆内的另一点。当我们无法朝着一个方向直线前往的时候，我们完全可以转个身，退后几步，从另一个方向跨越障碍到达目的地。”一些销售工作之所以失败，往往也是由于销售员在销售时缺乏变通，不懂得“以退为进”，浪费了不少口舌却得不到客户的点头。因此，当销售员凭借单纯的产品介绍和热情无法赢得客户的青睐时，不妨采用“以退为进”的谈判法，这样往往能让销售工作快速取胜。

同样，谈判中，我们不要画地为牢，误以为这是谈判，就非得谈不可。有时候，离开谈判桌，反倒是成交的有效手段。

说服对手的过程中，只要我们能掌握对方的底牌，懂得退一步的话，那么，必当能置之死地而后生，获得更大的进步。但在使用这一策略的时候，我们需要注意以下几条法则：

谈判法则一：一定要充分利用各种手段进行造势，在外部环境给对方形成压力和动力。

谈判法则二 ：处在被动状态时，一定要想办法给自己一个调整的时间和空间。

当谈判处于僵局时需要退步，你可以先告诉对方，由于该项目比较重要，拍板权并不在你的手里，你做不了主。多数时候僵局不是因为根本性的原则问题，而是面子问题，你一软下来，给了对方面子，对方也就软下来，再一起吃饭聊聊天，气氛一缓和，往往也差不多了。

谈判法则三 ：不能急于求成。

对于今天谈不下来明天就属于其他人的“项目”，谈之前一定要清楚自己的底线，在一定范围内妥协让步，如果超出了底线，干净利落地放弃，不要纠缠；而如果“项目”是你眼中的璞玉、别人眼中的石头，就可以慢慢谈，计算得失优劣。

总之，在我们说服谈判对手的过程中，在利益冲突不能采取其他的方式协

调时，聪明恰当地运用让步策略是非常有效的方法。但无论如何，我们千万不能顺着对方思路走，一定要有自己的主线，让对方跟着你的思维。

欲擒故纵，让对方钻到你的“套”里

生活中，可能很多恋爱高手都会使用这样一招：想要抓住你，却故意装出一副不理睬的样子，这样更加吸引了你的注意，这就是心理学上的欲擒故纵术。欲擒故纵中的“擒”和“纵”，是一对矛盾。军事上，“擒”是目的，“纵”是方法。古人有“穷寇莫追”的说法。实际上，不是不追，而是看怎样去追。把敌人逼急了，它只得集中全力，拼命反扑；不如暂时放松一步，使敌人丧失警惕，斗志松懈，然后再伺机而动，歼灭敌人。

美国的一家航空公司要在纽约建立一座规模庞大的航空站，他们找到实力强大的爱迪生电力公司，希望该公司能在电价方面给予优惠。

这是一笔航空公司向电力公司求助的买卖，所以，电力公司自认为掌握了谈判的主动权。因此，态度强硬，他们告知航空公公司，假如航空公司要求低电价的话，是不可能被公共服务委员会批准的，所以，他们也不敢擅作主张。

面对谈判中出现的这一难题，航空公司马上作出相应的反击，他们明确表示，如果电力公司不给出优惠电价，那么，他们会做到，马上从项目资金中抽出一部分来建发电站，这就意味着电力公司将失去一个最大的用户，其经济损失将是不可估量的。

航空公司此言一出，电力公司便慌了神，他们马上改变了原来的傲慢态度，找到公共服务委员会，请求委员会从中说情，表示愿意给予航空公司最大的优惠价格。于是两家公司顺利地达成了协议。

人都是这样，得不到的都是最好的，越显得弥足珍贵。航空公司在这次谈判中之所以能以优惠价格达成协议，就是因为他们抓住了电力公司害怕失去这单生意的心态，然后对其下出了最后通牒，权衡之下，纵使无奈，电力公司只好答应航空公司的条件。

的确，每一个谈判者，尤其是那些优秀的谈判者，大都有自己谈判的基本态度和谈判特点。这种态度和特点在谈判者面对谈判局势时，会有意无意地支配他的行为。但无一例外的是，他们的共同谈判态度都是谨慎提防。而这也成为很多领导干部谈判时头疼的问题，似乎不管你如何引导对手，对方都不妥协。其实，既然如此，何不唱唱反调，欲擒故纵呢？欲擒故纵策略即对于志在必得的交易谈判，故意通过各种措施让对方感到自己是满不在乎的态度，从而压制对手开价的胃口，确保己方在预想条件下成交的做法。

我们都知道，要想让对方接受我们的想法和意见，从而影响他人，就必须要先探清对方的内心世界。但事实上，人们出于自我保护的目的，内心世界往往是隐蔽的，对谈判对手也都是谨慎小心。对此，你可以从反方向入手；欲擒故纵，有时候会让你在谈判中豁然开朗。

但领导者在采用这一策略时要注意：

1. 立点在“擒”

因此，“纵”时应积极地“纵”，即在“纵”中激起对手的成交欲望。

激的手法是：一方面表现你的不在乎，成不成交利益关系不大；另一方面要尽可能揭示对方的利益，处处为其着想，让其不愿被“纵”。

可见，使用欲擒故纵策略最关键的是，务必要使那些刻意为之的假象让人相信。所以，为使这些信息看起来更显得真实一点，你最好不要亲自传达，而要借用第三者之口发布。

另外，在态度上，你不要表现得太过热情，要尽量做到不紧不慢、不冷不热，越是表现得不在乎，你“纵”的动机就越真实。

2. 在冷漠之中有意给对方机会

我们应选择时机给对方机会，最好在其等待、努力之后，再给机会与条件，让其感到珍贵。比如当对方迫切地想知道你的态度时，你可以绕开对方的提问，将交谈中心转移到一个更为轻松的话题上。当对方已经表现得很着急时，你不妨说“这个问题可以缓一缓”或是“这是下一步我们要谈的问题”。

但是，对于对方想知道的，我们也不能“一棍子打死”、不给对方知道的机会，而应该晚一点说，吊吊对方的胃口，这样一来对方可以充分同我们作好配合，二来对方也会更加主动一点。因为对方只知道会有利益，却不知道会有

多大的利益，此时，对方一般都会为你唯命是从。

3.注意言谈与分寸

即讲话要掌握火候，“纵”时的用语应有尊重对方的成分，切不可羞辱对手。否则，会转移谈判焦点，使“纵”失控。

当然，谈判中，我们在运用这一策略时一定要注意：要了解对方的性格，如果对方是个急性子并大大咧咧，你可以对其“愚弄”一番；而如果对方心思细腻，你就要慎用这一方法，以免因小失大，失去谈判机会！

先发制人，守住谈判底线

任何一个经历过谈判的领导者都深知主导权对于谈判成功的重要性，从某种意义上说，谈判过程中双方争夺的就是主导权。因此，为了避免在谈判中出现“后患”，我们应该在谈判前就“丑话说在前头”。然而，现实谈判中，并不是所有人都认识到了这一点，他们在谈判中很容易处于劣势，处处显得很被动，其节奏也往往被对手所控制，最后频频让步，以至于还要去争取突破底线的条件，从而导致谈判破裂，达不成交易。我们先来看下面这样一个案例：

一天，某商场专柜来了一位年轻时尚的小姐。

销售员：“小姐您好，您的眼光真好，我们这专柜的包包是国内很知名的品牌，这几款都是今年的新款，都是针对您这样时尚靓丽的女性设计的。依我看，这款玫红色的包包就很适合您。”

客户：“是不错，我感觉挺好的，可是这价格有折扣吗？”

销售员：“这款包包的确挺适合您这样时尚大方的女孩子，不过我们这些包包都是新款，是不打折扣的。如果是我，也会觉得有点贵，不过一分价钱一分货，我们这款包包之所以价格相对较高，是因为它不仅颜色鲜艳、时尚，而且款式设计新颖、不俗套，看起来非常高贵、典雅，是一种品位和个性的表现，如果相对于这些来说，这个价格绝对是划算的。”

客户：“可是我还是觉得贵，要比普通的包包贵出几百元呢！”

销售员："您说的没错，一般的包包真的便宜很多，但可能是我还没有解释清楚，这款包包不仅外观吸引人，而且皮质非常好。最重要的是，我真的觉得这款包包很适合小姐您，可以说与您的大方气质相得益彰。您用再合适不过了。"

客户："我是挺喜欢的，可是真的不打折吗？"

销售员："是的，小姐。如果您真的喜欢，就拿上吧。这可是限量版的呢，国内就几十款，等您以后再想买的时候很可能厂家就不生产了呢。那样的话您一定会觉得遗憾的。"

客户："是吗？那我就买这款了。"

案例中，这位销售员是精明的，当他发现客户看上了专柜中的包包后，立刻迎上去并承认客户的眼光，而当提及价格问题时，他先说明价格贵的原因，这样就打消了客户还价的理由，于是，客户最终还是决定购买。

其实，在谈判过程中，我们也可以吸取这位销售员的经验。在交涉前，先把丑话说在前头，这样就能守住自己的谈判底线，也就能最终掌握谈判的主导权，从而让谈判结果有利于自己。

那么，具体来说，我们该怎么做呢？

1. 做足准备工作，先发制人

在谈判之前，你必须要做到知己知彼，不但要清楚自己的情况，还要了解你的对手。为此，你不能完全指望谈判桌上的那几分钟，而应该事先就收集多方面的资料，然后加以分析，找出对方的优势、弱点、底线等。以商务谈判为例，你可以先到对方的销售点看看，从工作人员那里得知一些情况，这能使你在谈判桌上更有底气。

在做足准备工作后，你应该尽可能地收集一切"可借助的力量"。只有这样，谈判开始后，自己才会处于有利的局面之中。

那么，谈判中"可借助的力量"是由哪些因素决定的呢？同样以商务谈判为例，进行商品买卖时，需求与供给的平衡状况就是重要的决定因素。对供给方来说，自己所提供的产品的需求量越大，对自己就越有利。对于商品生产者来说，如果能够生产出其他公司所不能生产的产品，或者与其他公司相比，能够准时地提供更为优质的产品，那么就对自己更为有利。

2. 保持冷静

冷静是任何一个谈判者都必须要具备的心理素质。为什么这一点如此重要？在谈判中，双方在利益上多半都是对立的，暴露自己的情绪无疑就是给对方控制我们的机会。正如人们常说的："谁先暴露自己，谁就输了。"因此，无论对方说什么，你都必须要控制好自己的情绪，保持冷静，更不要急于成交。

的确，你最应该优先考虑的，是你自己的谈判目的。同时，不要太在意谈判结果，尊重对手，轻松面对。

3. 划定谈判范围

谈判双方一口气将谈判结果敲定的情况往往是少见的，多半都会存在某些异议，有时候需要双方都退一步，但你必须要明白自己退步的底线，也就是要了解自己接受条件的范围。比如，就商务谈判而言，付款方式就是一个没有商量余地的条件，因此，你应该事先声明的是，其他都可以谈，但必须现款。这样，在了解了底线后，双方也免得浪费唇舌、浪费时间。当然，有时候，如果你觉得你一提出这样的范围问题就可能使谈判破裂，那么，你就要慎用这种方法，必要的时候，你还是要作出一些妥协的。

4. 从共同利益点出发

在谈判中，一些人过分强调彼此间的分歧，而忽略了双方应该达成共同目标以共同获得利益。事实上，如果你能站在对方的角度，多替对方说说话，那么，有时候，对方是愿意作出让步以实现共同利益的。这样的谈判结果往往会令双方愉快地接受。

可见，在谈判中，并不是谁说得多，谁就说了算。谈判过程就是一场主导权的争夺战，谈判者一定要认识到这一点，将主动权始终牢牢掌握在自己手中！

陷入僵局，如何巧妙缓解谈判气氛

我们都知道，谈判远比一般意义上的沟通更有挑战性，更充满了变数。我们当然希望谈判能顺顺利利地进行，但实际上，因为各种原因，如价格、售后服务、付款方式等方面的分歧，谈判陷入僵局是常有的事。面对僵局，双方要么沉默相对，要么索性终止谈判当然，这都不是双方希望看到的结果。那么，该如何化解矛盾，摆脱谈判僵局呢？

对此，一些谈判场上的新手会显得手足无措，认为已经谈崩了，进而对谈判失去信心，而其实，真正无法解决的僵局是少之又少的，只要把握一些谈判技巧，就一定有解决的方法。

我们知道，谈判少不了说话，谈判陷入僵局，通常是因为我们说了令对方不悦的话。也就是说，如果我们即使转移话题，能把话说到对方心里去，谈判双方的心情是可以舒缓的。

很多时候，对于谈判新手来说，僵局听起来好像是“死胡同”，可对于有些谈判高手来说，它们只是一个“插曲”罢了。无论什么时候，你都可以使用一种非常简单的策略来打破这些僵局，该策略被称为“暂置策略”，也就是转移话题。

1991年，针对巴勒斯坦解放组织问题，美国试图让以色列再次和一起坐在谈判桌前，对此，埃及国务卿詹姆斯·贝克再次遭到了以色列的强硬抵制。以色列人起初坚持认为，只要开始谈判，对方提出的要求必然是以色列从巴勒斯坦定居点撤军，而在以色列看来，这简直不可能，所以，他们索性不参与谈判。

詹姆斯·贝克是个谈判高手，他知道，要劝对方坐下来谈判，敏感问题就必须放在一边，先从一些小问题开始。

于是他说：“好的，我也意识到你们并不准备和巴勒斯坦人举行和平会谈，可我们不妨先把这个问题放到一边。设想一下，如果真的举行和平会谈的话，你们希望会谈的地点在哪儿？是在华盛顿，或者是中东，还是在一个中立城市比如马德里呢？”

通过讨论这些看起来微不足道的问题，埃及国务卿詹姆斯·贝克一步一步地把谈判推向前进。然后他提出了巴勒斯坦谈判代表的问题。如果巴勒斯坦解放组织派出代表参加谈判，以色列方面希望谁来代表该组织？解决完这些小问题之后，再和以色列讨论和平问题已经变得很容易了，而以色列最终同意和巴勒斯坦解放组织举行和平会谈。

从这个经典的谈判案例中，我们发现一个谈判技巧：当谈判双方陷入僵局后，恰逢时机地转移话题是缓解气氛、解决问题的关键。从心理学角度看，此时，双方的心情都是压抑的，如果我们再纠结在原本无法解决的问题上，那么势必会让气氛更加沉重，更不利于谈判的进行，而如果我们能转移话题，则能转移对方的注意力，从而缓和气氛，进入再度谈判的过程。

谈判专家指出，谈判僵局一旦处理不好，就有可能把谈判推向死胡同；反之，如果能够恰当地应用策略和方法，还是可以令谈判“起死回生”的。面对谈判僵局，“只剩下一小部分，放弃了多可惜”“已经解决了这么多问题，让我们再继续努力吧”，这些说话技巧并不一定能起到打破僵局的作用。

那么在谈判中我们该如何转移话题呢？对此，需要注意以下几个方面：

1. 千万不要混淆僵局和死胡同

所谓僵局，是指谈判双方就某一个问题产生分歧，而且这种分歧已经影响到谈判的进展了；所谓死胡同，是指双方在谈判过程中产生了巨大分歧，以至于双方都感觉似乎没有必要再继续谈下去了。谈判过程中很少会出现死胡同，所以当你以为自己遇到死胡同时，你很可能只是遇到了僵局。

2. 先在小问题上赢得对方的共识

你可能会好奇，为什么要在那些无法达成共识的小问题上浪费时间呢？对此，你不妨反过来想想，既然小问题已经解决了，不就等于已经找到了解决大问题的突破口了吗？如“我们先把这个问题放一放，讨论其他问题，可以吗？”“我知道这对你很重要，但我们不妨把这个问题先放一放，讨论一些其他问题。比如说我们可以讨论一下这项工作的细节问题，你们希望我们使用工会员工吗？关于付款，你有什么建议？”

这样，你可以首先解决谈判中的许多小问题，并在最终讨论真正的重要问题之前为谈判积聚足够的能量。

首先通过解决一些小问题为双方创造契机，但千万不要把谈判的焦点集中到一个问题上。

参考文献

[1]郎世荣.如何讲话有逻辑，怎样说服有力量[M].北京:北京时代华文出版社，2015.

[2][美]赫布·科恩·谈判天下:如何通过谈判获得你想要的一切[M].谷丹，译.深圳:海天出版社，2006.

[3]高德.洗脑术:怎样有逻辑地说服他人[M].南京:江苏文艺出版社，2013.

[4]肖祥银.说话的艺术[M].北京:中国华侨出版社，2013.

[5]李安.这样说话最受欢迎[M].北京:中国城市出版社，2010.